DELMIRA AGUSTINI: DANDISMO, GÉNERO Y REESCRITURA DEL IMAGINARIO MODERNISTA

Perspectivas hispánicas es una colección de estudios de crítica que se dirige a un público académico. Sus autores se dedican a la investigación de alto nivel, en el ámbito de la literatura tanto peninsular como hispanoamericana. Excepcionalmente se publicarán también tesis de doctorado de suma calidad.

La colección se propone ser una tribuna que fomente el intercambio intelectual entre los hispanistas. Además de volúmenes monográficos y antológicos, se prevé la publicación de estudios teóricos que profundicen en cuestiones relativas al debate literario actual dentro y más allá del hispanismo.

PERSPECTIVAS
HISPANICAS

La colección es dirigida por
Georges Güntert (Universidad de Zurich)
y Peter Fröhlicher (Universidad de Zurich)

MARÍA JOSÉ BRUÑA BRAGADO

DELMIRA AGUSTINI: DANDISMO, GÉNERO Y REESCRITURA DEL IMAGINARIO MODERNISTA

PETER LANG
Bern · Berlin · Bruxelles · Frankfurt am Main · New York · Oxford · Wien

Bibliographic information published by Die Deutsche Bibliothek
Die Deutsche Bibliothek lists this publication in the Deutsche Nationalbibliografie; detailed bibliographic data is available on the Internet at ‹http://dnb.ddb.de›.

ISSN 1421-7910
ISBN 3-03910-686-4

© Peter Lang SA, Editorial cientifica europea, Bern 2005
Hochfeldstrasse 32, Postfach 746, CH-3000 Bern 9
info@peterlang.com, www.peterlang.com, www.peterlang.net

Forro: Gilbert Ummel − Neuchâtel (Suiza)

Todos los derechos reservados. Esta publicación no puede ser reproducida,
ni en todo ni en parte, ni registrada en o transmitida por
un sistema de recuperación de información, en ninguna forma ni por ningún medio,
sea mecánico, fotoquímico, electrónico, magnético, electroóptica,
por fotocopia, o cualquier otro, sin el permiso previo por escrito de la editorial.

Impresa en Alemania

para Paco,
por el viaje compartido desde Catulo hasta Agustini.
Este libro es tan tuyo como mío.

Índice

I. Introducción: *Literatura menor,* filología y crítica literaria 9

II. Contradicciones de la modernidad en el Uruguay:
Delmira Agustini y la "sensibilidad" del Novecientos 21

    1. Contexto ideológico y sociocultural: Recepción de
los discursos del disciplinamiento y el feminismo 21
    2. La Generación del Novecientos y
el legado del modernismo 41
    3. Género y escritura. La literatura
desde Delmira Agustini 48

III. El dandismo como creación del/a artista 61

    1. Dandismo, bohemia, decadentismo:
Imágenes de la modernidad 61
    2. Hacia un dandismo femenino:
Delmira Agustini como actriz 68
    3. El dandismo en Montevideo:
Las mil poses de Delmira 79
    4. Las miradas de Agustini: Dandismo y fotografía
en el Montevideo del Novecientos 89

IV. Luces y sombras de la "estrella dormida":
Trayectoria poética de Delmira Agustini.
Una lectura de género de la tradición simbolista
y modernista 119

    1. Los poemas publicados en *La Alborada:*
figuraciones de la autoridad y de la poesía 124

2. *El libro blanco (Frágil):* Las prisiones del sujeto
y las formas de la otredad 140
3. *Cantos de la mañana:* La melancolía y los espacios
de la escritura 161
4. *Los cálices vacíos:* Lo siniestro y la imaginación poética ... 177
5. *El rosario de Eros* o la desfiguración del deseo 194

V. Conclusiones: ¿Hacia otros discursos y formas
de "lo menor"? 219

VI. Bibliografía 225

VII. Índice de materias y autores 245

I. Introducción: *Literatura menor,* filología y crítica literaria

> She wrote as a woman, but as a woman who has forgotten that she is a woman, so that her pages were full of that curious sexual quality which comes only when sex is unconscious of itself.[1]
> Virginia Woolf, *A Room of One's own*

En un conocido ensayo sobre Kafka, publicado en 1975, Deleuze y Guattari esgrimen, contra corriente y con un cierto aire de provocación, el concepto de "literatura menor" para entender la obra del escritor checo. Asumen, de esa forma, una expresión valorativa con la que comúnmente se alude a la literatura considerada de importancia secundaria (por ejemplo, la escrita en lenguas dialectales), o ajena a las tendencias fundamentales de un canon, para proponer un significado enteramente distinto, desligado de perspectivas canónicas y de criterios estrictamente estéticos. Así pues, para estos dos autores, "una literatura menor no es la literatura de un idioma menor, sino la literatura que una minoría hace dentro de una lengua mayor".[2] Articulado de esta forma, el concepto se desprende de su carga normativa y traduce algunas de las condiciones y características que es posible hallar no sólo en la obra de Kafka, sino también en ciertas escrituras laterales, ciertas enunciaciones "menores" producidas dentro de una tradición mayor: desterritorialización de la lengua, articulación de lo individual en lo inmediato-político y emergencia de un dispositivo colectivo de enunciación. Estos términos, como los de menor y mayor, son ejes relativos, cambiantes, definidos históricamente, negociados y negociables, por lo que no sería legítimo entenderlos de forma unívoca, como tampoco lo sería interpretar sus relaciones en un solo sentido. Por ello, sus posibilidades no se ciñen únicamente al alemán hablado o escrito en la Praga de Kafka, es decir,

---

1 Virginia Woolf, *A Room of One's Own*, San Diego-New York-London: Harcourt, Inc., 1989 [1929], pág. 34.
2 Gilles Deleuze y Félix Guattari, *Kafka: por una literatura menor*, México: Era, 1998, pág. 28.

no sólo poseen una proyección contextual o literal, sino que tienen una indudable carga estructural, particularmente útil y pertinente para describir los diversos usos de un sistema tan codificado como el literario.

No es difícil, en efecto, desplazar simbólicamente la propuesta de Deleuze y Guattari hacia el cuerpo de la literatura escrita por mujeres durante la modernidad, momento en que se está trazando el concepto de sujeto, y por tanto se están redefiniendo asimismo los términos de sujeto literario y de autoría, todo lo cual conlleva la configuración de nuevos sentidos para la literatura. La desterritorialización prevista por estos autores se torna aquí una desubicación canónica, una distancia frente a la norma literaria pero también frente a los modelos de subjetividad (femenina) heredados: la literatura (su deseo) abre una herida en ellos. De ahí que la escritura se vuelva en ocasiones metonímica y tienda a ese desplazamiento colectivo, en la medida en que su sentido está gestionado de forma radical por la lectura, por su interpretación. Lo "menor" adquiere así una dimensión inusitada: "no califica ya a ciertas literaturas, sino las condiciones revolucionarias de cualquier literatura en el seno de la llamada mayor (o establecida)"[3], o si lo preferimos, para no entrar en una excesiva petición de principios, señala las condiciones de cambio, no intencionales sino sociales, de una literatura. No resulta determinante, sin embargo, la mera proyección general de estas categorías a la escritura de mujeres, pues quizá ello repite un gesto de las tradiciones canónicas, al privilegiar lo común y relegar las diferencias. En cambio, vale la pena apuntar que se trata de una perspectiva interesante para dirigir una mirada preliminar sobre la situación de una poeta de principios del siglo XX que se enfrenta a su tradición con el solo bagaje de la absoluta minoría.

Bajo este prisma, indudablemente, la obra de Delmira Agustini ofrece una imantación difícil de sortear: muestra las ambigüedades y las estrategias que debe desplegar en un campo literario en el que no existe un lugar previsto para ella y ofrece un espacio de trabajo crucial —por su momento, por sus términos— para observar los mecanismos con los que se construye el sujeto literario femenino. Con todo, su interés no estriba solamente en los elementos contextuales que definen su situa-

---

3 *Ibid.*, pág. 31.

ción, sino también en la realización o el cumplimiento de las condiciones de cambio que en ella se encuentran: sin entrar ahora en valoraciones detalladas, puede afirmarse que Agustini consuma una transformación central en su obra y abre el espacio del lenguaje modernista a usos imprevistos y menos selectivos. Al lado de otras escrituras, su poesía pugna por inscribirse en el canon y contribuye a modificar su sentido y el de la propia tradición. Por todo ello, y por el curso de su biografía, su figura deviene en una suerte de fetiche cultural, en buena medida masculino pero también femenino, que, saturado de sentidos, a veces dificulta o mediatiza en exceso la lectura de su propia obra. Precisamente, en los últimos años, y como consecuencia de la evolución de la crítica literaria, los acercamientos a esta escritora han tendido a reivindicar tal fetiche, sin mostrar, salvo casos excepcionales, una excesiva preocupación por la obra.

Culler, uno de los nombres más reconocidos de la teoría literaria actual, comenta con humor en un texto publicado en 1999 esta evolución general a la que acabo de hacer referencia:

> En los estudios literarios y culturales más recientes se oye hablar mucho de teoría; pero no de teoría de la literatura, sino de simple "teoría", sin más. Tiene que resultar bien extraño para quien sea ajeno a la disciplina... "¿Teoría de qué?", entran ganas de preguntar.[4]

Esta cierta perplejidad refleja el abandono de la literatura por parte de algunos estudios (los "estudios culturales") como discurso maestro en el que observar la producción de determinados significados estéticos, culturales o sociales. Su texto pasa a ser entonces la cultura en su sentido más amplio (y con tendencia a privilegiar la "cultura popular") y su objetivo el análisis de algunas construcciones como "sexo", "lenguaje", "escritura" o "sujeto". De ello deriva, aunque no en todos los casos, una suerte de represión de la propia literatura en beneficio de la mencionada "cultura popular", por lo que cabría afirmar que lo literario ha llegado a convertirse actualmente en el eje "menor" dentro de algunas escuelas críticas, por retomar la distinción de Deleuze y Guattari. Aunque sin llegar a estos extremos, el cambio de paradigma descrito ha

---

4   Jonathan Culler, *Breve introducción a la teoría literaria* [1999], Barcelona: Crítica, 2000, pág. 11.

afectado a buena parte de los estudios recientes sobre Delmira Agustini, que tienden a indagar en el objeto cultural, en la imagen, más que en la obra. Así lo muestra una renovada preocupación por la vida de la poeta que, alejada ya de los prejuicios biografistas o psicológicos, parece proyectarse bajo las categorías del *género* y de lo performativo como el centro de toda la atención. Lo mismo podría decirse de ciertas lecturas feministas, según las cuales Delmira Agustini ha pasado de ser obviada y excluida del canon literario, a ser leída de una manera no menos determinista también dentro de una comunidad de escritoras transgresoras, conscientes de su subversión y rebeldía; ha transitado del terreno del estudio filológico más prejuiciado (por evitar la particularidad femenina o definirla a través de estereotipos) a las teorías críticas y feministas más innovadoras que la consideran a la vanguardia de una revolución sexual y estética. Su existencia "enigmática" y el fin dramático de la misma es el detonante de una atención crítica centrada, entonces, no en la obra considerada en sí misma como arte, sino como trazo de un determinado perfil psicológico inclinado a toda clase de sensacionalismos.[5] Como afirma Yvette López:

> Las circunstancias de su muerte borraron en gran medida sus textos y los confundieron en una iconografía de retratos infantiles, poses art nouveau y titulares de periódicos.[6]

Si bien es cierto, pues, que la lectura biografista y androcéntrica de la poesía de Agustini ha sido la que ha primado a lo largo de todo el siglo XX —Ofelia Machado de Benvenuto, Alberto Zum Felde, Clara Silva, Manuel Alvar—, ello es fruto de determinadas condiciones e ideo-

---

5 Esta condición de vida oscura y funesto destino final la comparten multitud de escritores varones en el estudio de cuyas obras, sin embargo, no ha sido la dimensión biográfica la que ha primado: Arthur Rimbaud, Mariano José de Larra, Charles Baudelaire o Rubén Darío son sólo algunos de los ejemplos.

6 Yvette López, "Delmira Agustini, sus lectores iniciales y los tropos de autoridad", *La Torre: Revista de la Universidad de Puerto Rico*, 9: 34 (1995), pág. 261. A continuación, la autora del artículo documenta este juicio con uno de los titulares aparecidos en la prensa el día de la muerte de Agustini: "El amor que mata. La poetisa Delmira Agustini ha muerto trágicamente. Ayer su esposo Enrique J. Reyes, la ultimó a balazos y luego se suicidó descerrajándose un tiro en la cabeza. Detalles completos del sangriento episodio (*La tribuna popular*, 7 de julio de 1914, citado por Arturo Sergio Visca en *Correspondencia íntima* de Delmira Agustini, Montevideo: Biblioteca Nacional, 1969)".

logías que no son ajenas al contexto histórico en que se inscribe y, por otra parte, asistimos hoy en día a una auténtica eclosión de artículos, tesis doctorales y estudios críticos que denuncian los mecanismos maniqueos, desleales y falaces de esta corriente interpretativa que, bajo los presupuestos de la historia literaria, margina y convierte en manifestación folklórica y anecdótica o en mero reflejo de su vida la escritura de la autora uruguaya. Sin negar, por tanto, el esfuerzo por trascender esa objetualización o fetichización que sufre invariablemente el sujeto poético de Delmira Agustini en el seno de una sociedad y literatura patriarcal que realizan, por ejemplo, Patricia Varas, Silvia Molloy o Gwen Kirkpatrick desde la órbita de los estudios culturales ni la importancia del intento de insertar su producción en una tradición femenina transgresora y novedosa, me permito señalar la existencia de un vacío crítico en ese gesto. Es obvio que se ha pasado sin transición de un extremo al contrario, de la total exclusión de la tradición literaria a la inserción en una tradición femenina, sin hacer escala previamente en la necesaria ubicación de la poeta en un canon más abarcador que permita comparar su obra tanto con la de otras creadoras como con la de otros creadores.[7] Sería preciso, pues, situar a Delmira Agustini en su propia tradición, la que la emparenta con los modernistas, la que la une a los simbolistas, la que muestra una comunidad de temas, símbolos y estilos y que incluye de igual manera a Rubén Darío o a Baudelaire, a Rachilde o a Poe, a D'Annunzio o a Anna de Noailles, a Herrera y Reissig o a Agustini. Así pues, tan rechazables como las vertientes de la crítica patriarcal dentro de la historia literaria son muchas de las lecturas de género que, además de estar predeterminadas, pues afirman saber de la

---

[7] Resulta, en este sentido, un tanto desenfocado que se compare la obra de Agustini con la de Mistral o Peri Rossi (M. R. Olivera-Williams, "Retomando a Eros: tres momentos en la poesía femenina hispanoamericana: Agustini, Mistral y Peri-Rossi", *Revista Iberoamericana*, 186 (1999), págs. 117-133.), sin reparar en la profunda distancia que separa sus inquietudes poéticas y su realización, sólo atendiendo al criterio del género como argumento que permite trazar genealogías o relaciones de lo más dispares; sobre todo cuando aún no se ha analizado con el tesón y la hondura crítica requerida el contacto de Agustini con autores contemporáneos y más afines a su personalidad poética como Herrera y Reissig, Villaespesa o Darío. Recordemos, además, que el modernismo está especialmente preocupado por la representación femenina y cuando el sujeto de enunciación empieza a ser la mujer todas aquellas fantasías masculinas revertidas en la literatura, la pintura, la fotografía modifican sus sentidos y proyección.

subversión feminista de Agustini antes de entrar en sus versos, muestran un alto grado de intolerancia y fundamentalismo teórico. Es elocuente y, en absoluto arbitrario, el hecho de que la tradición femenina no sólo esté segregada a principios de siglo XX por los críticos varones,[8] sino que continúe apartada en la actualidad y desde presupuestos feministas defendidos por críticas mujeres,[9] lo que propicia el establecimien-

---

[8] Para ilustrar esto tomemos algunas citas: "Actualmente no conozco ninguna personalidad femenina que pueda igualarla" asevera Villaespesa, en M. García Pinto, *Poesías Completas* Delmira Agustini, Madrid: Cátedra, 1993, pág. 209; "Todo le augura el camino triunfal de una Ada Negri americana" certifica Francisco Aratta, *Ibíd.*, pág. 215. La misma opinión suscribe Barrett: "Será tal vez en Sudamérica lo que en Francia Mme. de Noailles", *Ibíd.* pág. 265. El propio Darío, mentor principal de nuestra poeta, utiliza este prejuicio crítico segregativo cuando elogia su poesía: "De todas cuantas mujeres hoy escriben en verso, ninguna ha impresionado mi ánimo como Delmira Agustini", en M. Alvar, *La poesía de Delmira Agustini*, Sevilla: Escuela de Estudios Hispanoamericanos, 1958, Introducción, pág. VII. Pero estas opiniones sobre nuestra autora se prolongan en el tiempo más de lo imaginable. Sarah Bollo, muchos años más tarde, la compara tanto con Safo como con Santa Teresa, valiéndose además del criterio de un varón, Rubén Darío, para dotar de autoridad y validez a su poesía: "que la acerca a la magna voz de la isla de Lesbos que cantó estremecida y vibrante la "Plegaria de Afrodita", y la unen a la divina inspirada de Ávila cuando recibe de lo íntimo o de lo alto sus prodigiosas visiones y sus fervores espirituales y místicos nunca sobrepasados, como dijo Darío" (Sarah Bollo, *Delmira Agustini. Espíritu de su obra. Su significación*, Montevideo: Impresora Uruguaya, 1963, pág. 3), aunque, en el caso concreto de esta crítica, es cierto que más tarde parangona la originalidad de su lenguaje con la que tienen algunos poemas de Vasseur, Herrera y Reissig, Asunción Silva, Nervo, y en el contexto estadounidense, Walt Whitman o Edgar Allan Poe. (*Ibíd.*, pág. 8).

[9] En este sentido, se pueden citar algunos artículos relativamente recientes que comparan la obra de Agustini sólo con la de otras mujeres escritoras: Georgette M. Dorn, "Four Twentieth Century Latin American Women Authors", *SECOLAS Annals: Southeastern Council on Latin American Studies*, 10 (1979), págs. 125-133; Myriam Ivonne Jehenson, "Four Women in Search of Freedom", *Revista Review Interamericana*, 12:1 (1982), págs. 87-99; Helena Percas de Ponseti, "Reflexiones sobre la poesía femenina hispanoamericana", *Revista/Review* Interamericana, 12 (1982), págs. 49-55; Jaime Martínez-Tolentino, "Alfonsina Storni y Gabriela Mistral: la poesía como condena o salvación", *Escritura*, 16 (1983), págs. 223-230; Robert Lima, "Cumbres poéticas del erotismo femenino en Hispanoamérica". *Revista de estudios hispánicos*. 18: 1 (1984), págs. 41-59; Dolores Koch, "Delmira, Alfonsina, Juana y Gabriela", *Revista Iberoamericana*, 51: 132-133 (1985), págs. 723-729, o Antonio Campaña, "Desde el Cono Sur: Gabriela Mistral, Alfonsina Storni, Juana de Ibarbourou", *Literatura Chilena*, 13: 1-4 (1989), págs. 40-62. Todos ellos continúan con este prejuicio crítico simplista e ingenuo, que tan negativo ha sido para la historia literaria, y que en todos los casos está relacionado con la identificación vida-creación, consistente en juzgar la escritura de mujeres como algo aparte y al margen de la tradición masculina que sería el estándar, la tradición modélica, canónica.

to, como defiende Rachel Philips para el caso de Alfonsina Storni, de dos categorías: la "poesía" y la "poesía femenina".[10] Ahora bien, esto no significa ni mucho menos que se nieguen las extraordinarias posibilidades de la crítica feminista o de género, cuyos postulados están en la propia raíz del presente trabajo. Este reproche es, simplemente, la constatación del avance progresivo de una tendencia sumamente fructífera, pero a la que se debe llegar siempre haciendo escala previamente en todas aquellos análisis teóricos que, precisamente por la condición femenina del sujeto, no han sido llevados a cabo. De manera que antes de estudiar la afinidad de las imágenes y planteamientos teóricos de Agustini con Mistral y otras creadoras posteriores, por ejemplo, se impondría el examen de la tensión entre imitación-subversión de los patrones del modernismo o del simbolismo por parte de una Agustini incómoda en su rol, disconforme por su carencia de voz en primera persona. Como reitera una y otra vez Iris M. Zavala:

> En ocasiones, estos estudios plantean aspectos que, aunque polémicos y debatibles, son interesantes en la medida en que revelan que hay una preocupación, una ansiedad y un debate en torno al tema y no se acepta sin más la segregación de la escritura femenina como ocurría hace décadas. Así, estos trabajos suelen justificar la elección de su *corpus* con criterios más o menos válidos pero interesantes en cualquier caso. Por ejemplo: "pero no es una proposición tan dudosa suponer que el elemento masculino o femenino afecte la creación al igual que afecta la procreación ¿ O es que aspiramos al escritor neutro? ¿O al andrógino?" (D. Koch, "Delmira, Alfonsina, Juana y Gabriela", *loc. cit.*, pág. 724). A veces también se utiliza estratégicamente a estas autoras como arma del feminismo activo —aunque ellas no sean feministas en sentido estricto—, es decir, se usa la literatura como medio de afirmación y avance social para la mujer. Estudios más actuales, sin embargo, empiezan a comparar la poesía de Agustini con la de autores varones consagrados en la historia literaria lo que revela que no se establecen ya diferencias genéricas al valorar sus respectivas obras: Silvia Molloy, "Dos lecturas del cisne: Rubén Darío y Delmira Agustini", en *La sartén por el mango*, Patricia Elena González y Eliana Ortega, eds., Río Piedras: Huracán, 1984, págs. 57-70; Gwen Kirkpatrick, "The Limits of Modernism: Delmira Agustini and Julio Herrera y Reissig", *Romance Quaterly*, 36 (1989), págs. 307-314, Gwen Kirkpatrick, "Delmira Agustini y el 'reino interior' de Rodó y Darío", en *¿Qué es el modernismo?. Nueva encuesta, nuevas lecturas*, Richard A. Cardwell y Bernard McGuirk eds., Boulder: Soc. of Spanish and Spanish American Studies, 1993; Kate Peters, "*Fin de siglo* Mysticism: Body, Mind and Trascendence in the Poetry of Amado Nervo and Delmira Agustini", *Indiana Journal of Hispanic Literatures*, 8 (1996), págs. 159-176, Patrick O'Connell, "Delmira Agustini, Rubén Darío y la 'tábula rasa': Sangre, cisne y creatividad femenina", *Explicación de textos literarios*, 26 (1997-1998), págs. 72-79.

10 R. Philips, *Alfonsina Storni: From Poetess to Poet*, Londres: Tamesis Books Limited, 1975.

> Escribir en un territorio ocupado significa, como lo sabemos ahora, romper el espejo: significa reescribir las tan conocidas imágenes del *speculum ecclesiae*, con los tipos y ante tipos de papeles altamente convencionales encapsulados en las tradiciones. "Las mujeres modernas" no eran objetos sumisos de representación sino mujeres que liberaron sus cuerpos recientemente definidos.[11]

Por eso, considerar la poesía de la uruguaya como la iniciadora de una tradición poética femenina, como la llave que abre una larga nómina de mujeres escritoras que aparecen en la primera mitad del siglo XX en Hispanoamérica[12] sería relativamente cierto en tanto que con ella el discurso literario, masculino por excelencia, empieza a cambiar, pero tampoco es menos cierto que si se piensa en Agustini como la inauguradora de una nueva vertiente poética, esto significa que se la excluye sin más de la tradición poética en general, del canon, por mucho que se elogie su condición de precursora y su extraordinario talento. Contra este peligro de acabar "tirando piedras sobre el propio tejado", debido a que la comunidad poética femenina no puede definirse sino por oposición y mediante el enfrentamiento, advierte también Iris Zavala:

> Storni, Agustini, Ibarbourou y Loynaz reclaman el derecho de autorrepresentación (sigo a Díaz-Diocarez 1990), mientras recodifican y reterritorializan temas y material léxico, potencializando un "registro femenino". La lucha por el signo es sexualizada contra la "modalidad" (palabras de Díaz-Diocaretz) de la práctica de escritura y asuntos patriarcales.[13]

En suma, este vertiginoso giro teórico que se opera sobre la creación de Agustini ha generado un vacío crítico, un silencio, una carencia, pues

---

11 Iris M. Zavala, "Modernidades sexualizadas: el corredor de las voces femeninas", en *Delmira Agustini y el Modernismo. Nuevas propuestas de género*, ed. Tina Escaja, Rosario: Beatriz Viterbo, 2000, pág. 110.

12 Las citas de dos prestigiosas teóricas feministas apoyan la idea de la comunidad, la fraternidad entre mujeres, no sólo como deseable para fortalecerse frente al canon hegemónico, sino como obligada en un primer momento de la escritura: "cada generación de escritoras se ha encontrado, en cierto modo, carente de historia, y se ha visto forzada a redescubrir el pasado nuevamente, fraguando una y otra vez la conciencia de su propio sexo", Elaine Showalter, *A Literature of Their Own; British Women Novelists from Brontë to Lessing*, Princeton: N. J.: Princeton University Press, 1977, págs. 11-12; "Escribir es una actividad en colaboración, una actividad comunal, que no se lleva a cabo en una habitación propia", Gloria Anzaldúa, "To (o) Queer the Writer-Loca, escritora y chicana" en *Inversión*, ed. Betsy Warland, Vancouver: Press Gang, 1991, pág. 255.

13 Iris M. Zavala, "Modernidades sexualizadas...", *loc. cit.*, pág. 112.

aspectos que apenas fueron anteriormente tratados aún precisan de un examen cabal y contrastado. Este hueco es especialmente notable por cuanto afecta, vuelvo a reiterar, al diálogo que la poeta establece con los lenguajes de la tradición y las estrategias de autoridad de la comunidad de su tiempo: el enfrentamiento con determinados paradigmas y modelos femeninos, el uso o la adopción de las figuras de autor que su contexto contempla, y muy especialmente el diálogo que la poeta establece con la literatura que define este campo a comienzos del siglo XX. Este último punto se inscribe de forma particular en la laguna crítica mencionada: diálogo evitado por los primeros estudiosos de Agustini que consideran su obra como producto exclusivo de la inspiración y desahogo vital de su subjetividad "excéntrica"; diálogo que es desestimado también por la crítica posterior, más consciente de sus propias premisas (aunque inscritas a menudo en una visión temática del género), pero menos atenta a los textos, ajena a las condiciones de la tradición literaria y poco sensible a la propia literatura.

Por otro lado, y dado que este vacío crítico afecta a juicios primarios sobre la obra de Agustini, el presente trabajo opta por una metodología que integra diversos puntos de vista, necesarios para hacer frente a esa tesitura. En el momento actual de los estudios sobre la autora, pues, es pertinente el análisis filológico de ciertas zonas y aspectos de su obra, pero tal óptica ha de ser combinada con presupuestos, a nuestro juicio inexcusables, como los derivados del género. Igualmente, se intenta perfilar aquí una investigación histórica que permita documentar y situar en su momento concreto no sólo los diálogos con la tradición, sino también la gama de modelos femeninos de la época o ciertos aspectos poco conocidos en la trayectoria de Agustini que ayuden a entender su inscripción en el campo literario. Podría pensarse, quizá, que este tipo de mirada o acercamiento se fundamenta en un eclecticismo poco aconsejable y pone en contacto metodologías que parecerían en verdad excluyentes o contradictorias. Sin embargo, dicha mirada amplia y abarcadora es la que reclama, como decimos, el estudio actual de la obra de Agustini, y no se erige sobre la mera yuxtaposición de diversos instrumentos críticos, sino sobre su empleo ponderado. Se utilizan, pues, estas perspectivas teóricas como herramientas, como puertas de acceso a una obra, y no como escuelas o sistemas de pensamiento, como maneras de entender y de trabajar, y no como claves o "palabras mágicas" de ciertas comunidades interpretativas, que diría un alumno de Stanley Fish. Tal vez este uso combinado de varias metodologías contribuya a una percepción más relativa de las mismas y evite caer en nuevos dogmatismos o equívocos.

Para cubrir este itinerario se intenta caminar aquí, desde un punto de vista temático, de lo histórico a lo estrictamente literario, aunque en muchos casos no sea posible desligar estos dos aspectos y cada uno de ellos precise del otro a cada instante. Esta articulación de los contenidos pretende dar sentido y cabida a los elementos menos analizados y más interesantes de esta escritura, al tiempo que a los distintos puntos de vista teóricos que hemos señalado. Se estudia, así pues, en el capítulo II, la inscripción de Delmira Agustini en la historia social de su tiempo, mediante la indagación en los discursos sobre el espacio femenino con los cuales la escritora ha de enfrentarse en su formación y en su proyección. Asimismo, se señala la peculiar situación que la historia literaria ha fijado para nuestra escritora, a caballo entre modernismo y posmodernismo, posicionamiento que no está libre de valoraciones preliminares y que muestra las dificultades que alberga su escritura. Cabe pensar también que algunos de los equívocos históricos estén propiciados por ciertos gestos de la propia Agustini (mistificación, excepcionalidad, autorización desde instancias masculinas), gestos con los que pareciera haber alimentado determinados modelos de lectura que han oscurecido con el tiempo su poesía en lugar de arrojar luz sobre ella. En este sentido, la escritora es consciente de escribir en un momento en que el entendimiento de su obra ha de ser diferido constantemente, puesto que no existe aún el contexto de recepción necesario, algo que sí va desarrollándose en la actualidad, en parte gracias al grado de evolución que han alcanzado las teorías del género, cuyo dinamismo y vigencia ha avivado nuestra conciencia de manera profunda, sin esencialismos ni a prioris. Por ello, en este capítulo se traza también un recorrido por ciertas propuestas de la crítica de género, para aclarar los puntos y las vertientes que nuestro discurso pretende aprovechar dentro de ella. No se trata, sin embargo, de un planteamiento exhaustivo, algo muy difícil ya en nuestros días, puesto que el propio género no es el tema de este trabajo y sólo nos interesa aclarar la posición de nuestro discurso en ese marco de referencia ineludible y desde donde pueden nacer interesantes interrogantes para el campo literario.

En el siguiente capítulo (III) se estudian las figuras de la mujer artista que Agustini explora en la búsqueda de una proyección que articule su obra y su personaje. En este sentido, su adscripción al espectro del dandismo muestra un uso imprevisto de esta construcción cultural —*la dandi*—, y permite observar una gama de significados que obligan a releer su poesía. Para observar con precisión los mecanismos que suscita este desplazamiento, se hace un repaso por los elementos fundamentales y característicos del dandismo, su cercanía con el universo catalogado en la época como femenino, y las dificultades que implica la adopción de ese entramado por parte de una mujer. Como un componente de esa imagen bajo la clave del dandismo, se da cuenta de un episodio poco conocido de la vida de Agustini: su faceta de actriz, que la sitúa en los márgenes de su ambiente social y familiar, y le permite el acceso a un espacio de mayor libertad moral y sentimental. Finalmente, y mediante el uso que Agustini hace de la fotografía para crear y proyectar una imagen personal, nos referimos a la relación del dandismo con este medio iconográfico y a las actitudes artísticas que se dan cita en una selección de las instantáneas más representativas y relevantes de la escritora. Con el rescate de fotografías poco conocidas en algunos casos, se rescata también el uso por parte de una mujer de ciertas tecnologías de la imagen que habían quedado, en general, fuera de su alcance.

El capítulo IV aborda, de manera minuciosa y con referencia a la comunidad poética amplia de la que la escritora forma parte —Darío, Vivien, Poe—, los mecanismos simbólicos que caracterizan su particular enunciación del lenguaje modernista y que definen estrategias retóricas recurrentes en su obra. Así, se realiza un repaso por sus tres libros principales sin entender tal trayectoria, en ningún caso, como una "evolución" sino como un entramado circular, un juego de luces recíprocas que iluminan una visión completa del universo lírico de la artista.[14]

---

14 Otro capítulo que vendría a completar, de manera efectiva, una visión sobre la poética de Agustini lo constituiría el estudio de la recepción, circunstancias de edición y gestión de su obra, así como la lectura de la misma dentro de las comunidades poéticas a las que ésta se debe: el simbolismo francés y el modernismo latinoamericano. En un trabajo de próxima aparición que lleva el título "La biblioteca de Delmira Agustini" analizaré en detalle tales filiaciones literarias —los diálogos intertextuales con Baudelaire, Poe, Samain, Vivien, Rachilde, Darío, Lugones, etc…—, así como el proceso de publicación de su obra.

II. Contradicciones de la modernidad en el Uruguay: Delmira Agustini y la "sensibilidad" del Novecientos

> Sólo el fin de una época permite enunciar eso que la ha hecho vivir, como si le hiciera falta morir para convertirse en libro.
>
> Michel de Certeau, *La invención de lo cotidiano*

1. Contexto ideológico y sociocultural: Recepción de los discursos del disciplinamiento y el feminismo

> Cuando aquel Novecientos / estaba en su apogeo / nunca pasaba nada aquí en Montevideo./ Costumbres placenteras / de sello provinciano, / ¡qué vida dormidera / bajo este cielo aldeano [...] Es que en el Novecientos, / plácido en su apogeo, / ¡jamás pasaba nada / aquí en Tontovideo!
>
> Milton Schinca, *El dandy en Tontovideo*

Con este peculiar desenfado y sentido del humor afronta el dramaturgo, poeta y ensayista uruguayo Milton Schinca la problemática comprensión de los fenómenos y actitudes en la sociedad montevideana del período de entresiglos. Deslumbrado, como una gran parte de la intelectualidad del país, por la esencia paradójica que alienta este momento cultural complejo y, sin embargo sumamente productivo, dedica gran parte de su producción al análisis de dicha época, bien desde un punto de vista creativo, bien desde una perspectiva más académica.[15]

---

[15] Dentro de la línea creativa destacan *El dandy en Tontovideo*, Montevideo: Ediciones de la Banda Oriental, 1998 y *Delmira y otras rupturas: teatro*, Montevideo: EBO, 1977; en la vertiente ensayística merece una mención especial el tomo 4 de *Boulevard Sarandí: Memoria anecdótica de Montevideo*, Montevideo: Ediciones de la Banda Oriental, 1997 que, bajo el subtítulo: "Desde el Novecientos hasta el presente", explora en este período de una manera documentada y precisa.

En su opinión, que no es nada conciliadora sino más bien extraordinariamente cínica, el Novecientos ha sido un tiempo idealizado por la crítica y, más allá de los profundos e innegables cambios que genera en el seno de la sociedad y de las mentalidades, está habitado no sólo por los claroscuros de la modernidad, sino también por los propios del provincianismo. En efecto, a finales del siglo XIX, Uruguay aún está siendo constituida como nación y, pese a que las brisas europeas liberales llegan a su puerto, el país no cuenta todavía ni con las infraestructuras ni con la capacidad ideológica para asimilar los desarrollos y derivas más radicales de la modernidad. Es necesario, entonces, en este punto emprender un breve recorrido histórico por la particular manera que tiene el Uruguay de asumir la ruptura que supone el cambio de siglo.[16]

Dentro de la modernidad literaria que da comienzo con la Ilustración, se puede comprobar, según Jauss, la existencia de, al menos, tres rupturas.[17] En primera instancia, se produce, en torno a 1850, una revolución artística, una fisura entre el clasicismo y el romanticismo alemán que se caracteriza tanto por el rechazo de la antigüedad clásica como

---

16 Como señala Varas, "Modern, Modernity, and Modernism are terms that historically have been defined in respect to Europe and to Western capitalist countries like the United States", Patricia Varas, *"Modernism* or Modernismo? Delmira Agustini and the Gendering of Turn-of-the-Century Spanish-American Poetry", en *Modernism, Gender, and Culture: A Cultural Studies Approach*, ed. Lisa Rado, New York-London: Garland Publishing, 1997, pág. 149. Para un análisis de los rasgos distintivos de la modernidad en el Uruguay, consúltense los siguientes trabajos: Carlos Real de Azúa, "Ambiente espiritual del Novecientos", en *La literatura uruguaya del Novecientos*, Montevideo: Número, 1950, págs. 15-36; Hugo Achugar, *Poesía y sociedad*, Montevideo: Marcha, 1985; José Pedro Barrán y Benjamín Nahum, *El Uruguay del Novecientos*, Montevideo: Ediciones de la Banda Oriental, 1990, vol. I; José Pedro Barrán, *Historia de la sensibilidad en el Uruguay*. II: *El disciplinamiento*, Montevideo: Ediciones de la Banda Oriental, 1993; José Pedro Barrán, Gerardo Caetano y Teresa Porzecanski, eds., *Historias de la vida privada en el Uruguay*. II: *El nacimiento de la intimidad 1870-1920*, Montevideo: Santillana, 1996. Desde un punto de vista más general, véanse los presupuestos y las perspectivas que aportan Ángel Rama, *Rubén Darío y el modernismo*, Caracas/Barcelona: Alfadil Ediciones, 1985; Beatriz Sarlo, *Una modernidad periférica: Buenos Aires, 1920 y 1930*, Buenos Aires: Nueva Visión, 1988; Francine Masiello, *Entre civilización y barbarie: Mujer, nación y cultura literaria en la Argentina moderna*, Buenos Aires: Beatriz Viterbo Editora, 1997; y László Scholz, *Ensayos sobre la modernidad literaria hispanoamericana*, Murcia: Universidad de Murcia, 2000; otros estudios irán siendo citados a lo largo de este trabajo.

17 Hans Robert Jauss, *Las transformaciones de lo moderno: Estudios sobre las etapas de la modernidad estética*, Madrid: Visor, 1995.

por la imposición de una nueva estética de lo sublime, lo interesante y sentimental que saca a la modernidad del círculo de lo clásicamente bello. Una segunda ruptura tiene lugar hacia 1880 con la teoría de Baudelaire de lo bello transitorio y la poética de la percepción fragmentada de Flaubert. Se trata de la estética de una modernidad cuya experiencia traumática hace que se enfrente a sí misma, segregando su propia antigüedad y transformando el historicismo en esteticismo, un esteticismo que dispone libremente de todo el pasado en el espacio del "museo imaginario".[18] En el seno de esta transformación debe entenderse el movimiento que conocemos como modernismo. Por último, la tercera transformación sería la que da lugar a las vanguardias y se inicia alrededor de 1912 en el círculo de artistas próximos a Apollinaire.

La percepción fragmentada y la transitoriedad que definen esa segunda transformación de lo moderno tiene que ver con lo que Gutiérrez Girardot llama la "experiencia de la vida urbana" que determina una manera de hipersensibilidad, desarraigo e intelectualismo en el artista.[19] La ciudad, como nuevo marco de relaciones humanas y también como el destino de las creaciones literarias, llega incluso a generar formas innovadoras de la poesía, como el poema en prosa, según célebre afirmación de Baudelaire.[20] Así pues, esta dimensión urbana, junto a una nueva situación del artista y a la secularización de la vida que trae como consecuencia una puesta en cuestión de todas las categorías recibidas y muy especialmente del lenguaje, completan el trazo de esta segunda transformación o ruptura dentro de la modernidad que en el caso hispánico se conoce como modernismo. Es significativo, por otro lado, el cambio experimentado en la valoración de este movimiento que fue visto, en

---

18 Sobre esta ruptura, Nicolás Astobiza Picaza, *La dinámica de lo moderno: romanticismo y modernidad en Charles Baudelaire*, Madrid: Universidad Nacional de Educación a Distancia, 2001.
19 Rafael Gutiérrez Girardot, "La literatura hispanoamericana de fin de siglo", en *Historia de la literatura hispanoamericana*. II: *Del neoclasicismo al modernismo*, ed. Luis Iñigo Madrigal, Madrid: Cátedra, 1987, pág. 499. En este sentido, el Montevideo finisecular es, como se va a constatar, un caso paradigmático. Sobre las relaciones entre la ciudad y la literatura moderna, véanse los ensayos editados por Javier de Navascués, *De Arcadia a Babel: naturaleza y ciudad en la literatura hispanoamericana*, Madrid/Frankfurt am Main: Iberoamericana, 2002.
20 Véase la brillante glosa de Jaime Gil de Biedma, *El pie de la letra: Ensayos completos*, Crítica: Barcelona, 1994, pág. 328.

principio, como poco más que una vaga forma de evasión, superficialidad estética e inconsistencia para pasar a ser analizado en la actualidad desde nuevas y menos simplistas perspectivas.[21] De hecho, hoy somos conscientes de que existe una vertiente transgresora, revulsiva, insoslayable dentro de esta estética que ha sido descuidada durante mucho tiempo y que recientemente ha sido sacada de nuevo a la luz por Gutiérrez Girardot:

> Como toda tendencia o movimiento literario, el Modernismo actúa libremente, y no se deja encerrar en reglamentaciones burocráticas: como el dandy, como el bohemio, como el intelectual es una expresión de la libertad de la inteligencia, que de por sí es revolucionaria. O fue revolucionaria, precisamente en los tiempos del modernismo.[22]

Por otra parte, en los últimos años del siglo XIX y las dos primeras décadas del siglo XX, y de una forma un tanto abrupta y caótica, tiene lugar en la sociedad rioplatense, y más concretamente en la uruguaya, un acelerado proceso de modernización —tardío con respecto a Europa— cuyas consecuencias se dejan sentir especialmente en el medio urbano y afectan al ambiente intelectual y las relaciones sociales. Las estructuras económicas se van modificando al producirse nuevas fuentes de trabajo, se diversifica la población gracias a la inmigración europea y ello conlleva una transformación simultánea de las costumbres sociales pues los nuevos sectores desean compartir bienes, derechos y servicios

---

21 Como señala Olivera-Williams, "the Hispanic Modernist movement was more than an aesthetic and elitist attempt on the part of writers, especially poets, to escape through art the coarse reality of bourgeois world. Hispanic Modernist writers were reacting to the social ferment caused by capitalist expansion", María Rosa Olivera-Williams, "Feminine Voices in Exile", en *Engendering the Word. Feminist Essays in Psychosexual Poets*, eds. Temma F. Berg, Urbana: U. of Illinois, 1989, págs. 151. Ya en la definición clásica del crítico Federico de Onís se propone el modernismo como movimiento preocupado por la faceta estética pero también por el aspecto ético: "El modernismo es la forma hispánica de la crisis universal de las letras y del espíritu que inicia hacia 1885 la disolución del siglo XIX y que se había de manifestar en el arte, la ciencia, la religión, la política y gradualmente en los demás aspectos de la vida entera, con todos los caracteres, por lo tanto, de un hondo cambio histórico cuyo proceso continúa hoy", Federico de Onís, *Antología de la poesía española e hispanoamericana (1882-1932)*, Madrid, Centro de Estudios Históricos, 1934, pág. XV. No cabe entrar aquí en una historia de la crítica sobre el modernismo, véase sólo Rafael Gutiérrez Girardot, *Modernismo*, Barcelona: Montesinos, 1983.

22 R. Gutiérrez Girardot, "La literatura hispanoamericana de fin de siglo", en *Historia de la literatura hispanoamericana. II: Del neoclasicismo al modernismo, op. cit.*, pág. 506.

antes sólo patrimonio de la clase privilegiada heredera de la época colonial. En el plano intelectual y de las ideas, la cultura se hace mercancía al salir del museo,[23] el escritor se profesionaliza y las revistas literarias y semanarios culturales adquieren amplia difusión, especialmente la *Revista Nacional de Literatura y Ciencias Sociales*, órgano de expresión representativo de las nuevas tendencias, publicada desde marzo de 1895 hasta noviembre de 1897. La heterogeneidad, la confusión y el eclecticismo caracterizan a las nuevas corrientes intelectuales y literarias frente a la mayor homogeneidad y unidad de las escuelas anteriores —neoclasicismo, romanticismo—. Pero esta apertura de discursos y pensamientos no afecta sólo al ámbito literario, sino que signa todo tipo de manifestación cultural, espiritual y social, de manera que el campo de la filosofía se halla escindido entre el positivismo científico y evolucionista, el pesimismo metafísico alemán y el socialismo materialista. De este modo, a la par que se va produciendo la paulatina pérdida de vigencia y desintegración de las ideas filosóficas, instituciones y movimientos literarios de la sociedad decimonónica, va teniendo lugar la absorción y procesamiento, de nuevas ideologías político-sociales —anarquismo, socialismo, positivismo—, nuevas tendencias literarias —modernismo— y, en general, de una nueva forma de situarse en la sociedad caracterizada por el individualismo, el inconformismo y un desafío a las convenciones —*épater le bourgeois* es la consigna a seguir—, que impregna todo discurso y manifestación cultural. Esta modernización implica también cierto desorden político y lucha activa, situaciones ambas que nacen de la peculiar convivencia de las nuevas estructuras del capitalismo económico y las viejas estructuras tradicionales feudales y religiosas.[24] La huelga

---

23 "El tipo del intelectual de café, aparecido hacia 1900, era un fenómeno enteramente nuevo en el ambiente uruguayo. Hasta entonces sólo había existido el tipo de intelectual universitario", Alberto Zum Felde, *Proceso intelectual del Uruguay.* II: *La Generación del Novecientos*, Montevideo: Ediciones del Nuevo Mundo, 1967, pág. 31.

24 Este entorno intelectual, afirma Real de Azúa, está "caracterizado, como pocos, en la vida de una cultura, por el signo de lo controversial y lo caótico", Carlos Real de Azúa, "Ambiente espiritual del Novecientos", en *La literatura uruguaya del Novecientos, op. cit.*, pág. 15. De igual forma, Varas escribe: "This unorthodox alliance between the intellectual and clerical demonstrates the unique conformation of Uruguayan modernity, which was full of contradictions", Patricia Varas, "*Modernism* or Modernismo? Delmira Agustini and the Gendering of Turn-of-the-Century Spanish-American Poetry", en *Modernism, Gender and Culture…, op. cit.*, pág.151.

y el atentado son las armas sindicales que operan la transformación del panorama social que, finalmente, se produce y cristaliza en una serie de reformas acordes con el nuevo espíritu progresista que se respira en el ambiente:

> Las leyes de la época consagran no sólo el derecho laboral, sino también la educación popular, los controles económicos a las empresas extranjeras, la prohibición de los crucifijos en los hospitales, la abolición de la pena de muerte y el divorcio, entre otras cosas. En una palabra, el *progreso*....[25]

De otra parte, las nuevas familias enriquecidas gracias a ese comercio floreciente y a la intensa actividad económica conforman una burguesía cada vez más poderosa y, junto a la casta patricia y nobiliaria aún existente pese a su progresivo empobrecimiento, tratan de imitar externa e internamente las formas de vida y estructuras modernas que prevalecen en las grandes capitales europeas, especialmente París y Londres:

> Esta sensación de cambio y nuevo estilo de vida es muy notoria en ciudades como Buenos Aires, exaltada como cosmopolita por los escritores de la época y por el mismo Rubén Darío, pero otras ciudades portuarias también alcanzaron gran nivel como La Habana, Montevideo o Santiago de Chile. [...] Así se forma la población de las ciudades latinoamericanas de finales de siglo con los caracteres de los modelos europeos burgueses del mundo industrializado.[26]

Así pues, Uruguay va poco a poco acompasando su evolución demográfica, tecnológica, económica, política, social y cultural a la de la Europa capitalista y entra a formar parte plenamente de su círculo de influencia directa. A finales del siglo XIX Europa es un hervidero donde el progreso del capitalismo y la difusión de ciertas ideas feministas y sociales causan furor y Uruguay, en esa tónica del reflejo y la imitación y gracias al espíritu tolerante del batllismo, sigue esos pasos marcados, si bien con un ritmo y unos condicionantes propios:

> Feminismo, anarquismo, socialismo y batllismo tenían múltiples puntos de contacto. No era raro. En una ética de la liberación, la mujer tenía el mismo derecho a figurar que el proletariado. Pero desde el punto de vista histórico, la liberación de la

---

[25] Nicasio Perera San Martín, "Julio Herrera y Reissig", en *Historia de la literatura hispanoamericana. II: Del neoclasicismo al modernismo, op. cit.*, pág. 683. La cursiva pertenece al texto original.
[26] Carmen Ruiz Barrionuevo, *Rubén Darío*, Madrid: Síntesis, 2002, págs. 16 y 17.

mujer era menos peligrosa para el orden establecido que la del proletariado. En última instancia, coincidían el feminismo y ese orden por cuanto ambos negaban el viejo valor atribuido a la fecundidad. Tal vez esto explique la relativa facilidad con que *cierto* tipo de feminismo triunfó.[27]

Es innegable que el capitalismo lleva el germen de la disidencia en cuanto que las transformaciones en los sistemas de producción, consumo y de relaciones laborales que trae consigo su establecimiento en la sociedad hace surgir una ansiedad por la definición del concepto de mujer, concepto que por primera vez se sale de los límites teorizables y desemboca en el nacimiento y consolidación de la denominada "cuestión femenina" en este periodo de la modernidad histórica. El capitalismo propicia, pues, una aceleración extraordinaria del pensamiento feminista, aceleración que es paulatinamente asimilada en países como Inglaterra, Francia o Alemania, cuyas estructuras de base son sumamente receptivas y, en definitiva, idóneas puesto que el sistema capitalista se va imponiendo ya como el hegemónico y la burguesía se está implantando como la nueva clase dominante. Pero no ocurre lo mismo en naciones de raigambre marcadamente colonial, en nuestro caso el Uruguay, donde la carencia de infraestructuras socioeconómicas que sirvan como soporte a las ideas supone una asimilación bastante problemática de los pensamientos progresistas.[28] De este modo, el temor a la progresiva

---

27 José Pedro Barrán y Benjamín Nahum, *El Uruguay del Novecientos*, I: *Batlle, los estancieros y el Imperio Británico*, Montevideo: Banda Oriental, 1990, pág. 89 (cursiva en el texto). El feminismo militante, es decir, la asunción consciente por la mujer del nuevo rol social que la demografía y la sociedad le asignan, nace precisamente en el Novecientos. Es Uruguay el país pionero, como era de esperarse, en el Río de la Plata.

28 Sobre la "diferencia" y el tiempo como características definitorias del contexto postcolonial, véanse las luminosas páginas que dedica a la cuestión Homi K. Bhabha, *The Location of Culture*, Londres: Routledge, 1994, esp. págs. 236-56. Esta diferencia puede apreciarse, por ejemplo, en el terreno de la escritura, sin olvidar, sin embargo, a algunas precursoras: "Although the liberation of Hispanic women writers occurred later than that of their sisters in England and the United States, this generation of Hispanic women writers, like their English-speaking cousins, was empowered by preceding generations of women writing in their language. Virginia Woolf's description of the historical advance of women writers in England needs only slight adaptation to fit the situation of Hispanic women writers who traced their literary lineage back to such exceptional foremothers as Santa Teresa (Spain) and Sor Juana de la Cruz (México) in the sixteenth and seventeenth centuries", M.R. Olivera-Williams, "Feminine Voices in Exile", en *Engendering the Word...*, *op. cit.*, pág. 151.

penetración de ideas feministas y sociales es combatido con anticipación por todo un complejo aparato social, por un poder que, como señala Foucault,[29] no tiene una agencia específica, no puede adscribirse a un grupo ni se asienta sobre la ley o la prohibición —ahí reside su fuerza, de hecho— sino que permea todo y, enmascarado bajo una retórica seductora, bajo un sutil barniz de complacencia, pretende eliminar toda posible disidencia o pensamiento alternativo y, en fin, mantener el orden establecido que se asienta sobre las bases firmes del hogar, la familia y la maternidad:

> No cabe insistir en la reclusión doméstica que padecían las mujeres burguesas, demostrada por múltiples testimonios. Aunque otras mujeres desafiaban de hecho esa reclusión —las obreras en los talleres, las sindicalistas, las militantes anarquistas, las maestras, algunas poetas y rebeldes de clase alta pasado el Novecientos— la fuerza del modelo era tal que ni aun las primeras feministas lo cuestionaron totalmente.[30]

Así, las estrategias retóricas de que se vale el poder para perpetuar el reparto de roles, según el sexo, en el dominio social y que aparecen en su manifestación más clara en la prensa montevideana abarcan un amplio espectro y van desde el elogio de lo doméstico a la utilización de los códigos de la moda, lo sentimental o la religión como espacios selectivos y, en consecuencia, como medios de disciplinamiento.[31] Es necesario, pues, que la mujer aparezca retratada de determinada manera en la iconografía, la prensa y la literatura; es preciso fortalecer el mito del "ángel del hogar", es decir, reescribir su lugar adscribiéndola con nuevos

---

29 "Tal poder, precisamente, no tiene ni la forma de la ley ni los efectos de la prohibición", Michel Foucault, *Historia de la sexualidad*, Madrid: Siglo XXI, 1996, vol. I, pág. 61.
30 Silvia Rodríguez Villamil, "Vivienda y vestido en la ciudad burguesa (1880-1914)", en *Historias de la vida privada en el Uruguay: El nacimiento de la intimidad 1870-1920*, *op. cit.*, pág. 78.
31 Aunque centrado en el examen del espectro cultural de la "emoción", el trabajo de Sarlo identifica perfectamente la estructura dialéctica que preside estos discursos: contrarrestar la insatisfacción de los lectores con buenas dosis de utopía romántica y católica, de forma que tal insatisfacción —que generalmente tiene su origen en la desigualdad social— se aloja en el terreno del sentimiento, para diluir con ello su potencial de cambio; y así "la *cuestión femenina* aparece en estas narraciones sólo como cuestión de los afectos", Beatriz Sarlo, *El imperio de los sentimientos: narraciones de circulación periódica en la Argentina (1917-1927)*, Buenos Aires: Norma, 2002, pág. 24; en este sentido, como afirma la autora, el arquetipo de la mujer en esta literatura es "el de la *bella pobre*, alguien que merece mejor destino, aunque probablemente no lo alcance" (*ibid.*, pág. 25).

Contexto ideológico y sociocultural 29

argumentos al ámbito doméstico, y sacralizar asimismo su función maternal. Así, la mujer queda desvinculada de toda forma de producción o trabajo pero también de toda forma artística o cultural que permita de alguna manera el acceso al poder. No representa ya un peligro para el patriarcado.

No obstante, el papel, en principio tradicional, de ama de casa y educadora de los hijos o maestra que se asigna a la mujer permite algunas libertades también y abre un pequeño camino a los intereses emancipatorios e intelectuales.[32] En el Uruguay, en concreto, el vacío poblacional ya se ha satisfecho, con el consiguiente retraso en la edad de los matrimonios y la asimilación de técnicas anticonceptivas; la mujer pasa de "reproductora biológica" a "reproductora social", de receptáculo para procrear a educadora de generaciones futuras.[33] Así, precisamente al ser este dominio de la educación susceptible de ser utilizado como un instrumento de cambio, necesita ser legislado férreamente por el discurso androcéntrico que dictamina sus leyes y sus metas.

Esta dialéctica, según la cual a la mujer se le proponen nuevos espacios de liberación que son en realidad nuevos espacios de represión, desencadena la ambivalencia radical que preside este periodo del cambio de siglo, y que se refleja reiteradamente en la prensa de forma efectiva.[34] En efecto, en cualquier proceso histórico, el medio periodístico

---

[32] El ámbito educativo es el único resquicio de libertad e igualdad y nuevo espacio de producción de pensamiento para ellas. Así lo manifiesta Clara Silva al hacer un repaso por el contexto social del Montevideo de la época: "la mujer no había alcanzado lo que luego se llamó su "emancipación", es decir, su participación en la vida social en igualdad de condiciones con el hombre, no ejerciendo ninguna profesión ni oficio, excepto la de maestra normal de niños, en escuelas públicas o privadas.", Clara Silva, *Genio y figura de Delmira Agustini*, Buenos Aires: Editorial Universitaria, 1969, pág. 22.

[33] Delmira Agustini ejemplifica perfectamente esta tendencia generalizada entre señoritas de alta sociedad a ser educada en el hogar: "Delmira no concurrió de niña, ni de adolescente, a ningún instituto de enseñanza (aparte de sus clases de pintura o de música, con maestros particulares). Mujer de cierta cultura, la madre misma fue su maestra. Toda su instrucción primaria la recibió en su propia casa.", *Ibíd.*, pág. 24.

[34] "Women in a provincial town like Montevideo, despite its airs of a cosmopolitan capital, agreed to stay in the roles tradition had assigned them. Ironically, men's concessions on women's behalf bound women even more securely to the status quo by eliminating the possibility of their achieving class consciousness and the motivation to fight for their rights", M.R. Olivera-Williams, "Feminine Voices in Exile", en *Engendering the Word: Feminist Essays in Psychosexual Poetics, op. cit.*, pág. 155.

cumple la función de ser cauce y portavoz de toda la serie de inquietudes, problemáticas, asimilaciones y rechazos que puede experimentar una determinada estructura social. Estas transformaciones aparecen claramente en la prensa escrita, pues este material es, en esencia, una modalidad de escritura cotidiana y, por tanto, mucho más dinámica y no tan mediatizada por la estética como podría serlo una fuente estrictamente literaria. Así pues, la prensa se erige en el siglo XIX en instrumento de control ideológico privilegiado, en un arma propagandística de extraordinaria difusión y eficacia que actúa sobre toda la sociedad y, muy específicamente, sobre el sujeto femenino, marcando sus lecturas e incluso la recepción que debe hacer de las mismas. Ahora bien, existen siempre resquicios, bordes, espacios de libertad, apertura y cuestionamiento de los rígidos moldes sociales en los que la mujer ocupa un lugar de inferioridad o subalternidad. El feminismo, de hecho, nace con la voluntad de ser algo más que un movimiento organizado de sublevación y pronunciamientos; es una actitud vital encarnada por mujeres que en muchos casos no militan políticamente, pero cuya existencia refleja el cambio de mentalidades, como Irma Avegno o Delmira Agustini.[35]

La diversificación y proliferación de procedimientos para "educar" a la mujer que aparecen en la prensa como reflejo de la manipulación de las mentalidades va más allá de lo que pudiéramos sospechar, pero tales estrategias tienen como contrapartida la multiplicación paulatina de mecanismos de combate a la filtración de esos modelos femeninos. Ante estas imágenes e ideologías manipuladoras y coercitivas, las receptoras reaccionan de muy distintas maneras, maneras que van desde su seguimiento e incorporación al ideario personal hasta una resistencia y oposición abierta. En este último sentido tenemos el testimonio de Delmira Agustini cuyas notas de prensa, cuyos poemas, cuya vida prueban una discrepancia más generalizada de lo esperable respecto a los moldes:

---

35 Irma Avegno, todo un símbolo de la liberación femenina en el Uruguay, fue una mujer emprendedora perteneciente a la más encumbrada sociedad montevideana que en su madurez se convirtió en mecenas, mujer de negocios, estanciera y generosa benefactora de los más humildes. Acusada de estafas y falsificaciones, se suicida de un balazo y cientos de mujeres depositan pequeños ramos de flores en su tumba. La prensa la transforma inmediatamente en víctima y heroína". Para más información sobre su persona consúltese: José Pedro Barrán y Benjamín Nahum, *El Uruguay del Novecientos*, I: *Batlle, los estancieros y el Imperio Británico*, *op. cit.*, pág. 94.

Contexto ideológico y sociocultural

ella da voz a un silencio —el de la lectura— que se toma mecánicamente como muestra de recepción pasiva por la comunidad femenina en general. Por tanto, no es la indiferencia la respuesta a este imaginario femenino que la prensa presenta como imitable.

La compulsión de discursos sobre la belleza, por ejemplo, manifiesta una fuerte ansiedad con respecto de la misma, al ser una condición que trasciende clases sociales y que, de alguna manera, amenaza simbólicamente, si se quiere, el orden establecido. De ahí, los tópicos recurrentes sobre la belleza, como una cualidad, o bien virtuosa, bondadosa y por lo tanto controlable, sin conflicto, o bien identificada alternativamente con lo superficial y vano o con lo depravado. Lou Charnon-Deutsch, en su interesante recopilación de retratos de mujeres finiseculares, confirma este intento de apresar la belleza en una retórica de la bondad.[36] Sarlo señala a propósito del paradigma de la "bella pobre":

> La bella pobre puede ser el eje de apasionantes tramas, porque al no tener otras armas que las de su belleza, se arroja al mundo en una lucha desigual y se convierte en protagonista de las aventuras del sentimientos vividas bajo condiciones adversas. Si su destino desdichado es previsible y confirma expectativas sociales, su eventual victoria sobre las desigualdades injustas es consuelo y ejemplo de lectoras, probablemente también pobres, aunque quizás no tan perfectamente bellas.[37]

Todo el discurso se resuelve de forma imaginaria y está conscientemente dirigido a presentar un ideal de vida atractivo para el sujeto femenino, dentro del espectro de la "utopía romántica". En ocasiones se comenta la inteligencia de la mujer en el ámbito artístico: dibujo, piano, francés, decoración, moda, pero nunca en el terreno científico o de la praxis, que es siempre patrimonio masculino. Incluso se fomenta la competitividad entre los miembros del sexo femenino por motivos de belleza, talento y bondad, lo que permite, en última instancia, controlarlos como grupo con escisiones. De hecho, frente a la heterogeneidad real de la época y los contrastes que ofrece una amplia gama de figuras femeninas, existe también una óptica en la prensa que permite homogeneizarlas de acuerdo a unos roles preestablecidos.

---

36 Lou Charnon-Deutsch, *Fictions of the Feminine in the Nineteenth-Century Spanish Press*, University Park: The Pennsylvania State University Press, 2000.
37 Beatriz Sarlo, *El imperio de los sentimientos*, op. cit., pág. 25.

La retórica de la moda ocupa asimismo un espacio privilegiado en diarios y revistas.[38] Se reglamenta este espacio como "femenino" y se crean lenguajes cifrados y así estos lugares de desplazamiento y condensación son a un tiempo estéticamente sugestivos y moralmente aceptables: se preceptúa la percepción de todo este entramado, dirigido por tanto a la objetualización y no al *uso*:

> En cambio si consideramos las modas femeninas, no podemos menos que vincular algunas de sus características con la posición subordinada y dependiente que ocupaban las mujeres en la familia y la sociedad. Así el cuerpo femenino debió adaptarse a determinados cánones de belleza, tales como la "cintura de avispa" conseguida mediante el uso del opresivo corsé, sacrificando su propia comodidad y libertad de movimientos. Un tremendo grado de complicación y sofisticación caracterizaba toda la vestimenta y el arreglo de las mujeres.[39]

Lo interesante de la moda es que, mientras otros discursos excluyen a la mujer del mercado, éste la reinserta en él al convertirla de un sujeto de deseo, en un sujeto deseante. Sin embargo, es notablemente significativo que en las revistas analizadas no se hable tanto de comprar trajes como de confeccionarlos. Sin duda, las secciones de moda son una herencia de París (sabido es que hasta Mallarmé escribió sobre la "moda para las muchachas en bicicleta"[40]), pero lo realmente llamativo es que ese lugar de la moda en el Montevideo finisecular trate de desplazarse de su marco capitalista a un marco doméstico donde se neutralizan todas las posibilidades de realización para la mujer. Y son precisamente aquellos escasos espacios públicos donde es posible el exhibicionismo, el erotismo y un primario culto al cuerpo los que denotan un giro en la sensibilidad colectiva, los que suscitan un discurso más agresivo:

---

38 "Especialmente elocuente era madame Polisson, redactora de la sección "Para Ellas" de la revista ilustrada *Caras y caretas*: "*la encargada de entreteneros todas las semanas, hablándoos de esas mil cosas que constituyen vuestra felicidad y que tanto os entusiasman, es decir, de trapos, flores, blondas, cintas, en una palabra, de todas esas menudencias que os hacen tan lindas y graciosas*", Silvia Rodríguez Villamil, "Vivienda y vestido en la ciudad burguesa", en *Historias de la vida privada en el Uruguay: El nacimiento de la intimidad 1870-1920, op. cit.*, pág. 104 (cursiva en el texto).
39 *Ibíd.*, pág. 104.
40 Sobre este aspecto de la obra de Mallarmé, véanse los comentarios de Juan Carlos Rodríguez, *La poesía, la música, el silencio*, Sevilla: Renacimiento, 1994.

> Los rigurosos trajes de baño femeninos, a usarse en zonas de baño cuidadosamente separadas para mujeres y hombres, hacían que *"…estas mujeres parecieran sin cuerpos y sin caras […] Una educación rigurosa cuidaba de esa inocencia llena de rubores. Así, cuando el tranvía pasaba de una zona de baño a la otra y por tanto, por encima del baño de los hombres, las madres decían a sus hijas que no miraran hacia el lado del mar. Y las niñas, obedientes, bajaban los ojos"*.[41]

El otro terreno "femenino" por excelencia es el de la devoción religiosa que, conservando inalterables sus tradiciones para las mujeres, se presenta como uno de los más efectivos medios de sujeción. En el Uruguay del Novecientos, las mujeres reciben una obligatoria educación religiosa, aun cuando ésta contradiga flagrantemente los principios progresistas sostenidos por sus padres en la cátedra, el periodismo o la política. Esta educación cumple una función de orden moral: preservar a la mujer de cualquier tipo de desliz pero también sirve para ocupar todo su tiempo e impedir el contacto con otro tipo de tendencias subversivas. En tal sentido, si la "muerte de Dios" coincide con el capitalismo, se trata de mantener a la mujer siempre en ese limbo precapitalista. El último de los recursos de doble signo sobre la "cuestión femenina" que es posible documentar a través de los diarios de la época corresponde a la llamada "retórica del genio". Aquí llama poderosamente la atención la elusión y postergación continuada en la prensa periódica del controvertido tema de la mujer artista: en los escasos momentos en que se hace referencia directa a este tipo "problemático" de mujer se da por supuesto que ser artista consiste en ser cantante o actriz, en ningún caso escritora, pintora o intelectual. No importa tanto referirse a este primer género de mujeres porque su mundo está inmerso de por sí en la frivolidad y la inmoralidad. En cambio, se tiene mucho más cuidado a la hora de aludir a la mujer intelectual o a la escritora, porque ésta sí representa una amenaza real. Por eso, se aprecian dos ardides a la hora de hablar de la mujer escritora. El primero de ellos consiste, fenómeno frecuente, de hecho, en la crítica de cuño patriarcal, en masculinizar la forma de escribir, e incluso el físico, de la intelectual, porque se piensa que el mundo del conocimiento debe seguir siendo dominio del género masculino. George Sand o María Eugenia Vaz Ferreira son tomadas como varones

---

41 José Pedro Barrán y Benjamín Nahum, *El Uruguay del Novecientos*, op. cit., pág. 79. La cursiva pertenece al texto original.

a todos los efectos, si bien, en el caso de la primera, esta consideración está motivada además por su adopción voluntaria de un pseudónimo masculino que permite ingresar en la nómina de los intelectuales. El segundo procedimiento que contribuye a desestimar la obra de una escritora es, precisamente, lo contrario: la hiperfemenización de su persona tratando de extremar sus rasgos más fácilmente teorizables como femeninos y trasladarlos a continuación a su manera de escribir:[42] Es el conocido tipo de la "poetisa" lo que resulta de este proceso, es decir, una escritora de segunda fila que escribe una "pseudoliteratura" cuyo contenido apela al orden más puramente físico o material. Si antes la mujer era el objeto de la poesía, ahora puede ser sujeto, pero, en cualquier caso, sigue pudiendo ser "aprehendida". Se considera, por lo general, a la escritora una mujer hipersensible, refinada, hermosa, casta, banalizando, pues, su labor creativa. Tomemos algunos versos de un poema que aparece en *La Alborada* bajo el revelador título de "Para una poetisa":

> Poetisa hermosa!..... Tú eres acaso
> Fuente do existe puro el placer;
> Busco en tus ojos amante lazo,
> El beso tierno y el leal abrazo,
> Pues que por siempre te he de querer.[43]

En muchos casos, la mujer llega a asumir toda esta ideología hasta el punto de que está convencida de su imposibilidad para cruzar las barreras que la sociedad le prescribe como naturales, como su destino: "my great pan is to be a woman".[44] Pero este prejuicio social y estético contra la mujer escritora no tiene solamente repercusiones negativas y puede actuar en dos direcciones opuestas; por una parte, controla que la intelectual no se salga de los límites establecidos y por otra, paradójicamente, autoriza y prestigia.

---

42 En este sentido, por cierto, la imagen de la escritora adopta muchos de los rasgos prototípicos del escritor de folletines y revistas; sobre su imagen, véase Beatriz Sarlo, *El imperio de los sentimientos, op. cit.*, pág. 107.
43 E.M.D., "Para una poetisa", *La Alborada*, 1898, pág. 446.
44 *La Alborada*, 1899, pág. 580. Una declaración muy similar hace la propia Delmira Agustini, como veremos más adelante; en ella, expresa su deseo de ser hombre para hacer ciertas cosas —tomar un café en un lugar público— que, de otro modo, le están prohibidas.

En definitiva, antes del siglo XIX, el papel de la lectora había sido tradicionalmente el de "salvaguardar la costumbre, la tradición y el uso familiar"[45] e incluso, "la imagen tradicional de la mujer lectora tendía a ser la de una lectora religiosa, devota de su familia, muy lejos de las preocupaciones que agitaban a la vida pública"[46]. Pero las nuevas lectoras del siglo XX, inmersas en esa atmósfera de mayor libertad, no sólo comienzan a ser más críticas y sagaces a la hora de descodificar la información manipulada que reciben a través de la prensa o la literatura, sino que empiezan a dar muestra de tener otros gustos más seculares y a demandar un mercado literario que propicia sobre todo la multiplicación de revistas y semanarios. Si no tanto —que también— como lectora común de este tipo de literatura, sí como escritora, Delmira Agustini participa en el entramado de la prensa del Uruguay de su tiempo. Pero antes de adentrarnos en las condiciones de su producción periodística y los significados que de ella se derivan, presentemos brevemente a la autora en este contexto de la "sensibilidad civilizada".

Delmira Agustini (1886-1914), educada en un ambiente provinciano de burguesía acomodada, comienza a escribir poesía precozmente, siendo alentada en dicha tarea creadora hasta extremos inauditos por su familia. La madre, argentina culta de ascendencia alemana, la orienta hacia las artes[47] —Agustini toma clases en el hogar familiar con distintos pre-

---

45 M. Lyons, "Los nuevos lectores del siglo XIX: mujeres, niños, obreros", en *Historia de la lectura en el mundo occidental*, eds. Guglielmo Cavallo y Roger Chartier, Madrid: Taurus, 1998, pág. 479.
46 *Ibíd.*, pág. 480.
47 No se puede obviar en este punto algo sobre lo que la crítica ha hablado con profusión, aunque en la mayoría de los casos sin dotarlo suficientemente de sentido ni buscar interpretaciones coherentes: la influencia de la figura materna en Agustini y la controvertida relación que las liga. Se puede, me parece, esbozar una breve aplicación práctica desde el psicoanálisis a la peculiar manera en que se refleja el dominio materno en la escritura de Agustini. Dice Kristeva que la pérdida de la madre es el primer signo de emancipación, tanto para el hombre como para la mujer y cuando este matricidio no se produce se internaliza el objeto materno y "sobreviene la condena depresiva o melancólica del yo", Julia Kristeva, *Sol negro. Depresión y melancolía*, Caracas: Monte Ávila Editores, 1991, pág. 30. La melancolía tiñe todos los poemas de Agustini: Delmira tiene encerrado un fantasma, la representación de su madre, en su interior, como trasluce su poesía, tal vez ésta sea el reflejo directo de la frustración vital al no poder enfrentarse a ella directamente: "Para proteger a mamá, me mato sabiendo —saber fantasmático y protector— que eso proviene de ella, diabla infernal y mortífera", Julia Kristeva, *Ibíd.*, pág. 30.

ceptores de todo lo que una señorita de buena posición debe saber: pintura, piano y francés—[48] y el padre, más tarde también el hermano, ordena y transcribe sus poemas. Empieza a escribir sus poemas y algunas colaboraciones en prosa en revistas y semanarios de Montevideo *(Rojo y Blanco, La Petite Revue* y *La Alborada)* en 1902 cuando cuenta con dieciséis años, alcanzando un notable éxito entre el público y la crítica; recepción positiva que, sin duda, hay que relacionar con el culto al artista, al creador heredado del romanticismo y que está tan presente en el Montevideo de la época. De 1907 a 1913 publica sus tres poemarios —*El libro blanco* (1907), *Cantos de la mañana* (1910) y *Los cálices vacíos* (1913)— y está preparando el siguiente que va a titular: "Los astros del abismo"[49] cuando muere el seis de junio de 1914 a la edad de ventiocho años. A excepción de su muerte, su existencia discurre, en principio, por los senderos convencionales: tras un prolongado y al parecer aburrido noviazgo, del que hay abundante constancia epistolar, con Enrique Job Reyes, hombre "mediocre y ajeno a sus intereses poéticos y de cultura"[50], contrae matrimonio con él para abandonarlo a las pocas semanas "huyendo de tanta vulgaridad", (aunque, al parecer, a esta decisión no es ajena la pasión que poco antes de su boda le inspira el escritor

---

48 Es interesante señalar, llegado este momento, la importancia que adquieren los espacios cerrados, íntimos, privados en la sociedad burguesa decimonónica, especialmente opresivos en el caso de la mujer. Tanto S. Gilber y S. Gubar, *The Madwoman in the Attic*, New Haven: Yale University Press, 1979, como Foucault en *Historia de la sexualidad op. cit.*, desarrollan esta idea y dejan constancia de las consiguientes repercusiones en el sujeto: "Hay también sociedades en las cuales la vida privada está provista de gran valor, en que es cuidadosamente protegida y organizada, en que constituye el centro de referencia de las conductas y uno de los principios de su valorización —es, al parecer, el caso de las clases burguesas en los países occidentales en el siglo XIX— pero, por eso mismo, el individualismo en ellas es débil y las relaciones de uno consigo mismo apenas se desarrollan", M. Foucault, *Historia de la sexualidad*, Madrid: siglo XXI, 1996, vol. 3, pág. 41. A este respecto Lucía Guerra apunta asimismo: "El silencio es, por consiguiente, parte de una profusa espiral de la hermeticidad que tiene como territorios concretos el espacio de la casa, el cuerpo femenino y el ámbito intangible del entendimiento o capacidad intelectual" Lucía Guerra, *La mujer fragmentada: Historias de un signo*, Santiago: Editorial Cuarto Propio, 1995, pág. 56.
49 Algunos poemas que tiene ya escritos son publicados póstumamente en 1924 bajo el título de *Obras completas de Delmira Agustini*.
50 José Olivio Jiménez, *Antología crítica de la poesía modernista hispanoamericana*, Madrid: Hiperión, 1989, pág. 437.

Manuel Ugarte), y volver de nuevo al hogar familiar. En proceso la demanda de divorcio, inicia una serie de encuentros clandestinos en una habitación alquilada para ese fin con su ex-marido y en una de esas citas la confusa Agustini, que tal vez anhela huir a Buenos Aires para encontrarse con Ugarte, es asesinada a manos de ese ex-marido que la idolatra —la habitación es casi un santuario en honor a Delmira plagado de fotos, cartas, pinturas, objetos— y no ha perdonado la afrenta que supone para su honor la demanda de divorcio.[51] A su vez, Enrique Job Reyes se da muerte al momento.[52] Este final folletinesco y desgarrador ha contribuido a forjar la imagen de Agustini como "poeta maldita" y a "crear un verdadero mito alrededor de la persona de D. Agustini, todavía vigente en el Uruguay actual".[53]

Del año 1902 hasta comienzos de 1904[54] Delmira Agustini todavía se está formando como creadora, pero publica ya esporádicamente algún artículo de opinión o ensayo, y ven la luz también en *La Alborada*, *Rojo y blanco* y *La Petite Revue* sus primeras composiciones poéticas, algunas de ellas escritas con anterioridad, cuando la autora sólo contaba

---

51 Según declara la hermana del joven, Alina Reyes, confesión ésta recopilada en la obra de Clara Silva: *Genio y figura de Delmira Agustini*, Buenos Aires: Editorial Universitaria, 1969, pág. 62.
52 Existe una abundante bibliografía a propósito de las diversas hipótesis e interpretaciones sobre su muerte: ¿suicidio pactado?, ¿asesinato?; los estudios de Ofelia Machado, Clara Silva y Emir Rodríguez Monegal son esclarecedores en este sentido.
53 Delmira Agustini, *Poesías completas*, ed. Magdalena García Pinto, *op. cit.*, pág. 23. La crítica argentina Beatriz Colombi hace una nómina de novelas actuales que recrean sus circunstancias vitales, lo que revela hasta qué punto se ha alimentado el mito de su vida incluso a un nivel más popular y comercial: "Su novela ha inspirado novelas recientes, como *Un amor imprudente* (1994) de Pedro Orgambide, que ficcionaliza la relación de Delmira con el que se dice fue su gran amor, el argentino Manuel Ugarte, *Delmira* (1996) de Omar Prego Gadea, que reproduce poemas, cartas, y material documental y *Fiera de amor* (1995) de Guillermo Giucci. A esta lista, habría que agregar la reciente puesta en escena en Buenos Aires de *La pecadora*, con texto de Adriana Genta, que da cuenta del impacto perdurable de este destino femenino rioplatense", Delmira Agustini, *Los cálices vacíos*, ed. Beatriz Colombi, *op. cit.*, pág. 12.
54 En enero del recién iniciado año aparecen en *La Petite Revue* las dos últimas colaboraciones de Delmira Agustini como "*Joujou*": "Margarita Maza y María Salvanach" (1-01-04) y "Margarita Díaz y Blanca Salvanach" (10-01-04).

con diez u once años.⁵⁵ El hecho de que Agustini publique sus poemas en semanarios y revistas tiene más significado y trascendencia del que a simple vista pudiera parecer y ello porque, como antes notamos, el Montevideo de principios de siglo carece aún de las estructuras sólidas, modernas y profesionales para que las obras circulen libremente y se sostiene precariamente en los ya arcaicos juegos florales y álbumes. Los primeros consisten en lecturas públicas de poemas en salones literarios y tienen claramente delineada la diferencia sexual pues el poeta pertenece siempre al género masculino y es el papel de organizadora o de ofrenda el que corresponde a la mujer. Carina Blixen nos ofrece un testimonio de este ritual:

> Además de las recompensas mencionadas, el autor de la mejor poesía que se presente a juicio del Jurado entre todas las que concurran al certamen, será galardonado con el Premio de honor y Cortesía, consistente en una Flor natural, y el que obtenga esta, deberá ofrecerla a la dama de su elección entre las concurrentes a la sesión que se proceda a la distribución de los premios, proclamándosela Reina de la Fiesta.⁵⁶

Los álbumes, en cambio, constituyen un territorio estrictamente femenino y, por ello, desvalorizado como categoría literaria. Antecedente interesante de formas de escritura muy actuales, su carácter heterogéneo

---

55 Un índice exhaustivo de las publicaciones en revistas de Delmira Agustini puede consultarse en el trabajo de Ofelia Machado, *Delmira Agustini*, Montevideo: Ceibo, 1944, págs. 91-95. Por otro lado, estas composiciones de niñez y adolescencia aparecieron bajo el subtítulo de "La alborada", primera parte (1896-1900) y segunda parte (1901-1904), tanto en la edición de 1924 que realizó Maximino García bajo el título *Obras completas*, como en la edición oficial de su producción poética de 1940 y Magdalena García Pinto reproduce una estructura similar en su edición de 1993 pues las incluye todas bajo el rótulo "La alborada" (Delmira Agustini, *Poesías completas*, Madrid: Cátedra, 1993, págs. 55-85). Sobre estos poemas dice Maximino García lo siguiente: "En este volumen se han recogido, con el título *La Alborada (Parte primera)* los poemitas de infancia. La familia de la autora los exhuma a simple título de curiosidad, para los que quieran saber cómo se formó la poetisa", Delmira Agustini, *Poesías completas*, ed. Alejandro Cáceres, Montevideo: E. de la Plaza, 1999, pág. 73. y continúa Alejandro Cáceres "Estos 19 poemas aparecen en *Los astros del abismo*, segundo tomo de la obra, bajo el subtítulo mencionado. Dos de ellos, sin embargo, habían sido incluidos en *El libro blanco (Frágil)*: "Ave de luz" y "Evocación". Los primeros poemas recogidos datan de entre los diez y los doce años de edad. El primer poema publicado fue "Poesía" y apareció en la revista *Rojo y Blanco* el 27 de septiembre de 1902", *ibid.*, pág. 73.
56 Carina Blixen, *El desván del Novecientos. Mujeres solas*, Montevideo: Ediciones del Caballo Perdido, 2002, pág. 23.

y fragmentario revela una filiación con el diario, la epístola y todo tipo de manifestación privada o personal de sentimientos dotada de cierto lirismo íntimo. Estas colecciones de pensamientos, impresiones, halagos, etc... están a medio camino entre la total privacidad y la circulación pública y social y constituyen la única posibilidad de un intercambio literario y una proyección femenina de la escritura, pese a que funcionan al margen del mercado. Por ello, Agustini, cuyo álbum personal aún se conserva en la Biblioteca Nacional del Uruguay, no duda en escribir, en un primer momento, composiciones de circunstancias que, aunque pueden ser catalogadas de pueriles o mediocres por su escaso sentido lúdico o experimental, siguen punto por punto las características de los poemas incluidos en los álbumes. Por otro lado, generalmente la poseedora del álbum es una mujer, pero los que en él escriben suelen ser varones y ahí reside nuevamente la transgresión de la poeta que no titubea a la hora de adoptar el otro género en busca de su aceptación en el círculo público de la escritura:

> EN UN ÁLBUM
> Cuando abriendo tu boca perfumada,
> La voz dulce y perlada
> De tu bella garganta haces brotar,
> En voces de sirenas ideales,
> Y en arpas de sonidos celestiales,
> A mí me haces pensar.[57]

Delmira Agustini escribe, por tanto, para *La Alborada*, *Caras y caretas* y *La Petite Revue* y en ese marco entra en contacto no sólo con todos los discursos de los que hemos venido hablando hasta aquí, sino que se adscribe también al circuito de las producciones culturales dominadas por el mercado, aspecto fundamental en la conformación de un nuevo espacio literario. Pero, más allá de ello, ¿cuál es la relevancia que puede tener este dominio en su formación artística y en su propia obra?

---

57 Delmira Agustini, "En un álbum", *Poesías completas*, ed. Alejandro Cáceres, *op. cit.* pág. 415. Son tres las composiciones de este tipo que conocemos de Agustini. Dos de ellas se titulan "En un álbum" y, dedicadas a sendas muchachas, fueron escritas a los once años y publicadas ambas en *La Alborada*, n° 293, el 25 de octubre de 1903; la tercera lleva por título: "En el álbum de la señorita Elisa Triaca" y, procedente del álbum privado de una prima de Delmira Agustini, apareció por primera vez en *La Alborada*, n° 253, el 18 de enero de 1903.

Resulta evidente que los semanarios y revistas suponen, para quien desea su inscripción en la esfera de la "alta literatura", un modelo estético en negativo, en la medida en que se trata de una propuesta que no plantea ninguna problemática, y se erige sobre lo previsible, lo conocido y lo aceptable.

Las revistas representan la confirmación y en ocasiones la trivialización de una escritura, un consenso, todo aquello, en fin, con lo que se debate el escritor o la escritora modernos en sus inicios. En este sentido, Agustini se aprovecha de lo que Sarlo ha denominado el "sistema misceláneo del magazine", es decir, la convivencia en el espacio de la revista de textos que responden a retóricas, poéticas y objetivos diferentes, bajo la única característica común de la brevedad. De esa forma, los textos que Agustini envía a *La Alborada* o a *La Petite Revue* corresponden no a diatribas de disciplina social o narraciones folletinescas sino a sus primeros poemas y algunos textos en prosa donde explora los cauces de una poética personal o se entrega a alguna polémica literaria. Ejerce desde ese espacio un rol que le permite proyectarse no sobre el ámbito de la propia revista sino sobre el más amplio, y el deseado por ella, de la literatura uruguaya del momento.[58] Los "retratos" y escritos más próximos a la literatura del *magazine*, que también practicó, habían de funcionar, por otra parte, como una suerte de laboratorio o taller de escritura, de la misma manera que funciona el diario para escritores posteriores, según propone Barthes.[59]

Finalmente, si es cierto que "la cuestión del género sexual masculino/femenino en la narrativa masculina del canon no puede entenderse sin volver reiteradamente a la relación local/global, norte/sur"[60], cabe afirmar para el caso de la poesía moderna que esa relación se desplaza

---

58 Véase la discusión al respecto que plantea, aunque en otros términos, Carina Blixen, *El desván del Novecientos: mujeres solas*, op. cit., págs. 38-45.

59 Según Barthes, cuatro son los motivos por los que los escritores llevan un diario: la invención de un estilo, el afán de dar testimonio de una época, la construcción de una imagen y el laboratorio de la lengua, donde el diario es concebido como un taller de frases, véase, Roland Barthes, "Deliberación", en su *Lo obvio y lo obtuso. Imágenes, gestos, voces*, Barcelona: Paidós, 1986.

60 Ileana Rodríguez, "Cánones literarios masculinos y relecturas transculturales", en *Cánones literarios masculinos y relecturas transculturales: lo trans-femenino/masculino/queer*, ed. Ileana Rodríguez, Barcelona: Anthropos, 2001, pág. 42.

persistentemente a la de cultura popular (revistas)/cultura minoritaria (poesía). Con todo, en la obra de Delmira Agustini no hay, evidentemente, una discusión de estos conceptos, sino de su lógica y de sus criterios de distribución. En esa dialéctica hombre/mujer y alta cultura/baja cultura están implicados muchos de los contenidos dispuestos en el *magazine*, de tal forma que la ideología que hemos venido caracterizando hasta aquí se infiltra en su propia obra como una suerte de escritura cifrada, como un criptograma que también precisa ser tenido en cuenta, pues las estrategias que despliega Agustini en su intento por acceder como sujeto activo a la "gran literatura" (según la ideología estética del momento, y sin que la expresión suponga un juicio de valor por nuestra parte) chocan con los dispositivos más o menos abiertos, más o menos sutiles, que de manera reiterada articulan los textos y las ideologías sobre la "mujer" presentes en las revistas de la época.

2. La Generación del Novecientos y el legado del modernismo

En este contexto específico del Montevideo del cambio de siglo en que se van abriendo sitio nuevas corrientes e ideologías "bajo el desolado signo de la decadencia"[61], surge uno de los grupos de escritores e intelectuales más importantes de la historia de la literatura uruguaya: la "Generación del Novecientos". Con este marbete, no exento de controversia, nos referimos a un grupo de jóvenes, autodidactas en su mayoría, cuyas obras expresan a la perfección esa sensibilidad *fin de siècle* que en el Uruguay se caracteriza por estar teñida de permanentes tensiones ideológicas. La bohemia, el dandismo y la mencionada rebeldía contra las valoraciones sexuales y políticas del medio burgués, la discusión sobre parnasianismo, simbolismo o decadentismo y el desarrollo de los principios del anarco-sindicalismo y el socialismo marxista, caracterizan a este grupo, cuyos medios de difusión son la asociación cultural, la

---

[61] Según expresión de Magdalena García Pinto en su edición de Delmira Agustini, *Poesías completas*, *op. cit.*, pág. 35.

revista literaria, la peña y el cenáculo.[62] Integran esta "Generación del Novecientos" el filósofo Carlos Vaz Ferreira, narradores como Horacio Quiroga o Carlos Reyles, poetas como Julio Herrera y Reissig, Mª Eugenia Vaz Ferreira o Delmira Agustini,[63] el dramaturgo Florencio Sánchez y José Enrique Rodó, ensayista y crítico que desempeña, junto a Herrera y Reissig, el papel de guía del grupo, y marca las pautas del pensamiento a seguir. Una serie de rasgos comunes permiten atestiguar el carácter generacional del grupo, a pesar de que no hay una cohesión total e incluso las relaciones entre sus miembros son, en ocasiones, frías y distantes. Estos son, principalmente, la cercanía en la fecha de nacimiento, el autodidactismo como marca cultural y educacional, el individualismo y escepticismo como tendencias ideológicas, la vivencia de experiencias relacionadas con la historia nacional, algunas peculiaridades lingüísticas y literarias que se vinculan con el modernismo, así como el intento de superar el nacionalismo para buscar formas artísticas universales y, finalmente, ciertas deudas formales con la generación precedente.[64] El innegable liderazgo y la labor orientadora que lleva a cabo J.E. Rodó en la Generación del Novecientos son explicables si tenemos en cuenta que dicha primacía es debida fundamentalmente a que es el autor de un ensayo de influencia decisiva en la situación intelectual del Montevideo de fin de siglo. En "El que vendrá", publicado por primera vez el 25 de junio de 1896 en la *Revista Nacional,* manifiesta el estupor en que queda sumida la intelectualidad uruguaya ante la falta de asideros y la crisis del pensamiento provocada por el derrumbamiento de las

---

62 No tenemos más que acordarnos de "la Torre de los Panoramas", refugio artístico de creadores decadentes y rebeldes en el que Julio Herrera y Reissig oficia como maestro de ceremonias.

63 Sería nuestra escritora el miembro más joven de esta generación, aunque hay quien manifiesta dudas respecto de su pertenencia a la misma; véase Emir Rodríguez Monegal, "La generación del 900", en *La literatura uruguaya del Novecientos,* Montevideo: Número, 1950, pág. 45.

64 Para una visión más amplia de este contexto, véase Carlos Real de Azúa, "Ambiente espiritual del 900", en *La literatura uruguaya del novecientos, op. cit.,* págs. 15-36, Emir Rodríguez Monegal: "La generación del 900", en *La literatura uruguaya del novecientos, op. cit.,* págs. 37-65, y del mismo autor, "Sexo y poesía en el 900 uruguayo", *Mundo Nuevo,* 16 (1967), págs. 52-71; también José P. Barrán y Benjamín Nahum, *Batlle, los estancieros y el Imperio Británico.* I: *El Uruguay del Novecientos, op. cit, passim.* Una exposición más reciente sobre la producción literaria del período desde una perspectiva histórico-social la encontramos en Hugo Achugar, *Poesía y sociedad, op. cit.*

fórmulas estéticas e ideológicas que habían caracterizado al siglo XIX. Pero una vez superado ese desconcierto inicial, es el momento, propone, de enfocar, desde nuevos puntos de vista más acordes con los presupuestos de la modernidad, el trabajo cultural y la función del intelectual (búsqueda de valores individuales, de sensaciones propias, únicas). Así, en un estilo grandilocuente y una retórica fundada en el mesianismo propio del momento, Rodó sugiere la búsqueda de nuevas fórmulas estético-ideológicas que verbalicen las transformaciones sufridas en el umbral del nuevo siglo, y manifiesta tanto una confianza ciega en el eclecticismo del arte y el pensamiento, como una fe absoluta en los escritores como guías espirituales del ser humano.[65]

Esta búsqueda de nuevas pautas estéticas e ideológicas, esta intuición común de hallarse en el umbral de una sensibilidad nueva percibida por los miembros de la Generación del Novecientos, y que revierte también en la búsqueda de una nueva espiritualidad, pronto cristaliza en el modernismo. Así lo ve tempranamente el venezolano Manuel Díaz Rodríguez, quien al caracterizar el movimiento en 1907 observa en él dos grandes tendencias: la vuelta a la naturaleza y el misticismo.[66] Con todo, esta corriente cultural y artística caracterizada por dichos elementos, por el anhelo de perfección formal y por el desencanto ante el estado social, político y económico de América Latina, tiene en el Uruguay notorias peculiaridades, que le otorgan un carácter exclusivo, como la de manifestarse antes en la prosa narrativa y el ensayo que en el verso o la de poseer una particular dimensión continental y universalista. Con esto último nos referimos a una tendencia de doble sentido observable al doblar el siglo en los intelectuales y escritores latinoamericanos consistente tanto en la defensa de los valores de la cultura occidental, a la que se adscriben supuestamente liberados de la dependencia de lo español (de ahí el universalismo), como en la valoración de lo propio, lo autóctono, lo hispano, frente al imperialismo norteamericano y sus valores pragmáticos. Esta ideología nace con el ensayo de Rodó, *Ariel* (1900), y llega a forjar la corriente conocida con el nombre de "arielismo"

---

[65] José Enrique Rodó, "El que vendrá", *La vida nueva*, t. I, en *Obras completas*, Madrid: Aguilar, 1957, págs. 148-50.
[66] Manuel Díaz Rodríguez, "Paréntesis modernista o ligero ensayo sobre el modernismo", recogido en *El modernismo visto por los modernistas*, Ricardo Gullón, Madrid: Guadarrama, 1980, págs. 103-114.

que es fundamental para entender los mecanismos sociológicos y de pensamiento que presiden el siglo XX en Latinoamérica.[67] De igual forma, en el campo de la poesía, el modernismo ofrece en este país una serie de rasgos fuertemente diferenciales, que comienzan a abrir dicha estética hacia nuevos horizontes. Junto a estas particularidades, en repetidas ocasiones se ha señalado como rasgo esencial del modernismo uruguayo su vigor, su enorme alcance e importancia casi monopolizadora, lo que ha llevado a concluir incluso que el modernismo es el movimiento único e imperante en el período que comprende los años 1888-1910 en este país. Sin embargo, como apunta Hugo Achugar, este período histórico "se caracteriza por la gran variedad de tendencias que se entrecruzan y que tan pronto parecen converger hacia un centro común, como partir de un centro común para divergir bien pronto", por lo que "la producción del modernismo canónico esteticista en el Uruguay presenta cierta singularidad"[68]. Lo cierto es que el modernismo en el Uruguay tiene una interesante vertiente ensayística y narrativa —Rodó, Herrera y Reissig, Reyles, Pérez Petit e incluso de las Carreras— y una más productiva y universal veta poética. Esta nueva generación literaria se rebela frente a la anterior Generación del Ateneo que estaba muy condicionada todavía por el romanticismo a lo Victor Hugo y marca una época de inflexión en los gustos, intereses y preocupaciones tanto estéticas como nacionales que facilitaría el posterior paso a la vanguardia. Tiene órganos de expresión privilegiados como las revistas, que proliferan extraordinariamente en estos años —*La Revista Nacional* (1895-97) y la *Nueva Atlántida* (1907)— y centros de reunión como el "Consistorio del Gay saber", la ya citada "Torre de los Panoramas" o el café "Polo Bamba" que congregan a esta "juventud revolucionaria de estetas y anarquistas de amplios chambergos"[69]. Sin embargo, y a pesar del

---

67 Véase la reciente edición de Belén Castro, José Enrique Rodó, *Ariel*, Madrid: Cátedra, 2000, y sobre esta obra, Ottmar Ette y Titus Heydereich, eds., *José Enrique Rodó y su tiempo: cien años de "Ariel"*, Madrid: Iberoamericana, 2000.
68 Hugo Achugar, *Poesía y sociedad*, op. cit., pág. 172.
69 Clara Silva, *Genio y figura de Delmira Agustini*, op. cit., pág. 24. "La Universidad iberoamericana se halló en esos años relativamente ausente del proceso creador de la cultura. Asumieron los autodidactos el papel protagónico de la renovación intelectual; tuvieron en la peña del café —completada a veces con la mal provista biblioteca— el natural sucedáneo de la clase, del foro y del desaparecido salón", C. Real de Azúa, "Ambiente espiritual del Novecientos", en *La literatura uruguaya del Novecientos*, op. cit., pág. 36.

extraordinario éxito y la admirable fecundidad de la producción modernista en el Uruguay, no tarda en llegar un momento de cansancio ante el excesivo esteticismo y la búsqueda de la belleza formal inherentes al modernismo. Se produce entonces una reacción como la expresada por Enrique González Martínez en su célebre verso "Tuércele el cuello al cisne de engañoso plumaje".[70] Muchos de los nuevos autores se rebelan bajo el principio estético de la originalidad y contra los manidos procedimientos, figuras y espacios poéticos que siguen creando los innumerables imitadores de Darío:

> Entre el modernismo y los movimientos de vanguardia habría que situar un grupo muy heterogéneo de poetas, que, sin embargo, tenían ciertos puntos en común. Muchos de ellos eran contemporáneos de los modernistas y habían recibido su influencia —incluso algunos provenían directa o inicialmente de su estética—, pero todos parecían haber cobrado conciencia de la necesidad de un cambio. La conciencia de este cambio libera a los mejores de ellos de ser meros epígonos o de ser restauradores de un orden anterior y los sitúa, en mayor o menor grado, con mayor o menos lucidez, como verdaderos renovadores.[71]

Esta línea, que paulatinamente va adquiriendo relevancia y visibilidad, ha recibido por parte de la crítica el nombre de "posmodernismo", con el que se pretende aglutinar el vasto elenco de respuestas y propuestas más o menos personales que suscita el agotamiento y la institucionalización de la estética modernista. Con todo, el término no ha hecho demasiada fortuna y tampoco está clara la cronología que podría corresponderle: en el reciente trabajo de Le Corre, el autor prefiere otorgar al concepto más una dimensión estética que meramente periodizadora, de forma que puedan incluirse en él elementos limítrofes y diacronismos.[72] Tal estética

---

70 E. González Martínez, *Los senderos ocultos*, México: Librería de Porrúa Hermanos, 1911, pág. 11; o en Enrique González Martínez, *Obras completas*, ed. Antonio Castro Leal, México: [s. e.], 1971; véase Niall Binns, "Lecturas, malas lecturas, parodias: desplumando el cisne rubendariano (Enrique González Martínez, Delmira Agustini, Huidobro, Nicanor Parra)", *Anales de Literatura Hispanoamericana*, 24 (1995), págs. 159-79.

71 Guillermo Sucre, *La máscara, la transparencia*, México: Fondo de Cultura Económica, 1985, pág. 51.

72 Hervé Le Corre, *Poesía Hispanoamericana posmodernista: Historia, teoría, prácticas*, Madrid: Gredos, 2001, pág. 19; sobre estas tendencias, véase también Saúl Yurkievich, "Moderno/posmoderno: fases y formas de la modernidad", en su *La modernidad movediza*, Madrid: Taurus, 1996, págs. 9-36, y José Miguel Oviedo, *Historia de la literatura hispanoamericana*. III: *Posmodernismo, vanguardia, regionalismo*, Madrid: Alianza, 2001, especialmente págs. 13-14.

estaría guiada por el referente común del modernismo como trasfondo y herencia, como marco de respuestas y de valores literarios, aunque lo sean ahora bajo el signo de la negatividad, por lo que el peso del imaginario de dicho movimiento aún es grande. Más allá de estos elementos, la heterogeneidad, la diferencia, es su constante:

> Afianzado ya el modernismo, se multiplican los ejemplos de infringimiento de las normas del buen gusto [...] Parodia, humor, "feísmo", prosaísmo, oralidad... contribuyen a ampliar las posibilidades expresivas del modernismo, apuntando direcciones *a priori* desconectadas o paradójicas, pero que signan la modernización/pluralización del espacio textual hipanoamericano.[73]

Es precisamente dicha heterogeneidad la que ha impedido su categorización en la historia literaria y la que explica el que los diversos intentos de llevar a cabo esa tarea no hayan suscitado el consenso. Se diría que estamos ante un movimiento de características nacionales y no transnacionales, de forma que genera ciertas contradicciones en el marco de una "literatura hispanoamericana". Con todo, se trata de una estética o de una corriente con paralelos en otros países en los que tampoco ha sido apresada de forma consensuada por la crítica: sucede con los poetas franceses del cambio de siglo (muchos de los cuales funcionan como referencia en el contexto latinoamericano), como Jammes, Samain, Claudel o Toulet, cuyas propuestas van del versolibrismo al clasicismo, del catolicismo al paganismo, sin que podamos hablar de unas claras líneas generales. En este sentido, afirma Le Corre:

> El posmodernismo constituye un lugar privilegiado de observación de la construcción del sistema literario por la crítica: muestra cómo se construyen las cronologías y los cánones (y anti-cánones) literarios.[74]

Uno de los elementos más reveladores de este momento, aunque inscrito también en la lógica débil que para la historiografía literaria posee la heterogeneidad, es la emergencia de diferentes voces femeninas, cuya valoración ha ido creciendo a lo largo de los años: Delmira Agustini, Juana de Ibarbourou, Alfonsina Storni o Gabriela Mistral componen sus respectivas obras en el marco social y cultural ya reseñado, marco

---

73 Hervé Le Corre, *Poesía Hispanoamericana posmodernista*, op. cit., págs. 86-87.
74 *Íbid*, pág. 48.

La Generación del Novecientos y el legado del modernismo

que ellas mismas contribuyen a definir y sin el cual la comprensión tanto de estas poetas como de la misma modernidad queda desenfocada.[75] La obra de tales autoras no constituye en absoluto un apéndice a esta renovación sino que se incardina en su centro, siendo quizás su vertiente más radical y difícil de asimilar. Además, la aparición de estas voces tiene una razón de ser histórica y literaria que se identifica con la propia modernidad:

> La modernidad es también el espacio/tiempo de la poderosa emergencia de las ocultas, semi-ocultas y difusas voces femeninas [...] No es ningún secreto que las mujeres escritoras se encontraban en los márgenes de la proyección espacial de la polifonía de las modernidades al comienzo de siglo.[76]

Con todo, el concepto de posmodernismo parece insuficiente para comprender bajo una perspectiva histórica la obra de una poeta como Agustini. La suya no participa de la "parodia, humor, "feísmo", prosaísmo, oralidad", por mencionar algunos de los elementos que cita Le Corre en esta tendencia, sino que su referente es en muchos casos el propio modernismo y modernistas son la mayoría de sus modelos literarios. El desvío, la originalidad, que observamos en su poesía tiene que ver fundamentalmente entonces con el contexto de recepción del modernismo en el Uruguay, que, como hemos visto, dio lugar a escrituras ya profundamente personales: Rodó valora críticamente la obra de Darío y exige ciertos cambios de rumbo, Herrera y Reissig lleva la estética modernista hasta sus últimas consecuencias y autores como Vasseur propician ciertas aperturas con la incorporación y traducción de nuevos autores, como Walt Whitman. De esa renovación del lenguaje propia del momento, así como de las particulares condiciones de género que conlleva la exploración del universo modernista surge la singularidad de su poesía.

---

75 Véase Fernando Alegría, "Aporte de la mujer al nuevo lenguaje poético de Latinoamérica", *Revista/Review Interamericana*, 12 (1982), pág. 29.
76 Iris M. Zavala, "Modernidades sexualizadas: el corredor de las voces femeninas", en *Delmira Agustini y el modernismo, op. cit.*, pág. 109.

3. Género y escritura. La literatura *desde* Delmira Agustini

> Como si, separada del exterior, donde se realizan los intercambios culturales, al margen de la escena social donde se libra la Historia, estuviera destinada a ser, en el reparto instituido por los hombres, la mitad no-social, no-política, no-humana de la estructura viviente, siempre la facción naturaleza por supuesto, a la escucha incansable de lo que ocurre en el interior de su vientre, de su "casa".
>
> Hélène Cixous, *La risa de la medusa*

El estudio de la trayectoria intelectual de Agustini y de sus referentes se convierte en un aspecto primordial para entender su propia obra, puesto que, como adelantamos en la introducción, el género no puede ser desvinculado del contexto. Un repaso por la crítica de género constituye el pórtico imprescindible a la hora de ingresar con paso seguro en un estudio de la poesía de Delmira Agustini que no caiga en impresionismos de ningún tipo y que no incurra tampoco en la improvisación. De la misma manera que, a través de un análisis más preciso de la atmósfera social, cultural y familiar en que se desarrolla su obra, podemos calibrar con cierta seguridad los modelos educativos y disciplinarios para la mujer, al tiempo que observar las contradicciones intrínsecas que se producen en el Uruguay con los emergentes movimientos feministas, desde una aproximación conceptual a los presupuestos del género en relación al lenguaje y la literatura podemos entender mejor la trayectoria intelectual y poética de la autora. Esto no significa, como ya se ha apuntado, que Agustini se incardine en el feminismo de un modo literal, pero como mujer, se ve afectada por una pedagogía que trata de poner freno a unos problemas que se están produciendo ya en los grandes centros urbanos y económicos, y que, en lugares menos desarrollados, tratan de ser atajados incluso antes de que lleguen a surgir. Esto desencadena una conciencia escindida por la cual, si el sujeto conoce unos hechos, sólo los percibe diferidos en los mecanismos de represión articulados para evitar que tal conciencia pueda aflorar. Este proceso y esta conciencia explican contextualmente, además de otros elementos, la naturaleza desgarrada y escindida tanto del personaje poético que se expresa en los poemas de Agustini como de los poemas mismos, de la tensión que ellos escenifican entre fondo y forma, entre decir y querer decir.

Este desgarro, sentido como pérdida y que, si son acertados nuestros análisis, está secretamente detrás de los mecanismos melancólicos, tiñe la imaginería de la poeta. Es cierto que la melancolía está muy cercana al *mal du siècle* y por tanto no es privativa de nuestra escritora (es el *spleen* de Baudelaire), pero lo relevante estriba en los rasgos novedosos que en ella adquiere esta configuración cultural. Propiciada, entonces, por ese desarraigo social e intelectual se vincula además con una "melancolía de género" que muestra la dificultad para una mujer de alcanzar una identidad artística y, al mismo tiempo, se conecta con estrategias de sentido (poder), encaminadas a alcanzar un significado fuerte y un lugar en el canon.[77] Precisamente, para entender y describir este proceso la categoría del género, según se ha venido trazando en los últimos años, constituye una herramienta indispensable, en la medida en que nos permite acceder a sus ambigüedades sin necesidad de reducirlas o de traducirlas en términos con los que no se corresponden. Por ello, un recorrido por estos itinerarios conceptuales que abarque pensamientos e ideas en circulación tanto en el feminismo anglosajón ("de la igualdad", Butler) como en el feminismo francés ("de la diferencia", Cixous), sin olvidar las aportaciones del feminismo latinoamericano ("de la resistencia o de la doble opresión", Richard, Masiello, Guerra, Reisz) se torna un paso imprescindible para entender las propuestas actuales en torno al género, y a las relaciones entre género y literatura.

Una cita de Iris Zavala abre nuestro viaje:

> Los textos culturales de las mujeres modernas indican posibilidades estratégicas de legitimación de un discurso existente, que sostendría nuevamente una totalidad. La necesidad doble de su crítica se basa en reconceptualizar (resexualizar) las investigaciones modernistas de la subjetividad, el yo, la identidad, la sociedad.[78]

El primer esfuerzo relevante por desnaturalizar la categoría "género", esto es, por afirmar la no coincidencia entre sexo y género, o hecho e interpretación cultural de ese hecho, es el de Beauvoir para quien "llegar a ser" mujer consiste en una sucesión de acciones conscientes y

---

[77] Véase Judith Butler, *Mecanismos psíquicos del poder: teorías sobre la sujeción*, Madrid: Cátedra, 2001, págs. 147-65.
[78] Iris Zavala, "Modernidades sexualizadas: el corredor de las voces femeninas", en *Delmira Agustini y el Modernismo. Nuevas propuestas de género, op. cit.*, págs. 109-123.

deliberadas, un "proyecto" en términos sartreanos, para asumir una significación corporal culturalmente establecida.[79] Así, el género, que no es sino la asunción de determinadas normas, comportamientos o actitudes culturales que implican situarse en una determinada posición en el mundo, se revela como una forma de existir el propio cuerpo y, en la medida en que éste se entiende como una serie de posibilidades culturales aceptadas e interpretadas, tanto género como sexo se nos presentan como construcciones culturales. Pero no es posible identificarse con un género en un instante, la traslación del cuerpo natural al cuerpo aculturado es un proceso lento, laborioso y vacilante del que se deriva necesariamente la interpretación de una realidad cultural cargada de sanciones, tabúes y prescripciones. Estos obstáculos prácticamente imposibilitan optar por otra cosa, impiden salirse de las normas de género establecidas ya que, en tanto la existencia sea una existencia generizada, dual, rechazar el género prescrito es, en cierto sentido, poner en cuestión la propia existencia. En relación con esto, Beauvoir rechaza todo el entramado conceptual que, en este contexto de dicotomías y dualidades ve a la mujer como el "Otro", que sostienen no sólo ciertas perspectivas falocéntricas esencialistas que intentan así preservar el estatus no corpóreo o trascendente del varón, sino incluso algunas ideologías feministas que asumen como propios los rasgos identitarios atribuidos por el patriarcado a la mujer arriesgándose, al participar de esa falsa versión de la femineidad creada por el estándar masculino, a reforzar los estereotipos de lo "femenino". Así pues, Beauvoir no reconoce al otro como "otro", no reconoce características específicamente

---

[79] Simone de Beauvoir, *Le deuxième sexe. II. L'expérience vécue*, Paris: Gallimard, 1949. Sobre esta obra crucial, véase Judith Butler, *Gender Trouble. Feminism and the Subversion of Identity*, New York: Routledge, 1990, y sus artículos, "Variaciones sobre sexo y género: Beauvoir, Wittig y Foucault", en *Teoría feminista y teoría crítica. Ensayos sobre la política de género en las sociedades del capitalismo tardío*, tr. Ana Sánchez, Valencia: Alfons el Magnànim, 1990, págs. 303-326 y "Sujetos de Sexo/Género/Deseo" en *Feminismos literarios*, eds. Neus Carbonell y Meri Torras, Madrid: Arco/libros, 1999, págs. 25-77 (traducción del primer capítulo de *Gender Trouble*). Tengo en cuenta a continuación estos trabajos para trazar la historia del concepto "género" como construcción social y cultural del sexo, puesto que es en ellos en donde se ofrece una de las lecturas más sagaces y más influyentes de tales teorías. Véase, además, Lucía Guerra, *La mujer fragmentada: historias de un signo*, Santiago: Editorial Cuarto Propio, 1995 y Susana Reisz, *Voces sexuadas. Género y poesía e Hispanoamérica*, Lleida: Ediciones de la Universidad de Lleida, 1996.

femeninas y propone que el hombre es el modelo y la mujer ha de intentar ser su igual en todos los terrenos. Este planteamiento coincide de manera evidente con las teorías de Freud sobre el sujeto femenino como un sujeto masculino frustrado con la clara discrepancia en cuanto a los criterios valorativos que éste añade ("primacía del falo") y que Beauvoir no suscribiría de ninguna manera.[80] Beauvoir incide, como venimos diciendo, en la idea —de clara filiación derridiana por otra parte— de que las mujeres no tienen ningún tipo de esencia ya que "ser mujer" como "ser hombre" no es sino una opción cultural travestida en verdad natural.

Luce Irigaray disiente con esta postura, pese al peligro ya apuntado de caer en el esencialismo que eso entraña, y argumenta que tanto el sujeto paradigmático como el "otro", y no sólo este último, —mujer pero también niño, loco, trabajador, "salvaje"— son establecimientos masculinos de una cerrada economía significativamente falocéntrica contra la que hay que luchar de otra manera. Frente a la negación del "otro" que defiende Beauvoir, Irigaray es partidaria de su reafirmación e incluso propone inventar un sujeto autónomo y diferente: el femenino. Esta nueva configuración de valores o "ginelogocentrismo" —como ha sido denominada— reivindica lo biológico como base de posibles nuevas teorizaciones —en la línea del feminismo de los setenta— e implica la creación de un nuevo lenguaje y un nuevo imaginario cultural. En suma, Irigaray piensa que reemplazar el uno por el dos en la diferencia sexual es un decisivo gesto filosófico y político para llegar al ser dual: "Replacing the one by the two in sexual difference thus constitues a decisive philosophical and political gesture, one which gives up a singular or plural being"[81]. Así, Irigaray, aunque en ocasiones roce el esencialismo, hace una aguda crítica de la filosofía de Occidente y devela muchos de los mecanismos del poder patriarcal, lo que sin duda abre nuevas vías tanto en el artículo citado como en su libro fundamental: *Speculum de l'autre femme*.[82]

---

80 Luce Irigaray, "The Question of the Other", *Yale French Studies*, 0 (1995), págs. 7-19, defiende que Freud ve primero la sexualidad y sólo después la identidad (lo que ejemplifica en su "teoría del falo"), pero que no es conveniente tampoco extremar las críticas, pues el iniciador del psicoanálisis simplemente constata el falocentrismo, no lo inventa.
81 *Ibíd.*, pág. 19.
82 Luce Irigaray, *Speculum de l'autre femme*, Paris: Minuit, 1974.

Por su parte, Wittig, teórica feminista de gran influencia, coincide plenamente con Beauvoir en el rechazo de las doctrinas esencialistas de la femineidad y en la idea de que el sexo femenino está marcado y el masculino se erige pues como sinónimo de universal, pero va más allá en el análisis de la distinción entre "sexo" y "género" a la que no tiene dudas en calificar como anacrónica. Wittig no discute la esencia de las distinciones sexuales pero afirma que la morfología misma es consecuencia de un esquema conceptual hegemónico en el que tiene lugar el aislamiento y la desvalorización de determinados tipos de distinción a favor de otros. La discriminación por motivos de sexo se da en un ámbito político y lingüístico que da por supuesto que el sexo ha de ser diádico y es sabido que la oposición binaria siempre sirve a los propósitos de la jerarquía. Wittig opina, por tanto, que cuando nombramos la diferencia sexual la creamos y, al restringir nuestro entendimiento de las partes sexuales relevantes a las que ayudan al proceso de reproducción, hacemos de la heterosexualidad una necesidad ontológica. Wittig, entonces, alega que una lesbiana no es una mujer porque ser mujer significa estar fijada en una relación binaria con el hombre. La lesbiana, para ella es, en palabras de Judith Butler, "el único concepto [...] que está más allá de la categoría de sexo"[83]. La restricción de las dualidades, aduce, podría llevarse a cabo a través de la proliferación de géneros. Pero Wittig, que quiere dinamitar absurdas clasificaciones binaristas acaba cayendo en una nueva dicotomía pues propone que las normas heterosexuales son culturales, adquiridas mientras que las normas lesbianas son naturales. Sin embargo concluye, con una propuesta un tanto utópica pero más coherente, haciendo apología de la superioridad, no ya de una cultura homosexual sino de una sociedad sin sexo.

La observación y denuncia que Wittig hace a propósito de la presencia constante en la sociedad de esa división genérica, siempre jerarquizada, es también uno de los ejes centrales de la argumentación de Foucault en *Historia de la sexualidad:* "A menudo se ha buscado por diferentes medios reducir todo el sexo a su función reproductora, a su forma heterosexual y adulta y a su legitimidad matrimonial"[84]. Pero lo que a Foucault

---

83 J. Butler, *Gender Trouble, op. cit.*, pág. 317.
84 Michel Foucault, *Historia de la sexualidad*, vol. I, *op. cit.*, pág. 126.

verdaderamente le interesa es el buscar las causas, la indagación genealógica en ese proceso a través del cual la materialidad del cuerpo mismo comienza a significar determinadas ideas culturales a través de la manipulación de instituciones y prácticas discursivas. En este sentido establece, por ejemplo, una distinción clave entre "dispositivo de alianza" y "dispositivo de sexualidad". El primero es el que ha dominado durante siglos y ha fijado una concepción de los cuerpos como sujetos a un sistema de matrimonio, de parentesco que obedece a motivos económicos. Pero a medida que los procesos económicos y las estructuras políticas dejan de hallar en dicho mecanismo un instrumento adecuado o un soporte suficiente, hemos ido pasando —el proceso aún no está terminado— al "dispositivo de la sexualidad" que no tiene como razón de ser el hecho de reproducir, sino el de proliferar, innovar, anexar, inventar, penetrar los cuerpos de manera cada vez más detallada y controlar las poblaciones de manera cada vez más global. En esta transición de nuevo ha sido vital el papel desempeñado por el psicoanánalisis, que, a manera de bisagra, introduce la idea de que "la sexualidad da cuerpo y vida a las reglas de la alianza saturándolas de deseo".[85]

Este desafío al sistema de género diádico que emprenden Beauvoir, Wittig y Foucault supone asimismo, y un tanto paradójicamente, un feroz ataque a las citadas posiciones feministas esencialistas que intentan dar expresión al aspecto distintivamente femenino de esa oposición binaria. Un nuevo esfuerzo notable por desencializar la etiqueta "género" es el emprendido por la lúcida crítica norteamericana Judith Butler. Ésta no se limita a poner en cuestión la veracidad del postulado según el cual el género es algo innato, sino que la originalidad de su teoría radica en el hecho de que se apoya en la "performatividad", en el impulso transformativo del discurso del género. Butler sostiene, y en esto su teoría diferiría notablemente de la de Wittig o Beauvoir, que el género es una construcción cultural a partir de una diferencia biológica[86] —de ahí el riesgo contra el que se advierte a lo largo del ensayo de convertir la morfología o biología en destino— y postula la deconstrucción como el método idóneo para anular definitivamente las diferencias sexuales.

---

85 *Ibíd.*, pág. 138.
86 En este sentido daría un paso atrás respecto a lo que apunta Wittig de que la morfología misma es una consecuencia del discurso dominante.

Iris M. Zavala[87] pone en duda la premisa de la que parte Butler y afirma que el proceso de sexuación no procede ni de la biología (Wittig) ni de la cultura (Butler) sino de la lógica del lenguaje. Así, los signos "hombre" y "mujer" serían, desde este punto de vista, creaciones discursivas que el lenguaje de la cultura inscribe en nuestros cuerpos y que ocultan su condición primaria de signos construidos tras la falacia de una verdad natural. Para ilustrar su postura y demostrar lo que ella considera el fracaso del proyecto butleriano de enfrentar los problemas de identidad sexual, acude tanto a Lacan, quien arroja luz sobre los procedimientos simbólicos que subordinan a la mujer, como a una teórica feminista que parte asimismo del psicoanálisis: Joan Copjec. Para Lacan, el lenguaje expresa a los sujetos mismos y su género sexual constituyéndolos como seres específicos de un entorno histórico y cultural. Su conceptualización podría bosquejarse en los siguientes términos: lo masculino, aunque supuestamente nombra todo, no tiene un referente real al descartar a la mujer (concepto lacaniano de la mujer como *no toda*), no puede designar la totalidad ni siquiera de sí mismo al excluir a la mujer que es significante parcial, diferencial. Ésta es la lógica del lenguaje que hace que la mujer sea diferente y no la lógica cultural o anatómica. Lacan abre el camino para cuestionar muchos presupuestos de la sociedad patriarcal pero aunque intenta sacar a la mujer del silencio y lo fronterizo, como apuntábamos antes, no lo acaba de hacer.[88]

Zavala, apoyándose tanto en Lacan como en Copjec, concluye que este tipo de relación "todo"/"no todo" hace inviable la deconstrucción porque no nos hallamos en el dominio de los significantes sino que tratamos de desvelar un orden más general que abarca también, pero no sólo, a los significantes. Dice a este respecto: "la deconstrucción es una operación que sólo se le puede aplicar a la cultura, al significante y no funciona o no es válida en [...] otro orden de cosas"[89]. No es lícito

---

87 Iris M. Zavala "Reflexiones sobre el feminismo en el milenio", *Quimera*, 177 (1999), págs. 58-64.
88 Para más información sobre las ideas de Lacan acerca del género, se puede consultar: Jacques Lacan, *Escritos,* vol. I y II, México: Siglo Veintiuno Editores, 1971 y Jacques Lacan, "God and the Jouissance of the Woman", en *Feminine sexuality: Jacques Lacan and the école freudienne*, eds. Juliet Mitchell y Jacqueline Rose, New York: W. W. Norton and Company, 1982, págs. 137-148.
89 I.M. Zavala, "Reflexiones sobre el feminismo en el milenio", *op. cit.*, pág. 63.

confundir, apunta, los significantes sexuales con el sexo mismo. En realidad, el sexo "es producto del límite interno, de la deficiencia de la significación"[90]. Así, la deconstrucción por la que aboga Butler desvía, desde la perspectiva de Zavala, porque deja intacto lo que en realidad nos importa: ese orden simbólico general que relega a la mujer, esa lógica del lenguaje que margina a la mujer como lo diferencial. Butler se enfrentaría con el género pero no con el lenguaje que propicia esos significados. Cuando plantea que no es factible la deconstrucción de la estructura falocéntrica por su incompletud al carecer de la perspectiva femenina, Zavala propone que lo verdaderamente subversivo e interesante es escribir, teorizar desde la marginalidad, enunciar desde donde no se ha enunciado antes y como no se ha enunciado antes, y no limitarse a la improductiva destrucción del universo simbólico masculino para caer en los mismos errores de éste una vez creado un universo simbólico femenino paralelo que es lo que expone Wittig. Hablar desde los márgenes es lo que falta, como veremos al considerar a continuación las teorías de Hélène Cixous.

Podría decirse, según la filósofa y creadora francesa, que históricamente el falocentrismo se ha afirmado gracias al proyecto logocéntrico, por el cual el lenguaje ha constituido un arma de doble filo que legitima la universalidad y neutralidad del discurso patriarcal, a la vez que relega la voz femenina.[91] En este contexto, *la prise de la parole*, por retomar una expresión de Michel de Certeau, posee ya en sí una dimensión significativa pues se interna en un terreno en que su subjetividad lírica o narrativa no existe pues convenciones, modelos literarios, mitos del discurso e incluso teorías socio-culturales han sido elaboradas desde una perspectiva tradicionalmente "masculina" que reduce a la mujer a "materia estética" de la escritura, que devalúa lo femenino como categoría inferior y secundaria. Pero en un momento dado la conciencia femenina "despierta" y,

---

90 *Ibíd.*, pág. 63.
91 Véase Hélène Cixous, *La risa de la medusa. Ensayos sobre la escritura*, Barcelona: Anthropos, 1995; para trazar el pensamiento de esta autora tengo presente fundamentalmente este volumen, que reúne algunos de sus ensayos más relevantes. Para un recorrido por la teoría feminista francesa, véase Marta Segarra, "Crítica feminista y escritura femenina en Francia", en *Teoría y crítica en la literatura francesa del siglo XX: Estudios sobre crítica feminista, postestructuralismo y psicoanálisis*, Burgos: Universidad de Burgos, 2002, págs. 81-108.

furiosa por la desposesión de la que ha sido objeto, decide arrebatar el fuego a los "dioses" de la palabra: "La mayoría de las mujeres que han despertado recuerdan haber dormido, haber sido dormidas".[92]

Que sea *la* poeta quien canta entonces, es decir, quien adopta una función activa y no pasiva como en la poesía de *los* poetas provoca que todo ese lenguaje se invierta de alguna manera dando paso a una desestabilización del sentido y de la tradición por la cual las imágenes comienzan a rotar en torno a esa mujer que habla, adquiriendo ahora una perspectiva y un significado inusitados en el marco de la poética masculina. Es por esto que, en dicho contexto, todo texto escrito por mujer no puede ser más que subversivo:

> Si la mujer ha funcionado 'en' el discurso del hombre, significante siempre referido al significante contrario que anula la energía específica, minimiza o ahoga los sonidos tan diferentes, ha llegado ya el momento de que se discoloque ese 'en', de que lo haga estallar, le dé la vuelta y se apodere de él, que lo haga suyo, aprehendiéndolo, metiéndoselo en la boca y que, con sus propios dientes le muerda la lengua, que se invente una lengua para adentrarse en él.[93]

De esta forma, si el discurso femenino es un atentado contra ese orden dominante, contra esa estructura de poder, en la medida en que la poeta sea capaz de transgredir el significado heredado de la tradición simbólica y hacer que los símbolos se expresen en una dirección diferente —tarea de reescritura en que Agustini demuestra singular destreza—, será posible hablar de una revolución literaria que en cuanto tal es también política. Pero esto no siempre ha sido fácil como bien constata Cixous:

> Toda mujer ha conocido el tormento de la llegada a la palabra oral, el corazón que late hasta estallar, a veces la caída en la pérdida del lenguaje, el suelo que falla bajo los pies, la lengua que se escapa; para la mujer, hablar en público —diría incluso que el mero hecho de abrir la boca— es una temeridad, una transgresión.[94]

Este acto de valentía colectivo aunque minoritario, este atentado desde la perspectiva discursiva contra el orden dominante que protagoniza toda mujer que escribe ha dado lugar al debate sobre la especificidad de las mujeres escritoras y a que se interprete, en ocasiones, en un sentido

---

92 H. Cixous, *La risa de la medusa, op. cit.*, pág. 17.
93 *Ibíd.*, pág. 59.
94 *Ibíd.*, pág. 55.

peyorativo la relación estrecha de conceptos como "escritura" y "femineidad": "se habla de 'la mujer', 'la feminidad', 'la literatura femenina' como si fuesen realidades empíricas inmutables o esencias ahistóricas".[95]

Cixous aboga por una nueva escritura, que implica la experiencia del cuerpo femenino y se aparta de ideas como unidad, linealidad o género. Desarrolla con Derrida un nuevo concepto de literatura marcadamente subjetiva, la llamada "écriture féminine" que nace de lo anatómico, tantas veces rechazado por la instancia femenina, pero va más allá: "Su sexo les asusta aún ahora. Les han colonizado el cuerpo del que no se atreven a gozar. La mujer tiene miedo y asco de ser mujer".[96] Se trata de una escritura que deja fluir la materia corporal tradicionalmente censurada ("censurar el cuerpo es censurar de paso el aliento, la palabra"[97] por el modelo logocéntrico de racionalización masculina) y que, a través de una estética de los flujos libidinales, de lo que se desliza y circula eróticamente más acá y más allá de la barrera sintáctica del logos produce "ritmo, carne y deseo". Pero esta afirmación de la diferencial escritura femenina, de la mujer que da significados a lo que piensa a través de su cuerpo tal vez implique caer de nuevo en la trampa del esencialismo que aúna sexo e identidad en una determinación originaria. Una parte de la crítica así lo considera y afirma que no existe específicamente una escritura de mujer y lo único que permite clasificar como grupo aparte a las mujeres escritoras es la actitud comunitaria de subversión y de transgresión de unas normas culturales creadas e impuestas por la sociedad masculina.

Sin embargo, si meditamos un poco más profundamente, vislumbramos que con esta actitud de decir que no existe propiamente la escritura femenina ejemplificaríamos perfectamente la tesis de Butler pero obviaríamos lo que Zavala considera la auténtica subversión en este monopolio escritural: la escritura de lo no escrito, la escritura desde el margen. En este sentido, el proyecto de escritura desde la lateralidad aun siendo consciente de que hay que resquebrajar asimismo el discurso central se preña de sentidos. Cixous puntualiza en relación a esta cuestión:

---

95 Beatriz González Stephan, "No sólo para mujeres (el sexismo en los estudios literarios)", *Dispositio: American Journal of Cultural Histories and Theories*, 15 (1990), pág. 84.
96 H. Cixous, *La risa de la medusa, op. cit*, pág. 21.
97 *Ibíd.*, pág. 61.

> Imposible, actualmente definir una práctica femenina de la escritura, se trata de una imposibilidad que perdurará, pues esa práctica nunca se podrá teorizar, encerrar, codificar, lo que no significa que no exista [...] La escritura femenina no deja de hacer repercutir el desgarramiento que, para la mujer, es la conquista de la palabra oral.[98]

En suma, ciertamente existe una vertiente femenina de la escritura pero no entendida tampoco desde una perspectiva meramente esencialista como el compendio de una serie de cualidades específicas de la mujer, sino desde una dimensión más amplia y plena. Entendemos por ésta la que permite comprender la escritura trazada por mano de mujer como una escritura que, al mismo tiempo que deconstruye ese discurso falocéntrico, se sitúa en los márgenes del universo discursivo para nombrar, enunciar, escribir ese espacio diferido:

> Es necesario que la mujer escriba su propio cuerpo, que invente la lengua inexpugnable que reviente muros de separación, clases y retóricas, reglas y códigos, es necesario que sumerja, perfore y franquee el discurso de última instancia, incluso el que se ríe por tener que decir la palabra "silencio", el que apuntando a lo imposible se detiene justo ante la palabra "imposible" y la escribe como "fin".[99]

En definitiva, una mera deconstrucción de las categorías de género no es suficiente para articular una propuesta de desarticulación de tal sistema ni tampoco para aplicarla a la literatura, pues se corre el riesgo de "corregir" sin sentido a las escritoras que practicaron su arte en contextos muy distintos del nuestro. Es necesario contemplar los desplazamientos del "logos" en el marco del lenguaje que a la mujer le es dado, puesto que no puede hablar con palabras que aún no han sido inventadas. Sería un craso error atribuirles capacidades de lenguaje "libre", por decirlo así, cuando su mayor revolución es tomar la palabra, y hacer girar el lenguaje dentro de un orden simbólico que ya no es el masculino, y que subrepticiamente lo contamina. El dominio masculino deja de ser "transparente", y a ello contribuye sin duda alguna el que una poeta como Agustini sea capaz de hacerse cargo de toda la tradición poética, especialmente del simbolismo y el modernismo, y transformarla bajo su voz por completo. No hemos de buscar declaraciones de abierta mili-

---

98 *Ibíd.*, pág. 54.
99 *Ibíd.*, pág. 58.

tancia relacionadas con el género, sino sutiles, pero no por ello menos radicales quiebres y modulaciones que se observan mejor en el plano de los mecanismos figurativos (melancolía, símbolos) que en el de las propias palabras. Es más, en este sentido nada diferencia a Agustini de sus contemporáneos (utiliza el mismo léxico de época, comparte el mismo contexto de crisis, posee unos referentes literarios y una sensibilidad similar), pero lo revolucionario es el *uso* que ella hace de todo ese entramado, uso que sólo puede ser desvelado a través de la categoría del género, ya que en buena medida se identifica con ella.

Para concluir, es constatable que las dificultades que entraña ser mujer y escribir se ven duplicadas si el acto de tomar la palabra tiene lugar en un área marginal en términos culturales y geopolíticos como Latinoamérica. Y ello porque el sujeto femenino ha de afrontar una doble problemática, se ve sometido a una presión que no sólo tiene que ver con el género sino también con la contextualización geográfica del propio sujeto. Por un lado, al tener acceso al Logos, la mujer escritora ubicada en este ámbito se introduce en un universo de signos y discursos mayoritariamente masculino que repudia lo femenino como categoría subalterna. De otra parte, está consensualmente admitido en un mundo de desigualdades atroces como el nuestro que la palabra, la dimensión teórica y crítica de la escritura, esto es, la de más alto nivel intelectual, es propia de las zonas más desarrolladas del planeta mientras que la experiencia, la dimensión pragmática y militante corresponde a las áreas menos favorecidas económicamente del mismo, en nuestro caso concreto, a la periferia latinoamericana. De este modo, se impondría una traba adicional a la escritora latinoamericana, que quedaría así injustamente, ya no relegada sino prácticamente excluida de la dimensión teórica, lo que le impediría además combatir mediante construcciones mentales el primero de los obstáculos: la marginalidad por motivo de su sexo. Ante la evidencia de esta situación doblemente constreñidora para el sujeto femenino latinoamericano no cabe sino el cuestionamiento firme tanto de la relegación sexual como de la intelectual por motivos geográficos: necesitamos guerrilleras, pero también filósofas. Lo primero ha sido debatido intensamente también en el primer mundo en la medida en que éste se ve directamente afectado por el fenómeno; lo segundo, algo menos, pero además, para la comprensión de esta peculiar situación de la escritura en Latinoamérica, hay que notar que la relación entre teoría y experiencia ha variado ligeramente y ha pasado de entenderse como una dicotomía, un binomio, a comprenderse como un concentrado de fuerzas centrífugas que hace compatible el decir y el hacer, la acción y la crítica. Esta fusión paradójica se ha convertido, de hecho, en la particularidad más destacada de la dimensión teórica de la escritura de mujer en Hispanoamérica.[100]

---

100 Para un repaso por la teoría de género latinoamericano son interesantes los estudios de Lucía Guerra, *La mujer fragmentada: historias de un signo, op. cit.* y Sonia Mattalía, *Máscaras suele vestir. Pasión y revuelta: escrituras de mujer en América Latina*, Madrid: Iberoamericana Vervuet, 2003.

III. El dandismo como creación del/a artista

> El dandi debe aspirar a ser sublime sin interrupción.
> Debe vivir y dormir ante un espejo.
>
> Baudelaire, *Le peintre de la vie moderne*

1. Dandismo, bohemia, decadentismo: Imágenes de la modernidad

A partir del romanticismo, la condición del artista empieza a llevar aparejada una singularidad indiscutible, una personalidad fuera de lo común, fuera de la normalidad y, en ocasiones, alejada de la razón. El poeta revela su genialidad a través de una continuidad entre la biografía y la obra, entre la vida y la letra, continuidad que lo impulsa a "encarnar" sus propios versos de manera heroica —Byron— o trágica —Hölderlin—. Es importante tener en cuenta, sin embargo, que la obra no refleja la vida sino que ésta es la que intenta imitar al arte; la experiencia original se "crea" a partir del poema tal y como lo expresa Rubén Darío en su ensayo *Los raros*.[101] Paradójicamente, es el siglo XIX, siglo jalonado de luchas por abolir toda desigualdad y privilegio en la estela pionera de la Revolución Francesa, el que contempla el surgimiento de este peculiar sujeto que hace de su actitud displicente y elitista la forma suprema,

---

[101] Rubén Darío, *Los raros*, Zaragoza: Libros del Innombrable, Biblioteca Golpe de Dados, 1998; en adelante indico las citas de esta obra por esta edición anotando solamente la página. Esta obra, que cumple un papel crucial en la creación de un espacio de recepción para el modernismo, no ha sido plenamente valorada sino hasta fechas muy recientes, véase Jorge Eduardo Arellano, *"Los raros": una lectura integral*, Managua: Instituto Nicaragüense de Cultura, 1996, y Ricardo Llopesa, "*Los raros* de Rubén Darío", *Revista Hispánica Moderna*, LV (2002), págs. 47-63, entre otros trabajos que se mencionarán en los lugares oportunos.

por artificial, de distinción y aristocratismo.[102] La explicación de esta contradicción se encuentra en la propia esencia controvertida de los procesos históricos ya que en este momento, si bien se derriban —al menos teóricamente— las bases de monarquía y nobleza, se instaura en su lugar y con notable fuerza una burguesía apoyada en el dinero, el poder y el talento como elementos que posibilitan el ascenso social y en el seno de cuya concepción más abierta se va gestando la noción del dandi.[103] Desde el preciso instante en que todos los seres humanos reclaman una igualdad de derechos y aspiran a un sistema democrático, comienza a ser necesario para ciertos espíritus diferenciarse a través de la consideración de otros aspectos más personales. Aunque gran parte de tales valores más personales son frecuentemente heredados, requieren en todo caso un aprendizaje o adiestramiento pues, entre otras cosas, no son estáticos sino que van siendo modificados de acuerdo con la época o el lugar.[104] Las destrezas que tienen que desarrollarse pueden ser innatas —el encanto natural, la gracia, la apostura— o adquiridas —la elegancia,

---

102 George Brummell (1770-1840), quien se convierte en árbitro máximo de la elegancia y dirige los gustos de la alta clase social londinense, desaprueba enérgicamente, en cuanto la ocasión le es propicia, popularizar y hacer asequibles a todo el mundo sus secretos. De hecho, la naturaleza misma del dandismo consiste en el aislamiento de esa multitud inhumana y homogénea, esa muchedumbre característica de la modernidad que reflejan con tanta lucidez, por ejemplo, Baudelaire en sus *Tableaux parisiens* o Ensor en sus tragicómicas pinturas. Sobre Brummell, véase la interesantísima biografía de Barbey d'Aurevilly, *Du dandysme et de George Brummell* [1851], Paris: Éditions Payot & Rivages, 1997.
103 El dandi se relaciona de cerca con el desprecio por los aspectos pragmáticos y económicos de la vida burguesa y, a pesar de ello, el mismo fundamento de su existencia tiene por base la posibilidad de cambiar el destino, de inventar una personalidad y, en definitiva, de ser otra persona que sólo abre la nueva clase emergente. No queda afirmada con ello, sin embargo, la pertenencia de los dandis al sector de la burguesía —sabido es el origen, ya nobiliario, ya modestísimo de algunos— sino cierta filiación ideológica o mental que los une.
104 Este tipo de aristocratismo es más etéreo o vago porque su naturaleza indefinible nace de lo espiritual, social, humano. No obstante, no se puede minimizar el prestigio social que adquiere el poseedor de esta otra clase de poder: Byron confiesa, por ejemplo, que prefiere ser Brummell a Napoleón. Por otra parte, Baudelaire afirma la volubilidad en que se asienta este ideal de superioridad: "Le beau est fait d'un élément éternel, invariable, dont la quantité est excessivement difficile à déterminer, et d'un élément relatif, circonstanciel, qui sera si l'on veut, tour à tour ou tout ensemble, l'époque, la mode, la morale, la passion", Charles Baudelaire, "Le peintre de la vie moderne", en *Œuvres complètes*, Paris: Gallimard, 1961, pág. 1154.

los modales— y, aun siendo mucho más fácil el proceso de perfeccionamiento para el acostumbrado desde la juventud al lujo y el refinamiento, cualquiera con inventiva y entusiasmo suficientes puede concebir y llevar a cabo el proyecto de fundar esta suerte de nueva distinción más inaccesible si cabe, habida cuenta de que las facultades en que se basa son más preciosas y no pueden ser conferidas únicamente gracias a factores económicos o sociales.[105] Así pues, la mayor parte de los dandis son exclusivamente dandis, como Brummell o, paralelamente en el plano de la ficción, Des Esseintes porque la creación de su propio personaje, la configuración de su persona como producto artístico exige un esfuerzo tan grande que se convierte en ocupación única y absorbente: "It's my folly, the making of me", diría Brummell.[106] Si en la era de la modernidad histórica y el capitalismo el artista recién comienza a transformar la obra de arte en mercancía, el dandi —que por lo que se sigue no tiene que ser necesariamente artista— se metamorfosea a sí mismo en un objeto más, se deshumaniza para constituirse en una mercancía, según muestran análisis como los de Benjamin o Agamben que cito más abajo.

Ante esta tesitura, ¿cuáles son las opciones para el creador, el intelectual? Como se sabe, a finales de siglo, la posición del escritor se encuentra definitivamente "descentralizada", es decir, ajena a los centros de poder que antes habían proporcionado un sustento al artista y dado una función al arte:

> Ser poeta pasó a constituir una vergüenza. La imagen que de él se construyó en el uso público fue la del vagabundo, la del insocial, la del hombre entregado a borracheras y orgías, la del neurasténico y desequilibrado, la del droguista, la del esteta delicado e incapaz, en una palabra —y es la más fea del momento— la del improductivo.[107]

Con esta complicada coyuntura como telón de fondo, se emprende una redefinición de la literatura en cuanto a sus objetivos, y del artista en

---

105 "Aunque la elegancia sea menos un arte que un sentido, dimana igualmente de un instinto y un hábito" asevera acertadamente Balzac. Honoré de Balzac, "Tratado de la vida elegante", en *Obras completas*, tomo VI, Madrid: Aguilar, 1972, pág. 1061.
106 Sin embargo, tampoco es excepcional la existencia de creadoras dandis, entre ellas la que nos ocupa en este trabajo, doblemente significativa y perturbadora por tratarse de una mujer fuera de la órbita canónica en términos intelectuales, económicos y culturales.
107 Ángel Rama, *Rubén Darío y el modernismo, op. cit.*, pág. 57.

cuanto a su posición social. Si tiene la fortuna de pertenecer a la clase dirigente o disponer al menos de tiempo, dinero o voluntad, el dandismo resulta ciertamente tentador (Wilde, Byron).[108] Si, en cambio, las posibilidades económicas son reducidas la opción que le queda como viable es la bohemia (Baudelaire).[109] Y, puesto que el fenómeno de la profesionalización del escritor se va generalizando progresivamente ante el fin de la época del mecenazgo, son contados los casos de artistas dandis y bastante frecuentes, entre los que no encuentran la solución a su "orfandad" y falta de medio de vida en la educación o el periodismo, los de artistas bohemios:

> No era posible conservarse en la época del patrocinio y el escritor debía incorporarse al mercado: vivir dentro de él, como pudiera, aunque fuera muy mal, pero dentro de sus coordenadas específicas.[110]

Pero estos dos conceptos del dandismo y la bohemia, pese a la distancia que media entre ellos, son frecuentemente asimilados o imbricados o bien confundidos, y es por eso que creo pertinente una aclaración. Ambas manifestaciones, que alcanzan sus primeros y más paradigmáticos ejemplos en Francia o Inglaterra, son consecuencia del malestar del artista en un medio social que no lo comprende, aunque sus sentidos son en principio dispares y hasta opuestos. La bohemia, pese a ser asumida como actitud voluntaria, nace de la necesidad económica, de la miseria y se liga

---

108 ¿Quién tiene —me pregunto— tiempo para observar, comparar, estudiar, aprender ese código que asegura el éxito social? Y me temo que tengo que responder: el ocioso que no busca ni persigue otra cosa que la felicidad y la idea de belleza en la propia persona; en palabras de Barbey d'Aurevilly, refiriéndose al exilio de Brummell en Calais, "il perdait très méthodiquement son temps et ne faisait rien mais avec ordre", Barbey d'Aurevilly, *Du dandysme et de George Brummel*, op. cit., pág. 12, lo que convierte el dandismo totalmente aprendido en una falacia o un ideal para el excluido social. Qué mayor exhibición de ociosidad que las palabras del "perezoso" Oscar Wilde, quien llega a afirmar: "Esta mañana quité una coma, y esta tarde la he vuelto a poner", tomo la cita de Javier Marías, *Vidas escritas*, Madrid: Siruela, 1992, pág. 132.

109 Del propio Baudelaire se señala recurrentemente que tiene etapas más de dandi y otras más de bohemio, lo que va de la mano con el pecunio del que dispone en cada momento. De sobra es sabido también que Darío vive siempre del periodismo, lo que no le impide disfrutar alguna temporada del dandismo: "La impresión que guardo de Santiago en aquel tiempo, se reduciría a lo siguiente: vivir de arenques y cerveza en una casa alemana para poder vestir elegantemente, como correspondía a mis amistades aristocráticas", tomo la cita de Ángel Rama, *Rubén Darío y el modernismo*, op. cit., pág. 97.

110 *Ibíd.*, pág. 51.

a los submundos del hampa, la prostitución, la droga, mientras que el dandismo está inevitablemente unido al lujo que permite la originalidad de indumentaria y la excentricidad de pensamiento y acción. Más allá de eso, sin embargo, la bohemia, como el dandismo constituye, en último caso, una postura, una fachada que, asentada en unos condicionantes socioeconómicos, no deja de ser una opción, una construcción artificial, una manera de representación en que el afán de sorprender, provocar y el esnobismo están siempre presentes y sirven de punto de contacto con la primera tendencia. La bohemia prototípica es el círculo de la "bohème" parisina, grupo de "conspiradores profesionales" —en palabras de Benjamin— que lleva una vida desarreglada de visitas a tabernas, descuido personal y trato con toda ralea de gentes. Por tanto, se trata de mostrar no sólo en la escritura sino en la vida la discrepancia, la disidencia frente al mundo burgués mediante la compleja y disciplinada elaboración de una identidad destructiva, "épatante".[111] "Lo raro", pues, como lo define Darío en su magnífica colección de artículos sobre escritores, cualesquiera que fueran sus manifestaciones, bien la bohemia, bien el dandismo, es una defensa a ultranza del individuo y su diferencia respecto al colectivo social y tiene su expresión en el decadentismo, en la soledad, en la pérdida de un ideal colectivo o en la caída de un modelo político o religioso. Por último, como anticipamos previamente, se cifra en un desprecio por lo burgués y un elogio de "la canalla":

> Voluntariamente encanallado canta [el poeta] a la canalla, se enrola en las turbas de los perdidos, repite las canciones de los mendigos, los estribillos de las prostitutas; engasta en un oro lírico las perlas enfermas de los burdeles.[112]

Así pues, ya tenemos la marginalidad, el exilio —al menos interior— como características del poeta. Gutiérrez Girardot ha descrito la nueva situación bajo el signo de la inestabilidad, condición que influye en una

---

111 Respecto a esta posición del artista en su mundo, es reseñable que este relevante cambio histórico había sido previsto por el Hegel del "fin del arte" y se muestra ahora como uno de los caracteres "vitales" de la modernidad. A ello apunta "El Rey Burgués" de Rubén Darío (lo que revela una temprana percepción y preocupación) y dentro de este asunto se pueden situar sucesivas indagaciones o inquisiciones del nicaragüense, que va ahondando y ganando en calado y profundidad, en capacidad para ubicar el problema y responder ante él.
112 Rubén Darío, *Los raros, op. cit.*, pág. 91.

nueva visión del hombre y en la configuración de una nueva sentimentalidad:

> Estos hombres de letras se caracterizan por una situación económica precaria. Como no podían vivir de la pluma, concretamente, de sus obras, no tenían una existencia independiente.[113]

Estas circunstancias externas inconstantes y el horizonte intelectual que sobrepasa el estrecho ámbito de su vida y de su mundo circundante, produce en ellos una nueva sensibilidad, ligada a una inseguridad moral y a una permanente disposición para la aventura.

El dandismo, por su parte, como fenómeno particular es un producto creado por una sociedad inglesa que, a pesar de su esplendor económico, urbano, industrial, percibe la infiltración de un sentimiento generalizado de abulia o apatía y, ligado a ella, una nueva relación con los objetos.[114] En efecto, el poeta moderno es el nacido en tiempos de miseria, condenado al deseo insaciable de fundar una realidad permanente, al deseo de belleza, pero poseedor de la conciencia de su imposibilidad para fundar nada. De aquí nace la melancolía, la "maligna influencia de Saturno", sentimiento que mantiene la tensión entre la realidad y el deseo resuelta con el apetito de destrucción materializado en la ironía o en la fragmentación: este artista se lamenta de la pérdida de entusiasmo, de la frialdad de estos tiempos para con todo aquello que por el cultivo del ideal o los resplandores de la fe nos puede salvar de la banalidad contemporánea. Inevitablemente unido a la melancolía se halla el sacrilegio, la rebeldía, aspectos que no son sino ramificaciones del tronco común del decadentismo. Como primera máxima a seguir en este afán provocador tenemos el tomarse la vida como representación, la teatralidad como guía de acciones, gestos y palabras; el dandismo atañe, pues, a los

---

[113] Rafael Gutiérrez Girardot, "La literatura hispanoamericana de fin de siglo", en L. Iñigo Madrigal, *Historia de la literatura hispanoamericana: Del neoclasicismo al modernismo, op. cit.*, pág. 502; véase, además, Susana Zanetti, ed., *Las cenizas de la huella: linajes y figuras de artista en torno al modernismo*, Rosario: Beatriz Viterbo Editora, 1997.

[114] Sobre esta melancolía como signo distintivo del dandi existen numerosos testimonios. Un ejemplo podría ser uno de los "raros" de Darío, Edgar Allan Poe, sobre el que escribe: "Esto vio el mundo con Edgar Allan Poe, el cisne desdichado que mejor ha conocido el ensueño y la muerte…", en Rubén Darío, *Los raros, op. cit.*, pág. 19.

más diversos aspectos relacionados con la exterioridad de una persona: el atuendo, el peinado, los accesorios,[115] los modales tanto verbales como gestuales y cierta destreza material para dominar los objetos nuevos. Así, el dandi no sólo es el elegante sino el que nunca está azorado y sabe manejar sin torpeza y con clase los numerosos elementos que surgen fruto del consumismo capitalista. De esta forma, el dandi abre un nuevo valor para el concepto de mercancía.[116] En consecuencia, pese a que el dandismo, como asevera Baudelaire en *Le peintre de la vie moderne*, "est une institution vague, aussi bizarre que le duel" es, finalmente, una institución sumamente rigurosa que tiene, aun siendo establecida fuera de la ley, reglas estrictas e inflexibles a las que están sometidos los sujetos. Pero entre las peculiaridades que definen o delimitan el campo de "lo raro" se encuentran también otras de índole más espiritual y sintomáticas, en buena parte de los casos, de esa recién inaugurada modernidad. Entre ellas citamos la voluntad constante de cambio, el deseo y el exceso de originalidad, de manera que aparece una nueva dialéctica de la tradición, "la tradición de la ruptura" —en palabras de Octavio Paz— caracterizada por la iconoclastia y la delimitación de lo institucional, la exaltación de lo que no pertenece al canon, lo que está fuera de la idea de hegemonía, seguridad, centro y permanencia:

> Le dandysme n'est même pas, comme beaucoup de personnes peu réfléchies paraissent le croire, un goût immodéré de la toilette et de l'élégance matérielle. Ces choses ne sont pour le parfait dandy qu'un symbole de la supériorité aristocratique de son esprit.[117]

Otra de las características más personales que identifican al dandi es su peculiar carácter rebelde y la insolencia e impertinencia de gestos, acciones y palabras que no son sino instrumentos que dan cauce a su insatisfacción y cumplen la función de paliar, en ese agotador enfrenta-

---

115 Roland Barthes recogidas en "Un texte inédit de Roland Barthes: encore le corps", en *Critique*, 423-424 (1982), págs. 645-654.
116 "A unos hombres que habían perdido la desenvoltura, el dandy que hace de la elegancia y de lo superfluo su razón de vida les enseña la posibilidad de una nueva relación con las cosas, que va más allá tanto del valor de uso como de la acumulación del valor de cambio", en Giorgio Agamben, *Estancias. La palabra y el fantasma en la cultura occidental*, Valencia: Pretextos, 1995, pág. 94.
117 Charles Baudelaire, "Le peintre de la vie moderne", en *Œuvres complètes, op. cit.*, pág. 1178.

miento a todo y todos, el abatimiento provocado por su exquisita sensibilidad.

Por último, el artista moderno manifiestamente hostil a la normalidad, la burguesía y el utilitarismo, establece una "religión del arte" y dota a su creación de una importancia capital en cuanto que ésta se muestra como un medio de conocimiento privilegiado una vez arruinada la confianza en la razón. De todo ello se desprende la nueva conciencia del oficio que alberga el poeta: dice R. Gutiérrez Girardot que ellos "dieron ejemplo de lo que es el oficio del escritor: trabajo consciente, dominio del "métier", en vez de la llamada inspiración que era una máscara de la indisciplina intelectual del aficionado".[118]

Hagamos una recapitulación final por los aspectos que configuran la construcción del personaje dandi: belleza, clase, elegancia, anticonformismo, provocación, ironía y excentricidad como marcas de una imagen y un talante que suponen una búsqueda de la identidad, así como constituyen asimismo mecanismos de defensa frente a la progresiva homogeneización de las clases sociales.

2. Hacia un dandismo femenino: Delmira Agustini como actriz

El planteamiento que se propone en las siguientes páginas nace como corolario y aplicación más pragmática y directa del dandismo a la situación específica de una poeta, de la poeta —Delmira Agustini— y al contexto de su creación —el Uruguay de principios de siglo xx—. La figura del dandi es, como acabamos de ver, fruto de un tiempo y unas coordenadas sociohistóricas específicas, así como de un ambiente cultural de cuño marcadamente androcéntrico que ha de estudiarse en profundidad para entender el fenómeno en toda su amplitud y complejidad. Cabe preguntarse hasta qué punto esas marcas vitales exteriores e interiores

---

118 R. Gutiérrez Girardot, "La literatura hispanoamericana de fin de siglo", en *Historia de la literatura* hispanoamericana, II: *Del neoclasicismo al modernismo, op. cit.*, pág. 504.

de desacomodo y transgresión que comporta el dandismo son accesibles de algún modo al género femenino. Y, si efectivamente lo son, el debate se podría abrir con un examen de las notas definitorias y las posibles divergencias de éstas respecto a las del canon masculino, lo que desembocaría, con toda probabilidad, en el análisis de la función de este proceso, bien como estrategia liberadora, bien como otro mecanismo más de dependencia.

Como hemos visto, el siglo XIX supone la forja y consolidación de un nuevo significado del concepto "mujer". La ansiedad por la definición del sujeto femenino va de la mano de la modernidad histórica y el capitalismo, porque es en este momento de desarrollo industrial y urbano cuando éste se incorpora al trabajo, adquiere roles diferentes y ello significa por primera vez la salida de la mujer del ámbito doméstico. No obstante, bajo esa apariencia de apertura subsisten y se fortalecen, como ya apuntamos, multitud de teorías esencialistas y tópicos patriarcales que, paradójicamente, en su empeño de explicarla, recaen tanto desde un punto de vista religioso como sociológico —la histeria como rasgo femenino—, o científico —la inferioridad femenina "probada" por la frenología—en argumentos muy similares.[119]

Resulta compleja por lo tanto la indagación en las características concretas de un posible dandismo practicado por mujeres, pues muchos de esos rasgos distintivos han sido considerados durante largo tiempo como parte esencial e indiscutible, innata y extensible a todo el género femenino: la moda y la belleza eran atributos que configuraban la identidad femenina al igual que el espacio cultural o intelectual era prerrogativa exclusivamente masculina. Así, la armonía de la apariencia corporal en su conjunto, la gracia gestual, el esmero en la elección del vestuario, la elegancia y determinados dones espirituales preestablecidos eran interpretados hasta fecha reciente como signos femeninos. No en vano apunta Baudelaire que mujer y vestido configuran casi una unidad indisoluble y aconseja la artificialidad del maquillaje como mecanismo lícito y sumamente aconsejable para "fascinar" al varón y causar un estupor difícil de

---

[119] Como estudio orientativo sobre las características de esta concepción seudocientífica de la "frenología" que tanta influencia tiene en los novelistas europeos (Flaubert, Balzac, Pardo Bazán, etc...) véase: Luis S. Granjel, *La Frenología en España (Vida y obra de Mariano Cubí)*, Salamanca: Ediciones Universidad de Salamanca, 1973.

lograr a través de un discurso verbal persuasivo, que, por otra parte, el sujeto femenino está lejos de dominar, por falta de entrenamiento, oportunidades y aceptación.[120] Como señala Feldman en su lúcido ensayo sobre el dandismo femenino, el dandi y la mujer comparten tantas características fundamentales que la dicotomía masculino/femenino ya no sirve para mantenerlos en dos categorías separadas, por lo que debemos leer la *femme* como un dandi, y a éste como una mujer.[121]

Alberga, pues, un arduo suplemento para la mujer de esta época el remedo de esa actitud desenfadada, atrevida y aristocrática del dandi. La belleza, la elegancia y el talento existen en la mujer, según la ideología estética del momento, como elementos de una variante radicalmente diferente, como el dominio pasivo en torno al que giran todos esos discursos, pero del que apenas nace ninguno de ellos. De acuerdo con Barbey d'Aurevilly, las *Mémoires de Mlle de Montpensier* (1730), además de una completísima investigación sobre otro dandi, Lauzun, son quizá el descubrimiento del dandismo moderno, y especialmente del dandismo femenino, porque la protagonista de las mismas persigue con ahínco y sin prejuicio de ningún tipo las singularidades y lo imprevisible en la vida haciendo de la osadía, lo excéntrico y la originalidad, una forma de evadirse de su alta y aburrida existencia de princesa.[122] Luego son la ociosidad y el *ennui* los que la impulsan a la búsqueda de otros valores y móviles de escasa trascendencia y notable frivolidad, como el juego de seducción que entabla con el propio Lauzun, pero de gran proyección si se analiza desde una perspectiva actual pues la manifestación consciente y abierta por parte de una mujer del interés en pasatiempos triviales y banales, sobre todo si éstos son de signo erótico es un atrevimiento y una violación flagrante de los códigos impuestos.

---

120 "Quel poëte oserait, dans la peinture du plaisir causé par l'apparition d'une beauté, séparer la femme de son costume?", Charles Baudelaire, "Le peintre de la vie moderne", en *Œuvres complètes, op. cit.*, pág. 1182. Y continúa diciendo más adelante: "La femme est bien dans son droit, et même elle accomplit une espèce de devoir en s'appliquant à paraître magique et surnaturelle; il faut qu'elle étonne, qu'elle charme; idole, elle doit se dorer pour être adorée", *ibíd.*, pág. 1184.
121 Jessica R. Feldman, *Gender on the Divide: The Dandy in Modernist Literature*, Itaca-Londres: Cornell University Press, 1993, pág. 140.
122 Barbey d'Aurevilly "Un dandy d'avant les dandys", en *Du dandysme et de George Brummell, op. cit.*, págs. 117-141.

Sin embargo, más allá de considerar casos aislados: ¿tienen las escritoras o artistas, tienen las mujeres la misma libertad a la hora de dar expresión en su vida a ese profundo malestar o de desviarse de los senderos marcados por lo convencional? Según el estudio clásico de Kempf:

> La femme ne pèse guère dans l'histoire universelle du dandysme. Lady Hamilton, la Grande Demoiselle, la duchesse de Langeais, Matilde de la Mole n'illustrent pas un sexe, mais une race.[123]

Baudelaire sugiere en bastantes de las composiciones pertenecientes a sus *Petits Poèmes en prose* que la mujer es lo contrario del dandi, ya que casarse y tener hijos no forma parte de ninguna manera de las prerrogativas de su figura que, si algo quiere, es proyectarse como ejemplar único.[124] En relación a esto debe meditarse con cierto detenimiento y cuidado sobre una de las concepciones más extendidas en los albores de la modernidad, a la que ya nos referimos, por el uso interesado que de ella hace la crítica patriarcal: la masculinización o androginia de la artista.

Así, de la misma manera que la mujer empieza por acercarse a la literatura con una actitud "masculina" y se inscribe en los modelos de escritura preexistentes en su lucha por encontrar un lugar de enunciación (Beauvoir), trata de asimilar también su actitud vital a la masculina predominante, que no es otra que la del dandismo como vertiente en que se canaliza el ostracismo y diferencia del creador. Esto conlleva la asunción de esta postura desde una suerte de ambigüedad sexual que asegura al menos, en la disociación de lo estrictamente femenino, la posibilidad de una mínima parte del prestigio asociado a lo varonil. Por eso, el discurso del dandismo se contamina progresivamente de teorías que apuntan a la naturaleza doble y triple en términos sexuales del sujeto y encuentra en precursores como Alcibíades en Atenas o Brummell en Inglaterra una cierta justificación y respaldo, según sugieren algunos comentarios de Baudelaire a propósito de la condición de Madame Bovary:

---

[123] "Les sexes", en Roger Kempf, *Dandies. Baudelaire et Cie.*, Paris: Éditions du Seuil, 1977, pág. 157.
[124] Charles Baudelaire, *Petits Poèmes en prose*, Paris: Gallimard, 1973.

> ...y que Madame Bovary, por todo lo que en ella hay de más ambicioso, de más enérgico y también de más soñador, ha seguido siendo un hombre. Como Pallas armada, salida del cerebro de Zeus, esta curiosa criatura andrógina ha conservado todas las seducciones de un alma viril en un encantador cuerpo femenino [...] Todas las mujeres intelectuales le agradecerán que haya elevado a la pequeña hembra a tan alto poder, tan lejos del animal puro y tan cerca del hombre ideal, y que la haya hecho participar de este doble carácter de cálculo y ensueño que constituye el ser perfecto.[125]

Las consecuencias que se derivan de esta imitación fiel de modelos masculinos no pueden ser sino el desfase, la parodia y la escisión o fragmentación del yo. Además, nace un sentimiento de inevitable frustración. Sin embargo, si se logran superar esas trabas es posible un mayor autoconocimiento y un vuelo personal y creativo mucho más satisfactorio y pleno.

La sociedad defiende a la mujer escritora sólo como excepción y así se le niega, de hecho, un virtual espacio de apertura. Así, cuando Verlaine en la segunda serie de *Les poètes maudits* (aparecida en 1888, la primera lo hizo en 1884) incluye a Marceline Desbordes-Valmore, lo hace quizás con un afán provocador dentro de un campo literario que contempla la antología como un instrumento fundamental del canon y que, por tanto, sólo da cabida en ella a escritores, nunca a escritoras. Es más, el autor francés se ve obligado a justificar su decisión aduciendo la excepcionalidad de la escritora y situándola dentro de una supuesta genealogía literaria femenina que existe desde los comienzos de la literatura: Safo, Santa Teresa y George Sand, hasta ese momento.[126] Algo más tarde, Darío se vale del mismo procedimiento y, aunque introduce en *Los raros* a Rachilde, contempla su inserción en la serie de poetas malditos como excepcional dada la índole "curiosísima", "turbadora" y hasta "peligrosa" de la creadora. Si se traspone la situación al Uruguay se comprueba que, de la misma manera, pueden existir una María Eugenia Vaz Ferreira o una Delmira Agustini pero sólo como algo atípico y

---

125 Citado por Walter Benjamin, *Poesía y capitalismo*, Madrid: Taurus, 1999, pág. 111.
126 "Nous proclamons à toute haute et intelligible voix que Marceline Desbordes-Valmore est tout bonnement, —avec George Sand, si différente, dure, non sans des indulgences charmantes, de haut bon sens, de fière et pour ainsi dire de mâle allure, —la seule femme de génie et de talent de ce siècle et de tous les siècles, en compagnie de Sapho peut-être, et de Sainte Thérèse", Paul Verlaine, *Les poètes maudits*, Paris: Société d'Édition d'Enseignement supérieur, 1982, pág. 62.

extraordinario, lo cual refuerza la noción cada vez más difundida de la inferioridad de todo el resto de las mujeres.[127]

Dos son los rasgos de dandismo que podemos encontrar en Agustini, en la medida en que suponen una insolencia inédita y la búsqueda de un espacio de distinción: El primero es su faceta como actriz, apenas conocida. El segundo, la creación de una imagen a través de la fotografía. Aunque se trata de un acontecimiento muy puntual y sujeto a causas azarosas, que seguidamente aclararemos, su actuación en el teatro puede resultar sumamente reveladora a la hora de investigar la problemática construcción de la imagen de la artista de género femenino en un contexto masculino, además de para entender mejor ese carácter histriónico, sobreactuado, artificial a través del cual se autoconfigura el género femenino en este período:

> Papel, ademán, traje, el ser mujer se define en términos histriónicos. Ser mujer es tener que hacer un papel, y cumplir con una pose, con un atuendo. Ser mujer es un papel que se tiene que aprender y lo más importante que se tiene que representar apropiadamente.[128]

En uno de los artículos que escribe André Giot de Badet, el íntimo amigo de nuestra autora, a instancias de las entrevistas realizadas en París por los investigadores Clara Silva y Carlos Brandy, el poeta franco-uruguayo rememora, nostálgico, el ambiente de camaradería y profunda amistad que conforman el trío de Ángel Falco, Delmira Agustini y él mismo. El diálogo sobre poesía y arte, el intercambio de libros y, sobre todo, la asistencia frecuente al teatro Solís —en ocasiones acompañados por el padre de Delmira— hacen sólida una relación literaria y personal de la que deja amplia constancia tanto la correspondencia conservada entre Delmira Agustini y André Giot de Badet como las entrevistas en que el segundo se explaya en la recreación de aquel tiempo idílico de su juventud montevideana:

> Nous allions souvent au théâtre. Votre père vous accompagnait, Madame Agustini ne sortant plus le soir. Angel Falco, le brun poète au large feutre en bataille, aux

---

127 Véase Carina Blixen, *El desván del Novecientos…*, op. cit., passim.
128 Elizabeth Narváez-Luna, "Con su ademán y traje de mujer": Hacia una re-visión de la obra poética de María Enriqueta en el modernismo mexicano", en *Delmira Agustini y el Modernismo*, op. cit., pág. 138.

allures de mousquetaire, complétait notre groupe dans ma loge. Le spectacle fini, avant de regagner Colon, je vous déposais chez vous. Bien souvent, devant votre porte, n'osant entrer de peur de réveiller votre maman, nous poursuivons dans la rue, une conversation que chacun de nous regrettait d'interrompre si bien que nous finissions par nous asseoir au bord du trottoir, vous, votre père, Ángel Falco et moi ce qui, à votre grande joie, ébahissait les passants attardés.[129]

Es el propio André Giot de Badet el que nos facilita la información a propósito, tanto del interés desmedido de ambos por la dramaturgia, como de la única experiencia teatral de Agustini. La autora es protagonista de una pieza que, como no puede ser de otra manera dada la presencia del simbolismo en el Uruguay, pertenece a un autor francés de reconocido prestigio en el momento: François Coppée. La información que poseemos en relación a esta manifestación escénica procede de tres fuentes. La primera de ellas es la entrevista y descripción detallada del acontecimiento a partir del artículo ya citado de André Giot de Badet:

> C'est ainsi qu'un jour, avec enthousiasme, vous m'avez annonçé que vous alliez jouer, au Théâtre Urquiza, pour un gala de bienfaisance, notre *Luthier de Crémone*, de François Coppée, traduit en espagnol sous le titre de *El violín mágico* par Samuel Blixen qui était votre parrain, ou vous était apparenté, si ma mémoire ne me trahit pas. J'avais tenu à assister à la représentation. Il me semble vous revoir. En parfaite comédienne vous avez interprété votre rôle avec le plus charmant naturel, l'émotion la plus touchante et ce brio juste que permet uniquement la véritable personnalité.[130]

Este juicio pone de manifiesto la reputación y autoridad de los modelos europeos y la infiltración extraordinaria de la literatura francesa pues preferentemente se representan obras, traducidas previamente al español, de los simbolistas galos. Asimismo, es interesante comprobar la versatilidad y capacidad camaleónica de Agustini en el escenario. Su predisposición para el disfraz y el juego quedan manifiestos. Ahora bien, no deja de sorprender que Delmira Agustini, tan protegida por su entorno familiar y coartada por su medio social, sea la protagonista de una obra traducida del francés —lengua de lo prohibido, de la libertad— por Samuel Blixen, quien, por otra parte, tanto la ayuda en la publicación de sus

---

129 André Giot de Badet, "Delmira Agustini", recogido en Carlos Brandy y Clara Silva, "Delmira Agustini y André Giot de Badet", *Fuentes*, 1 (1961), pág. 195.
130 *Ibíd.*, pág. 194.

poesías en revistas y semanarios.[131] La explicación podría ser la siguiente: su carácter social pues se trata de una representación teatral a beneficio de los damnificados por el terremoto de Valparaíso en el teatro Urquiza.[132] El sígno altruista de la obra permite comprender mejor el hecho de que una señorita burguesa hiciera las veces de actriz, teniendo en cuenta la pésima reputación de que gozan las artistas en aquel momento histórico.[133] Sabida es la expectación que suscita la figura pública de la "actriz" o la "bailarina" a fin de siglo en el contexto europeo o latinoamericano como proyección pública de una imagen de *femme fatale* asimilada a través del imaginario cultural (pictórico, literario y musical), pero que en contadas ocasiones puede ser visualizada, representada y encarnada por una persona de sustancia real. En este sentido, actrices dramáticas tales como las extranjeras Eleonora Duse —esposa del decadentista italiano D'Annunzio tan admirado en el Río de la Plata— o Sara Bernardt, a las que Agustini dice adorar,[134] son mitificadas, virilizadas y utilizadas como emblema de la mujer poderosa y agresiva y sobre todo, individualizadas, de manera

---

131 "Creo que es usted una eximia, una admirable poetisa, y que sus versos son por lo general magníficos. Tiene usted a su disposición todos los diarios, pues todos se disputarán el honor de complacerla, y con razón, porque es usted una de nuestras figuras literarias más sobresalientes y simpáticas, y todo lo que a Ud. concierne despierta intenso interés en los lectores. Entusiasta admirador suyo me repito. Samuel Blixen, en "Opiniones sobre la poetisa", Delmira Agustini, *Poesías completas*, ed. Magdalena García Pinto, *op. cit.*, pág. 209. Se trata de uno de los juicios críticos que la uruguaya incluye como apéndice de su libro *Cantos de la mañana*.
132 Alejandro Cáceres, en su completa cronología de la vida de Delmira Agustini, confirma este dato. Delmira Agustini, *Poesías completas, op. cit.*, pág. 27.
133 Pocos años antes algo muy similar ocurre en la Cuba de Gertrudis Gómez de Avellaneda: "Ya no quiere aprender, sino crear, pero en su ciudad natal no son vistas con buenos ojos las obras teatrales que parecen a los sacerdotes cosas diabólicas que inquietan el espíritu y el placer de Tula (Avellaneda) era representar esas tragedias, diabólicas o no, con otras muchachas de su edad", Josefina Inclán, "La mujer en la mujer Avellaneda", en *Homenaje a Gertrudis Gómez de Avellaneda. Memorias del simposio en el centenario*, eds. Gladis Zaldívar y Rosa Martínez de Cabrera, Miami: Ediciones Universal, 1981, pág. 74.
134 "Delmira se burlaba de la ópera italiana; no podía comprender a la gente que vivía cantando. Era admiradora de Zacconi, a quien vió representar "Los espectros" de Ibsen; le gustaba el drama; vió a Sarah Bernardt en 1905 y a la Duse que le pareció divina", Ofelia Machado de Benvenuto, *Delmira Agustini, op. cit.*, pág. 38. Tan ferviente admiración nace, pues, de la visita que las actrices realizan a Montevideo y que es un acontecimiento sonado porque su actuación supone la inauguración del Teatro Urquiza con el drama de Victoriano Sardou *La sorcière*. Delmira Agustini asiste a la representación, según le cuenta posteriormente a su amigo "Aurelio de Hebrón", Delmira Agustini, *Poesías completas*, ed. Alejandro Cáceres, *op. cit.*, pág. 26.

que el lugar como actriz sirve para articular y hacer pública la noción de "mujer fatal" dominante en el fin de siglo desde Moreau hasta D'Annunzio. Con todo, ello no es óbice para que la imagen de una femineidad versátil, enigmática y fuerte pueda llegar a aglutinar otros modelos:

> Esta escena emblemática de la guerra de los sexos —Ella, inmensa, frente a ellos, rebaño— puede declinarse en un modo menos dramático. En efecto, puede verse en esto la hiperbolización de la situación teatral que yergue a la mujer en escena, única frente a un auditorio masculino; ella, magnificada por su posición dominante e iluminada, ellos, en filas apretadas, mirándola en la sombra; la actriz, la cantante, la bailarina, y su público.[135]

La respuesta a la pregunta antes formulada sobre lo insólito de este cameo de Agustini como actriz ya la sugiere Giot de Badet cuando menciona el cariz "benéfico" de la representación, y la encontramos más explícita en nuestro segundo testimonio o fuente: una carta de Nelly, que se revela como amiga de la familia Agustini, a la madre de Delmira:

> Querida María: Una comisión de señoras que se ocupa de organizar una fiesta literario musical en el Urquiza a beneficio de Chile y cuya parte literaria está bajo la dirección de Blixen, debe visitarte mañana para pedirte el concurso de la reina encantadora, para desempeñar el primer papel en una pieza de Blixen. Por este detalle, soy yo parte interesada y Blixen tiene el capricho de que sea ella la protagonista. Las demás artistas son las señoritas María Elena Pareja, Silvia Victorica, una de mis chicas, una niña de Piñeyro y una de Villegas Zúñiga. Las jóvenes son también de primera sociedad y la comisión de señoras estará entre telones durante la representación. Desearía me indicaras la hora en que estarás dispuesta a recibir dicha comisión y yo me atrevo a interponer las influencias que tu cariño neurasténico, como tu con tanto talento has bautizado, me autoriza a adjudicarme. Contéstame con el portador. Tu muy afín, Nelly.[136]

---

135 Mireille Dottin-Orsini, *La mujer fatal (según ellos)*, Buenos Aires: Ediciones de la Flor, 1996, pág. 42.

136 El testimonio presenta el problema que tiene gran parte de la documentación recabada sobre Agustini: la dispersión, incertidumbre de fechas, etc… En este caso, la obtención de la cita obedece a la consulta manual de las cartas que se conservan en el Archivo Literario "Delmira Agustini" de la Biblioteca Nacional en Montevideo. Hay varias notas de Nelly —dos— dirigidas a María Murtfeldt de Agustini, ambas sin fechar y referidas al mismo acontecimiento teatral. Tras la consulta de diarios y revistas de la época doy el año 1906 como aproximativo del evento, pues dicho año es testigo de un fuerte terremoto en Chile que, con casi total seguridad, es el que motiva el acto caritativo de la recaudación de fondos, según sugiere ya Ofelia M. de Benvenuto, pese a su confusión de fechas, provocada por el hecho de que tanto en 1906 como en 1907 se producen sendos terremotos en el país vecino.

Así pues, varios elementos hacen posible que Delmira participe en esta representación: el carácter excepcional y social de una obra que es interpretada exclusivamente por mujeres, independientemente del sexo de los personajes,[137] la omisión de la procedencia francesa —y por tanto escandalosa— de la pieza y la vigilancia de otras damas durante la puesta en escena. No obstante, si se confirma la hipótesis de Ofelia M. de Benvenuto sobre lo que ocurre finalmente (Agustini es la única mujer en el escenario) su intervención en la pieza tendría otras implicaciones y un sentido mucho más subversivo.

Esta incursión de Delmira Agustini en el mundo teatral es valiosa, primero porque seguramente hay una apropiación de las características de un personaje, el de Giannina, que no es en absoluto plano o simple, sino que posee ricos matices como las dudas en cuanto a la aceptación por parte de la mujer del papel que la sociedad le asigna,[138] la interpretación del concepto de artista y, en segundo lugar, porque amplia nuestra visión del "personaje Delmira" de la "dándy Delmira", cuyas ansias transgresoras, cuyo espíritu curioso, inquieto, cuya enorme vitalidad y personalidad pueden canalizarse en contados momentos de gloria pública del que éste sería uno de ellos:

> Il me semble vous revoir. En parfaite comedienne vous avez interprété votre rôle avec le plus grand charmant naturel, l'émotion la plus touchante et ce brio juste que permet uniquement la veritable personnalité.[139]

Además, la Agustini diva actúa con plena conciencia de la repercusión que esa puesta en escena habría de tener en su creciente éxito en tanto autora, pues percibe la importancia que la dimensión pública,

---

137 No obstante, según aclara Ofelia Machado, en el que constituye nuestro tercer testimonio o fuente del evento y del que no aporta más datos ni remite a fuentes periodísticas, finalmente Delmira Agustini es la única fémina en el escenario: "Representó en 'El violín mágico' de Samuel Blixen, a beneficio de los damnificados en un terremoto de Valparaíso, en 1907; el azar quiso que también actuaran Miguel de Miquelerena y Gonzalo Rincón, que, como Delmira, concluyeron trágicamente, según lo recuerda su hermano el señor Antonio L. Agustini", Ofelia Machado, *Delmira Agustini, op. cit.*, pág. 38.
138 Para profundizar más en el argumento de la obra, acúdase a François Coppée, *El violín mágico (Le luthier de Crémone)*, trad. Samuel Blixen, Montevideo: Imprenta y litografía "La razón", 1903.
139 Para consultar la traducción acúdase al análisis de la influencia francesa en el capítulo VI. André Giot de Badet, "Delmira Agustini", *loc. cit.*, pág. 194.

social, publicitaria empieza a tener en los orígenes del capitalismo. Actúa sobre todo para un público masculino ávido de poses femeninas y que absorbe igualmente el mito de la "poeta niña" que el de la "actriz mujer fatal".

En suma, despierta enorme interés su representación como una pieza más para completar el puzzle complejo y fascinante de una personalidad articulada y construida por ella misma. La crítica literaria no siempre ha sabido leer con inteligencia y astucia su poesía que, como algunas de sus actitudes vitales, implica una reivindicación femenina, la abolición de barreras culturales y sociales y la relativización de normas y comportamientos férrea y gratuitamente establecidos. De hecho, una de las acusaciones más frecuentes y erróneas, en mi opinión, con que se tilda a su obra es la de estar ajena a los procesos históricos, sociales y culturales, la de pertenecer a lo excéntrico o marginal, a lo atemporal:

> A pesar de su fisicalidad —sin embargo— este mundo poético no intersecta en ningún punto con la representación del mundo uruguayo de comienzos del siglo XX. No hay una abierta representación de los importantes procesos de modernización, tanto económicos como sociales, de la época en que ella vivió. Aun cuando el Uruguay fue pionero en la expansión de los derechos civiles y la secularización de la sociedad durante la presidencia de José Batlle y Ordóñez, y la sociedad fue transformada por nuevos movimientos sociales y la inmigración desde el sur de Europa, el universo representado en la poesía de Agustini está tan distanciado de esos hechos como lo está el idealizado "reino interior" diseñado por Rodó en Ariel.[140]

Nada hay más desacertado que una observación de estas características y, por supuesto, la hermenéutica androcéntrica se oculta tras ella:

> Como si forzosamente por el hecho de compartir un momento histórico, todos estuviésemos obligados a dar cuenta de éste de la misma forma.[141]

Delmira Agustini vive y conoce plenamente el momento histórico que le depara el azar y, dentro de ese disciplinamiento y coerción que caracteriza al Novecientos uruguayo, se hace con sus propios mecanis-

---

140 Gwen Kirkpatrick, "'Prodigios de almas y de cuerpos': Delmira Agustini y la Conjuración del Mundo", en *Delmira Agustini y el Modernismo, op. cit.*, pág. 179.
141 Elizabeth Narváez-Luna, "Con su ademán y traje de mujer": Hacia una re-visión de la obra poética de María Enriqueta en el modernismo mexicano", en *Delmira Agustini y el Modernismo, ibíd.*, págs. 124.

mos y estrategias para cuestionarlo, debatirlo, censurarlo y, en última instancia, como el emblema de su propia muerte sugiere, afirmar lo insostenible de la paradoja sobre la que se asienta.

3. El dandismo en Montevideo: Las mil poses de Delmira

> No tenía a mi disposición más que dos experiencias: la del sujeto mirado y la del sujeto mirante.
>
> Roland Barthes, *La cámara lúcida*

Abundantes testimonios nos hablan de la vida de determinados artistas que certifica, efectivamente, la posibilidad de una conducta elevada a norma y estrategia liberadora, a pesar del riesgo y las trabas que la sociedad tradicional montevideana impone. Entre los mismos, hay que citar a dos personajes fundamentales, ambos muy cercanos a Delmira Agustini, a quienes se les ha aplicado el marbete de "Oscar Wilde sudamericano": André Giot de Badet y Roberto de las Carreras. Así retrata Milton Schinca al segundo:

Un verdadero dandy
(o mejor: un dandí)
no va por 18:
¡sólo por Sarandí!
Y todas las mañanas
en la Iglesia Matriz
voy a pervertir niñas
que vienen de asistir
a las misas celestes
que bien sé convertir
en satánicas misas,
yo, Luzbel de París![142]

Aunque en ambos casos la vida como arte ocupa más lugar que el arte en sí, es indudable que el dandismo asumido como algo ornamental frente a la opresión ambiental que completa la imagen del escritor supone una notable ayuda para la proyección de la obra y, en este sentido, el

---

142 Milton Schinca, *El dandi en Montevideo*, op. cit., págs. 23-25.

ejemplo de Julio Herrera y Reissig es también paradigmático pues, como afirma Gwen Kirpatrick refiriéndose al caso tanto de Herrera como de Agustini:

> The treasured public images of those two poets are those of the Romantic "genius", oppressed by a workaday world interested in the soarings of the spirit. Notions of delirium, automatic writing, and autobiographical outpourings are associated with their fame, due in part to the intensely personal and anguished tone of much of their writings[143]

Por su parte, Blixen considera que, dejando a un lado la coincidencia necesaria entre el oficio de escritor y una ética libertaria, se precisa para ser dandi en el Montevideo de principios de siglo una serie de modelos en los que fijarse y un grupo que de sentido político a esta rebeldía individual.[144] Es aquí donde surge el conflicto, pues las figuras que se toman del contexto europeo y latinoamericano son eminentemente varones: Wilde, Baudelaire, o incluso Darío o Lugones. Así, Roberto de las Carreras, André Giot de Badet, Horacio Quiroga o Julio Herrera y Reissig encuentran allanado un camino que está salpicado de obstáculos para las audaces mujeres que se deciden a penetrar en este terreno. Ello implica que la asunción de la diferencia como actitud vital sea mucho más dramática y problemática y más que como un mecanismo de liberación, al menos en primera instancia, funciona como torturada y autodestructiva búsqueda de una identidad negada.[145]

La lógica de lo performativo y teatral que sirve al dandi para hacer de lo excéntrico y periférico una nueva suerte de centralidad y canon mediante la exageración de determinados rasgos atribuibles hasta ese momento exclusivamente al género femenino —la elegancia extrema, el cuidado del cuerpo—, no puede ser asumida, sin problemas, como ya convinimos, cuando la dandi es una mujer. El dandismo, cuando es asumido por el sujeto femenino, sitúa a éste en la tesitura de poder contemplar la estética modernista como mera contrucción, como formula-

---

143 Gwen Kirkpatrick, "The Limits of *Modernismo:* Delmira Agustini and Julio Herrera y Reissig", *loc. cit.*, pág. 313.
144 Carina Blixen, *El desván del Novecientos. Mujeres solas, op. cit., passim.*
145 La dimensión social de la escritura se vale de la enfermedad en María Eugenia Vaz Ferreira y de la muerte en Delmira Agustini como estrategias de ruptura. Esta es la tesis esgrimida por Carina Blixen.

ción compulsiva de un deseo que pugna por convertirse en naturaleza. De esa dialéctica, y de la peculiar posición que en ella ocupa el sujeto femenino, nacen buena parte de los rasgos que contextulizan la escritura. Delmira Agustini experimenta en su propia "invención", en la invención de sí, esa rotación, el duelo de hacer de la vida un arte y tratar de crear un código de artificio equivalente al de sus congéneres del sexo masculino.[146]

Se sabe que Agustini está al tanto del dandismo como postura estética y vital, no sólo a través de los libros —la biografía de Baudelaire y *Los raros* de Rubén Darío son dos de los volúmenes que nos han llegado de su biblioteca—, sino por medio de sus nada convencionales amistades. Rubén Darío, pero, sobre todo, el excesivo Roberto de las Carreras y André Giot de Badet mantienen frecuente correspondencia con nuestra autora y marcan y orientan su forma de entender la vida.[147] No obstante, a pesar de toda la información teórica y los modelos más o menos cercanos que la escritora uruguaya puede tener, es obvio que el lugar social de la mujer está rígidamente instalado en la pasividad y es ajeno a todo circuito de reunión o espacio público, por lo que pensar en un dandismo femenino implica un desplazamiento y un desajuste tan radical de los roles que provoca sin duda alguna un conflicto interno sumamente angustioso en la artista, que tiene reflejo en su escritura.[148] Carina Blixen afirma a este respecto:

---

146 Defiende esa idea de "invención" Patricia Varas, *Las máscaras de Delmira Agustini*, Montevideo: Vintén, 2002, págs. 41-79.
147 "De espaldas a las convenciones de la aldea, Delmira supo de la transgresión del modernismo y fue su cómplice. Las palabras de Roberto no se limitaban a su poesía y en él puede encontrarse la piedra fundamental de las interpretaciones del casamiento con Reyes como una condena a la vulgaridad […] Roberto de las Carreras la trata como a un ser inteligente aunque resulte inocultable cierta complacencia en señalar sus defectos. No es sencillo diferenciar cuánto hay en sus palabras de idiosincrática —inevitable— ironía y cuánto de destructor de quien se siente amenazado por el talento de una mujer. En todo caso este diálogo revela la participación de Delmira en el ambicioso proyecto heredero de Rimbaud de vivir el arte en la vida, que intentaron los poetas modernistas", Ana Inés Larre Borges, "Delmira Agustini", en *Mujeres uruguayas. El lado femenino de nuestra historia*, Montevideo: Alfaguara, pág. 23.
148 Así, la poeta se vale de diversas máscaras —tantas veces aludidas, sin ir más lejos en trabajo citado de Patricia Varas, *Las máscaras de Delmira Agustini, op. cit.*— como dispositivo de ocultamiento en la búsqueda de sí misma, pero también como forma de actuación y teatralidad.

> El hecho de que las mujeres del Novecientos, las intelectuales burguesas no pudieran acudir a los cafés ni andar solas por la calle, está marcando de qué manera eran excluidas de la ciudad y de una posibilidad de contactos intelectuales y afectivos que fue fundamental para el crecimiento "profesional" de los hombres. Delmira escribe a su amigo André Giot de Badet: *"Si estuviera en Europa, [...] tendría derecho de sentarme sola en la terraza de un café, sin que la mitad de la ciudad gritara escandalizada"*. Osvaldo Crispo Acosta recuerda un encuentro con María Eugenia Vaz Ferreira en el que esta se había mostrado feliz porque *"había llegado sola en tranvía a las afueras de la ciudad; había descendido sola del tren, entre un montón de gentes severas; y en medio de la calzada, sola, imperturbable ante la estupefacción de todos, había esperado y tomado, sola, para regresar, el primer tren que volvía al centro [...] ¡Vengo de épater les bourgeois!, nos dijo triunfalmente."*[149]

A estas anécdotas y declaraciones se puede sumar el conocido placer experimentado por Delmira Agustini al comprobar el asombro de los transeúntes cuando se encuentran a Giot de Badet, Ángel Falco y ella misma parlamentando hasta la madrugada en plena calle después de haber disfrutado de una velada teatral. Este espacio o pequeña comunidad intelectual que configura con la pareja de poetas homosexuales funciona como una suerte de compensación sobre el imposible acceso a otros espacios culturales del Montevideo de la época, imposibilidad, que como afirma Blixen acaba revirtiendo en una forma distinta de asumir la modernidad en la mujer —en Delmira Agustini y María Eugenia Vaz Ferreira en concreto— de una manera "dolorosa, agónica y aislada"[150]. A juzgar por las epístolas y notas conservadas que dan cuenta de esos encuentros, se la advierte festiva y chispeante en el diálogo, participativa, imaginativa, curiosa, ávida de lecturas nuevas, de experiencias. Y yendo un poco más lejos podemos afirmar que al ser una reunión bastante marginal en su contexto, tanto por la orientación sexual de sus miembros en contradicción con lo convencional, como por el patrón informal y distendido en que se inscribe, puede ser, a la postre, mucho más productiva y enriquecedora para su formación artística y vital que las tertulias "oficiales".

---

149 Carina Blixen, *El desván del Novecientos. Mujeres solas*, op. cit., pág. 28.
150 Carina Blixen, *El desván del Novecientos. Mujeres solas*, op. cit., pág. 25.

Si Agustini consigue superar relativamente el obstáculo de la relegación de su género fuera de la esfera pública, de igual forma alcanza a situarse estratégicamente en las estructuras socioeconómicas que reglamentan la profesión del escritor. Si para el dandi es preciso salir a la calle, éste también tiene que poseer un soporte económico. Sin embargo, la mujer también es ajena a esa nueva relación con el dinero que contribuye a emancipar al escritor y crear un nuevo concepto de las letras modernas. Como señala Susan Kirkpatrick, esta condición guarda ciertas analogías con la estética modernista pero finalmente acaba desprestigiando su cultivo:

> Entre la preocupación "femenina" por la estética de la ropa y el interior doméstico y los movimientos de finales del siglo XIX íntimamente asociados a las manifestaciones esteticistas del modernismo europeo, tales como el movimiento de artes y oficios o el *art noveau* en el diseño, media sólo un paso. El antagonismo de estos movimientos hacia la producción industrial moderna —que se observa en sus tendencias medievalizantes, su cultivo de formas curvas y orgánicas y su regreso a técnicas preindustriales— los vinculaba en algunos aspecto con el ámbito que la cultura contemporánea reservaba a las mujeres, apartadas del trabajo remunerado. Si bien es posible que ese acercamiento haya convertido el esteticismo finisecular en atractivo, o cuando menos no tan hostil, para las mujeres, la feminización de dichos movimientos provocó una devaluación de la obra que las mujeres podían producir bajo sus auspicios.[151]

El trabajo procura independencia, libertad y derechos al escritor; sin embargo, el profesionalismo es más una ambición de los artistas que una realidad y son contados los que pueden ganarse la vida con el periodismo, por ejemplo, aunque al menos sí se dan algunos casos que no tienen con facilidad su contrapartida femenina: "No hay noticias de mujeres uruguayas que ganasen dinero de esta manera, sí de hombres".[152] Pero algo positivo para la mujer se desgaja de esta discriminación en el orden del trabajo intelectual remunerado: la paradoja de que la profesionalización intelectual se da en forma paralela a la marginación del arte en el esquema imperante de "división de trabajo" facilita la incorporación

---

151 Susan Kirkpatrick, *Mujer, modernismo y vanguardia en España (1898-1931)*, Madrid: Cátedra, 2003, pág. 82.
152 Carina Blixen, *El desván del Novecientos. Mujeres solas, op. cit.*, pág. 30.

de la mujer al medio periodístico al considerarse el arte en ella "adorno pasajero" y "extravagancia":

> Si la mujer, en los estratos de los que podían salir escritoras, no competía en la conquista del dinero, no es extraño entonces que ocupara en abundancia ese espacio cultural ambiguo, marginal, no remunerado y prestigioso de la prensa, la revista, el libro.[153]

Este canal a través del cual expresar su voz, y sobre todo hacerla pública, es también entrevisto y aprovechado por la sagaz y emprendedora Delmira Agustini, quien se transforma en cronista social para la sección "Legión Etérea" de la revista *La Alborada* en el año 1903.[154] Su trabajo consiste en la escritura de un conjunto de notas de sociedad y una serie de descripciones de la belleza externa y espiritual de las damas de la alta sociedad montevideana. Lo novedoso de esto no es sólo que Delmira entre a formar parte del ambiente periodístico —otras mujeres lo hacen—, sino que utilice su pluma como arma combativa contra la moral de la época, y entre tantas impresiones superficiales sobre la hermosura o distinción de determinadas señoritas, infiltre subliminalmente ideas de paridad sexual y validación del intelecto femenino. En este sentido, se revela no tanto un discurso masculino o una actitud "infantil y lúdica",[155] cuanto un mimetismo perturbador, similar al que se observa en la adopción de un lenguaje pueril en su correspondencia amorosa,[156] que más que bajo la categoría de la parodia hemos de entenderlo como un extrañamiento del lenguaje, o como lo que Freud llama lo "siniestro",

---

153 *Ibid.*, pág. 31. Pero no se puede tampoco descartar de plano la posibilidad de que la publicación de las mujeres en la revista sea la consecuencia de un largo período de capacitación y adiestramiento en el mundo de las letras al que la mujer no es ajena durante el siglo XIX. Desde este punto de vista, el hecho de que la mujer publique no es mero producto del azar o la fortuna.

154 Gran parte de estas estampas las podemos encontrar en el estudio clásico ya citado que Ofelia Machado hace sobre Delmira Agustini y donde, bajo el epígrafe "Publicaciones poco conocidas y traducciones", aparece publicada una muestra de esta vertiente periodística de la autora.

155 Cecilia García Silva, "Delmira Agustini periodista: Modernismo e hiperfemineidad" [trabajo de doctorado inédito], Montevideo: Universidad de la República, 1990.

156 Alberto Sergio Visca, *Correspondencia íntima de Delmira Agustini y tres versiones de "Lo inefable"*, Montevideo: Biblioteca Nacional, 1978.

lo familiar desconocido, el *umheimlich*. Ya un seudónimo como el de "Joujou", con el que firma estas crónicas, apunta a ese carácter.[157] Agustini usa la convención del retrato en la literatura del *magazine* para infiltrar algunos desvíos: así bajo unos "ojos de esmeralda", con los que suele empezar por lo común este tipo de descripciones de mujer, se encuentra un temperamento de "artista" o "un alma ultraterrena". El ejemplo paradigmático de esta tendencia es, sin duda, la radiografía que nos ofrece de María Eugenia Vaz Ferreira: de ella nos dice que aúna "un alma y un cerebro que sueña y crea por encima de su sexo", o que "en caso de no ser bella, le bastarían para atraer, la extraña fascinación de esa cabecita incomparable, de languideces suavísima, de aristocracias principescas".[158]

Por otro lado, "Joujou" rescata personajes femeninos renovadores de la cultura de su tiempo:

> Altogether she composed portraits of 22 of her contemporaries, including the poet María Eugenia Vaz Ferreira, the painter Anita Farriols, and Aurora Curbelo y Larrosa, who was singled out by Agustini for having a high school diploma at a time when most women were not educated beyond the elementary level.[159]

Una vez que el sujeto femenino consigue situarse en el entramado social, haciendo notoria, dadas las dificultades previas —que ni siquiera se mencionan en el caso del varón—, una vocación incluso más decidida de dandismo y disidencia, éste puede arrogarse todas las características que ese dandismo implica: el atrevimiento en el vestuario, la procacidad o sarcasmo en la conversación, el ostracismo y la rareza en el modo de vida, etc.

---

157 También podría asimilarse al afán provocador y bromista apuntado antes para el dandi, al tiempo que a un gesto lúdico y ligero.
158 *Ibíd.*, pág. 146. Más adelante, cuando ya se había afianzado como cronista de sociedad va más lejos y se permite disentir con la idea de la mujer que cumple únicamente una función ornamental y se refiere ladinamente y con astuta picardía a esos "bibelots vivientes", "personitas insustanciales" o "coquetuelas perversas" con sus "cabecitas de pajarillos, maravillosamente lindas, maravillosamente huecas..." (*ibíd*, pág. 158)
159 Magdalena García Pinto, "Eros in Reflection: The Poetry of Delmira Agustini", *Review: Latin American Literature and Arts*, 48 (1994), pág. 85.

La ideología estética moderna proponía el artificio, la audacia y la teatralidad como elementos fundamentales que colaboran en la implantación del concepto de belleza. Estos componentes se reflejan en el siguiente fragmento extraído del capítulo que, en el ensayo "Le peintre de la vie moderne" de Baudelaire, se refiere a "Les femmes et les filles":

> Parfois elles trouvent, sans les chercher, des poses d'une audace et d'une noblesse qui enchanteraient [...]; d'autres fois elles se montrent prostrées dans des attitudes désespérées d'ennui, dans des indolences d'estaminet, d'un cynisme masculin, fumant des cigarettes pour tuer le temps, avec la résignation du fatalisme oriental; étalées, vautrées sur des canapés, la jupe arrondie par derrière et par devant en un double éventail, ou accrochées en équilibre sur des tabourets et des chaises; lourdes, mornes, stupides, extravagantes...[160]

La imagen de inspiración femenina más recurrente para el artista prerrafaelita, parnasiano, simbolista, y más tarde para el modernista es precisamente la de una señorita lánguida y decadente, desvanecida como una flor ausente en un sillón y que adopta un gesto de ensoñación y ajenidad. Existe también una sutil variante que representa un modelo de mujer más activo y agresivo, pese a girar aún en un imaginario masculino: se trata de la *femme fatale*, la encarnación de Lilith, Judith, Eva, etc.[161] Sea cual sea la figuración femenina por la que se opta, lo que interesa ahora es comprobar el complejo proceso de escisión interna que, en el momento de crear su propia imagen, atañe al artista cuando éste pertenece al género femenino. Las escritoras se debaten entre autorretratos heredados de factura obviamente masculina e idealizadas representaciones de un tú femenino siempre codificable desde el maniqueísmo y la simplificación.

Pero más allá de un posicionamiento en el campo de las letras, la "construcción de sí", la imagen, es el distintivo esencial del dandi. El traje en su caso, por ejemplo, no señala una clase social, oficio o condición, sino una voluntad de rebeldía, marginalidad y extravagancia que sólo puede leerse como provocación a la sociedad burguesa convencional. Todo Montevideo contempla perplejo la exhibición de los chalecos

---

160 Charles Baudelaire, "Le peintre de la vie moderne", en *Œuvres complètes, op. cit.*, pág. 1189.
161 Recordemos, por ejemplo, "Lear and Cornelia" de Ford Madox Brown o cualquiera de las cuadros de Dante Gabriel Rossetti.

de colores brillantes, o incluso el célebre con los agujeros de los balazos que porta con descaro un envanecido Roberto de las Carrreras. Pero, ¿cómo puede marcar su diferencia Delmira Agustini en un medio que fija los vestidos encorsetados y opresores de la femineidad como la moda? A su modo, la poeta trata de diferenciarse y son conocidos sus paseos elegantemente ataviada y luciendo todo tipo de complementos: sombrero y vestido rojos, guantes, sombrilla. Este punto de la configuración externa del sujeto nos parece tan interesante e iluminador que es ineludible un ulterior análisis del archivo fotográfico de la poeta, en cuanto éste nos la muestra actuando, teatralizando, contribuyendo a forjar su propio mito o "fetiche" a la manera de otros poetas varones, tales como Julio Herrera y Reissig, que se hace retratar inyectándose morfina, o André Giot de Badet con sus poses premeditadamente ambiguas.[162] Observemos la vinculación que Gwen Kirkpatrick establece entre el entorno de represión victoriana y la fotografía como medio de representación en aquel momento:

> In the case of Agustini, another twist is added: she is exemplary as the victim of a repressive Victorian environment, and of a monster mother. The photographic iconography most often used to represent them adds a deterministic intent to such abstractions. The photographs also tell us something about the ways they chose to represent themselves, as well as the photographic conventions of their day. Photographs which illustrate their biographies and critical studies invariably include scenes of Herrera y Reissig injecting himself with morphine.[163]

La escena del artista en su taller es un motivo obligado de las novelas sobre el arte, las autobiografías y los autorretratos. Posturas, gestos y procedimientos siguen las reglas de un ritual o afirman el estilo o personalidad del escritor. Ya el romanticismo se vuelca en la escena de la creación porque a este movimiento artístico le gusta reflexionar a través de texto e imágenes sobre el lugar del creador en el mundo, pero con la llegada de la fotografía la proliferación de los retratos de artistas —Félix Nadar— se convierte en un fenómeno generalizado, especialmente en el mundo anglosajón. Delmira Agustini es una experimentada pionera en

---

162 Al final del presente capítulo se encontrarán las imágenes que he seleccionado como más representativas en la exploración sobre la construcción de su mito.
163 Gwen Kirkpatrick, "The limits of *Modernism:* Delmira Agustini y Julio Herrera y Reissig", *loc. cit.*, pág. 313.

este nuevo arte de autoconfigurarse como artista y elaborar la propia identidad, ya que su padre es un temprano aficionado a la fotografía y cuenta, lo que no es muy común en el Montevideo del Novecientos, con un equipo que pone a disposición de la compulsiva necesidad de retratarse de su hija.

Como veremos a continuación, un examen atento de estas reproducciones amateur nos permite afirmar que cada pose está preparada cuidadosamente:[164] Delmira con flores en el cabello y mirada perdida, tal como la representación más común de la mujer-musa decadente finisecular; Delmira con abanico y kimono oriental en alusión al exotismo y la evasión espacial tan del gusto parnasiano; Delmira elegantísima, paseando por un parque; y sobre todo, Delmira embebida en la tarea de la lectura, lo que pone de manifiesto una profunda conciencia de su lugar y papel como escritora, creadora, lectora, y una voluntad y decisión en cuanto a la asunción del oficio intelectual. Esta actitud desafiante y orgullosa la apreciamos también en la única polémica literaria que protagoniza cuando su obra es atacada en una nota por el crítico argentino Alejandro Sux: "Sólo quiero hacer constar mi protesta ante esta absurda defensa de una obra que jamás la necesitó de nadie y hoy, después del triunfo, mucho menos".[165] En suma, si es cierto que Roberto de las Carreras, André Giot de Badet y otros son tomados como ejemplo y modelo de subversión social por parte de Delmira Agustini, no es menos verdad que ella enriquece y dota de nuevos contenidos y variantes a ese modo de ser diferente, a esa suerte de dandismo asumido como actitud vital disidente, como complemento de la subversión en el arte.

---

164 "Agustini adopts Isadora Duncan-like costumes, with soulful eyes uplifted toward the heavens. In her case, favored yuxtapositions include portraits of her gazing skyward, her doll collection (lovingly cared by her mother), and the image of her bloodstained corpse minutes after her death at the hands of her ex-husband. Such images are of undeniable dramatic attention [...] It is clear that their own self-representation helped to stimulate such expectations", *Ibíd.*, pág. 313.

165 Delmira Agustini, "A propósito de Alejandro Sux", *La Razón*, 27.9.1911. Véase la discusión al respecto en Clara Silva, *Genio y figura de Delmira Agustini, op. cit.*, págs. 119-132.

4. Las miradas de Agustini: Dandismo y fotografía en el Montevideo del Novecientos

> Parece como si los libros que aún leemos nos resultaran más ajenos e incomprensibles cuando no podemos echar un vistazo a las cabezas que los compusieron; parece como si nuestro tiempo, en el que nada carece de su correspondiente imagen se sintiera incómodo ante aquello cuya responsabilidad no puede atribuirse a un rostro; parece, incluso, como si las facciones de los escritores formaran parte de su obra.
>
> Javier Marías, *Vidas escritas*

Pasemos, a continuación, a analizar la segunda manifestación de dandismo de Agustini: la autoconfiguración de una imagen a partir de la fotografía. En el periodo previo al advenimiento de la modernidad, como ya adelantamos, las representaciones del cuerpo se realizan a través del dibujo o de la pintura y, por tanto, son un lujo sólo accesible a las clases dominantes. Hasta el momento en que el ejercicio o la posibilidad de la fotografía se amplía al conjunto de la sociedad, puede decirse que la mayoría de las personas carece de un discurso sobre su imagen o no tiene constancia diferida de su propio cuerpo, de su representación.[166] Así, el invento de la fotografía, la reproducción *mecánica* y compulsiva de la imagen, que tan vinculada está a la percepción fragmentaria, impresionista y efímera del fenómeno urbano implícita en el proceso ideológico de lo moderno, supone por vez primera la toma de conciencia colectiva de un cuerpo al que se puede dotar de significados.[167]

---

166 La filiación estrecha entre pintura y fotografía como medios expresivos es obvia, así como el carácter ancilar al servicio de otras artes que se ha querido, en ocasiones, atribuir a ambas. Algunas de las discusiones que vertebran el pensamiento crítico sobre la fotografía están ligadas a su aceptación como forma artística independiente o al impacto en otros medios más tradicionales, en especial la pintura. Para la ideología estética de *fin de siècle*, según refleja una opinión paradigmática de Oscar Wilde, la diferencia entre ambas manifestaciones reside en que la pintura capta el alma, la esencia de la persona retratada, lo atemporal, mientras que la fotografía atrapa un momento fugaz en el tiempo, un gesto, un giro de la cabeza. Véase un recorrido exhaustivo por la historia de las relaciones entre pintura, fotografía y literatura en Philippe Ortel, *La littérature à l'ère de la photographie: Enquête sur une révolution invisible*, Nîmes: Éditions Jacqueline Chambon, 2002.

167 Los análisis de Benjamin sobre el París de la segunda mitad del siglo XIX y algunos temas de Baudelaire desentrañan lúcidamente esta relación de la modernidad y la ciudad con el retrato y el medio fotográfico, por ejemplo, en los trabajos recogidos en Walter Benjamin, *Poesía y capitalismo*, *op. cit.* o en *Discursos interrumpidos*, Madrid: Taurus, 1978. Sobre la idea del cuerpo como nuevo código y discurso, véase Roland Barthes "Un texte inédit de Roland Barthes: encore le corps", *loc. cit.*

Esta apertura de posibilidades en la tarea de configuración y reinterpretación del propio yo se revela de importancia para tejer la figura y la proyección del dandi, personaje que, como sabemos, hace de la imagen un ejercicio de narcisismo y que se expone ante los demás mediante fotografías de cuerpos perfectos, bellos, eternamente jóvenes. El cuerpo, y la manera de vestirlo, de cubrirlo, constituye un sueño de inmortalidad, una invitación al deseo, a la seducción de otros cuerpos y, sobre todo, un espectáculo. En el contexto de un siglo XIX que significa una dependencia cada vez mayor de la tecnología y maquinaria suponiendo tal auge, como hace notar Walter Benjamin, una uniformización en todos los ámbitos de la vida (en el vestir, en el comportarse, incluso en las expresiones del rostro), esta nueva forma artística de la fotografía se percibe paulatinamente como un modo de diferenciación, a medida que se arroga de un discurso autolegitimador y de una autoridad estética.

De manera progresiva, cada vez más intencional, el dandi se sirve de la fotografía para tales fines de búsqueda de la distinción o el aristocratismo.[168] En consecuencia, si bien es cierto que la fotografía constituye un sutil confinamiento de los dominios de la fantasía y la imaginación, al apropiarse de la parte externa de la memoria pero no del alma, según la sugerencia de Wilde, y si bien es cierto también que la difusión de este nuevo instrumento da lugar en un primer momento a fenómenos determinantes para el desarrollo del arte moderno como la democratización aparente del mismo o la "perte d'auréole", consecuencia inevitable de la existencia de una pluralidad de copias que reemplaza al original único, ausente o perdido ya sin remedio, la propia fotografía propicia más adelante una rearticulación del concepto de aura.[169] Que ciertos dandis, y en nuestro caso una escritora también dandi como Delmira Agustini, abracen sin paliativos una forma innovadora en sus medios y marginal en el sistema del arte no es sino un gesto más de provocación, de elitismo, frente a los usos puramente utilitarios y económicos de la fotografía por parte de la clase burguesa, que trata de recrear con ella las posibilidades

---

168 Hasta qué punto sería significativa la utilización de la imagen si el propio Verlaine no confía sólo a las capacidades de su escritura el esbozo y definición de los poetas malditos y, en una decisión juiciosa y atinada, incluye, bien fotografías bien retratos, para complementar su visión de estos autores excéntricos y geniales, Paul Verlaine, *Les poètes maudits, op. cit.*

169 Véase Susan Buck-Morss, *Dialéctica de la mirada. Walter Benjamin y el proyecto de los Pasajes* [1989], Madrid: Visor, 1995.

y logros de un grupo social que se propone como emprendedor y poderoso. Captar una imagen de sí, un momento efímero y circunstancial para hacerlo circular más tarde es la consigna a seguir por estos dandis, quienes encuentran primero su identidad para después venderla: en el momento del surgimiento del capitalismo y del desarrollo de todas sus estructuras y presupuestos, puede decirse que ellos son los primeros y más visionarios publicistas. La plusvalía de tales mercancías no es de orden económico sino aurático.

La denominada "cultura de la imagen" aparece, bajo su forma industrial más elemental, en el siglo XIX, con la fotografía (1839), si bien su vertiginosa trayectoria fue precedida, con unos métodos y orientaciones parecidas, por la expansión del grabado y la invención de la litografía (1796). La difusión de los retratos de artistas se pone de moda en los años 1850, y confirma el papel decisivo de la imagen en su reconocimiento por el público. Cuando el artista se hace fotografiar le cuesta admitir la semejanza con la realidad, prueba de que esta cuestión reviste importancia. Pero aunque hay autores que quieren mercantilizar su imagen —George Sand— existen también otros, como por ejemplo Flaubert, que se niegan a ello, pues se considera en un principio que quien utiliza el medio burgués de representación pone en peligro parte de su reconocimiento público. Así, el escritor que sólo busca ser leído se excluye en parte del campo social, sólo muestra una imagen incompleta de sí mismo y por eso continúa teniendo un aura simbólica frente al que se muestra en foto, en la creencia de que, de lo contrario, mientras asegura su posición y popularidad está devaluando su prestigio literario. A este respecto, la duda de Balzac sobre si dejarse hacer o no un daguerrotipo ilustra la trascendencia del dilema. Como señala el fotógrafo Félix Nadar, posar se convierte muy pronto en la obsesión de todo artista:

> Le désir d'étonner fut très longtemps le péché courant de nos esprits d'élite. Telles originalités bien réelles [...] semblent si bien jouir du plaisir de s'affabler paradoxalement devant nous qu'on a dû trouver une appellation à cette maladie du cerveau "la pose".[170]

---

170 Tomo la cita de Philippe Ortel, *La littérature à l'ère de la photographie*, op. cit., pág. 290. Con todo, la imagen, mítica o realista, del poeta, del escritor, había sido en muchos casos una obsesión del propio discurso literario, véase David Pipper, *The Image of the Poet: British Poets and their Portarits*, Oxford: Clarendon Press, 1982, donde se recogen y comentan retratos e imágenes de poetas ingleses desde la época isabelina hasta T. S. Eliot y otros escritores modernos.

Cuando posa, el escritor no sólo debe ser natural como cualquiera, sino que es asimismo fundamental atender a cualidades como la expresividad, estilo, intención. La fotografía toma un valor alegórico, reproduce la difícil posición del ser humano moderno, prisionero de la técnica y la revolución industrial. La verdadera cuestión es cómo pasar de una pose retórica, cómoda para un escritor, a una pose fotográfica que significa una dependencia de la técnica y la imagen. La fotografía va adquiriendo un estatus de verdad, la imagen atestigua que un matrimonio se ha efectuado, que alguien es culpable o no ante la ley, porque la llegada de la técnica significa una crisis de valores en rituales y la conversión de ésta en institución social, en nueva ley del orden simbólico. Esto provoca en su aplicación a la literatura una contaminación de géneros y, además, que la crítica literaria se vaya haciendo cada vez más psicológica y menos biográfica o anecdótica. Es, en principio, un verdadero descubrimiento que cambia completamente las prácticas de lectura y abre un nuevo camino de investigación pues inaugura el parentesco o identidad entre poeta y poema, obra y artista.[171]

El análisis del archivo fotográfico de Delmira Agustini demuestra que la autora sigue de cerca el ideario estético surgido en el siglo XIX y que con tanta habilidad recoge y recrea Rubén Darío en *Los raros:* se trata de que el artista comience a crear su vida en función de su obra con el deseo o el ideal de poder llegar a identificar ambas, se trata, en definitiva, de llevar a la realidad la "leyenda del artista".[172] La construcción del propio mito contiene así unas posibilidades lúdicas y críticas inagotables e implica, al mismo tiempo, una indagación personal.

El cambio del enfoque, el hecho de hacer rotar los conceptos e imágenes del dandismo en torno al sujeto femenino supone un logro, independientemente de la complejidad del proceso, pues significa una transformación performativa de numerosos ejes en la configuración del artista

---

171 Véase Griselda Pollock, "Artists mythologies and media genius, madness and art history", *Screen*, 21 (1980), págs. 57-96, sobre la manera en que soportes como la fotografía o el cine recogen o determinan ciertas estructuras hermenéuticas; con todo, en este trabajo, me interesa más la manera en que los mismos artistas manejan estos medios expresivos como dispositivos para crear un contexto de lectura propia que el modo en que tales medios se usan luego para acercarse a una imagen de dichos creadores.

172 En los términos del clásico estudio sobre las biografías de artistas escrito por Ernst Kris y Otto Kurz, *La leyenda del artista* [1979], Madrid: Cátedra, 1995.

moderno.[173] Dejarse fotografiar, posar, supone, por consiguiente, que se acepta tácitamente existir visualmente, iconográficamente y no solamente a través de la escritura, de modo que la exposición visual de la artista se convierte cada vez más, como lo es para los varones, en una estrategia en términos de comunicación. Paradójicamente, es curiosa la reticencia que se halla en la crítica a la hora de hablar de esta versión femenina del dandismo y es significativo en este sentido que el propio Rodríguez Monegal que reúne en un mismo libro a Roberto de las Carreras ("Un dandy del 900" como él mismo apunta) y Delmira Agustini ("La pitonisa y la nena") no interprete las poses de la uruguaya como manifestaciones de dandismo, con lo cual parece admitir que el dandismo es privilegio masculino y que el género es su único límite.[174]

Es desde este ángulo, tan controvertido como significativo, desde el que estudiaremos la articulación del dandismo en Delmira Agustini a través de algunas de sus fotografías menos conocidas. Como recuerda la cita inicial de Javier Marías, mirar una fotografía es a menudo reactivar el diálogo entre la fotografía y su modelo, imaginando la circunstancia en que fue tomada la imagen y, en esta misma línea, el lugar de la creación se erige en símbolo fundamental, en el espejo de las costumbres del artista, de las herramientas que emplea y de su posición en relación a otros actores de la vida artística.[175] En consecuencia, no se puede evocar una figura sin recordar su taller. Un proceso doble en la nueva era se inicia con el siglo XX: el positivismo dominante crea un medio favorable para la difusión de imágenes materiales pero éstas a su vez aceleran la transformación de valores e ideas favoreciendo una desacralización de las cosas representadas. Hay también, como ya señalamos, un plan político: el acceso al poder de la burguesía explica el nacimiento de unas artes visuales más democráticas y más prácticas de uso que la pintura. Éstas fortalecen, en un segundo momento, tanto los aspectos económicos y prag-

---

173 Véase, sobre el carácter performativo del género, Judith Butler, *Bodies that matter. On the discursive limits of "sex"*, Londres. Routledge, 1993, y para el contexto que nos ocupa, Carina Blixen, *El desván del Novecientos. Mujeres solas, op. cit., passim*.
174 Emir Rodríguez Monegal, *Sexo y poesía en el 900 uruguayo. Los extraños destinos de Roberto y Delmira*, Montevideo: Alfa, 1969.
175 Véanse los ejercicios de écfrasis fotográfica que realiza Javier Marías en dos de sus libros, *Vidas escritas, op. cit., passim*, especialmente la sección titulada "Artistas perfectos" (págs. 151-166), y *Miramientos*, Madrid: Alfaguara, 1997.

máticos como los valores teóricos necesarios para su estabilidad como clase. Por todo ello, el lugar que ocupa en esta compleja coyuntura una escritora como Delmira Agustini debe ser examinado desde una posición que incluya puntos de vista relacionados con los usos de la propia tradición, con la sociología literaria y también con los estudios de género.

Si el rostro de la poeta es ya un icono demasiado legendario en el Montevideo de los años veinte como para observarlo con candidez o ingenuidad, la mirada del lector o lectora actual es absolutamente consciente de todas las sugerencias dramáticas que el mismo evoca, sobre todo porque cuando se sabe que alguien murió, o mejor fue asesinado, se tiende a ver en todos sus retratos de cualquier época el rostro del muerto o asesinado, como si se tiñera de una suerte de predestinación retrospectiva.[176] Cabe, no obstante, situarse en la zona liminar entre el conocimiento previo de su destino trágico y un intento deliberado —aunque falaz— de elisión del mismo para estudiar cuál es la imagen que la autora quiere transmitir a la posteridad. Dicha imagen de creadora convive necesariamente con otra de niña prodigio y vivencias atroces que pasa a la memoria colectiva por una razón: el abandono forzoso de la poesía y lo misterioso del caso.[177]

Sorprendente y significativa es, sin duda, la ingente cantidad de retratos que se conservan de la poeta,[178] lo que parece traducir una necesidad compulsiva de identificarse con una figuración en absoluto unívoca o plana, sino más bien poliédrica, polifacética y versátil del mito del/a artista. Tales imágenes expresarían, de forma velada y metonímica, su deseo de ser "muchas", ya que no podía ser plenamente "ella", ya que ese "ella" no se puede ser plenamente: "Labios que nunca fueron, /

---

176 Una reflexión sobre el impacto o la perspectiva de la muerte de un escritor en la lectura de su obra, en Hélène Cixous, *Three Steps on the Ladder of Writing*, Nueva York: Columbia University Press, 1993, págs. 35-36.

177 Para un acercamiento a la obra de Delmira Agustini desde presupuestos cercanos a los que aquí esbozo, véase Jacqueline Girón Alvarado *Voz poética y máscaras femeninas en la obra de Delmira Agustini*, Nueva York: Peter Lang, 1995.

178 Sobre el material fotográfico incluido en la edición de *Los cálices vacíos* tras su muerte: "La iconografía es de por sí un texto en esta edición: fotos de Agustini bebé, de su madre, de las muñecas que adornaban su cuarto; es parte de ese "adorno" que se pensaba era la poesía en el caso de una escritora de esa época", Yvette López, "Delmira Agustini, sus lectores iniciales y los tropos de autoridad", *loc. cit.*, pág. 270. Dada la abundancia y diversidad de fotografías, he escogido las cinco más significativas, en mi opinión. En trabajos futuros realizaré una ampliación de tal "corpus".

Que no apresaron nunca / Un vampiro de fuego / Con más sed y más hambre que un abismo".[179] Es como si se hubiera cansado de ser lo que es y, siguiendo el dictado de un Rimbaud también precoz, decidiera ser otra o, más bien, otras: "estatuas, lirios, astros, dioses" (pág. 277), un catálogo caótico y desigual de nombres tan sobresignificados como inertes. Esta búsqueda está situada en una región "donde sólo se alza incomprensiblemente sobre sí misma como un ídolo primitivo una presencia que es a la vez sagrada y miserable, fascinante y tremenda, una presencia que tiene al mismo tiempo la materialidad fija del cuerpo muerto y la fantomática inasibilidad del viviente".[180] La diseminación de instantáneas de Delmira Agustini, como la de su propia poesía, se resuelve en una dialéctica que envuelve lo real y lo figurado, lo material y lo inmaterial, lo humano y lo inhumano: "Yo, la estatua de mármol con cabeza de fuego, / Apagando mis sienes en frío y blanco ruego" (pág. 277).

Al margen de las paradojas que signan su exploración de la propia identidad, el proyecto de una imagen pública va unido invariablemente a la mentalidad de la nueva sociedad capitalista que se va poco a poco afianzando y a la que ella, de una u otra forma, pertenece. El Montevideo de las primeras décadas del siglo XX es, como constatamos, un hervidero cultural y artístico y, como tal, no es en absoluto ajeno a las nuevas tecnologías, entre las cuales la fotografía ocupa un lugar privilegiado. Los estratos con poder económico e ideológico se percatan a tiempo de que, gracias a esta novedosa manera de captar imágenes, éstas se vuelven intelectualmente reflexivas y, por tanto, adquieren una función de agitación social. El retrato es el género pictórico más vulnerable, desde el principio, a las intromisiones de la fotografía pues a través del mismo se forjan e inventan identidades sobre las que asentar una nueva visión de la vida y la cultura, circunstancias que acaban convirtiendo el retrato en un instrumento codiciado de manipulación para las élites:

---

179 Estos versos se encuentran en el poema "Plegaria", Delmira Agustini, *Poesías completas*, Madrid: Cátedra, 1993, pág. 259. (A continuación y en lo que resta de capítulo, cito siempre por esta edición indicando sólo la página para facilitar la lectura de las fotografías junto a los poemas). Por otro lado, la frase "La femme n'existe pas" ["La mujer no existe"] pertenece a Jacques Lacan y con ella pretende aclarar la imposibilidad de clasificar a "la" mujer, de definirla como Uno, como concepto universal.

180 Giorgio Agamben, *Estancias: La palabra y el fantasma en la cultura occidental* [1977], *op. cit.*, pág. 99.

Las fotografías registraban dilatados núcleos familiares, propios de ciertas capas sociales ya consolidadas durante la *belle époque* del Novecientos. Hay en este período un "descubrimiento" del entorno cotidiano como escenario de lo privado, que busca ser registrado en la fotografía de grupo familiar.[181]

De esta manera, los fines propagandísticos de las imágenes fotográficas vinculan las fuerzas tecnológicas y las inquietudes y deseos sociales.

Esta mentalidad moderna se evidencia en todas y cada una de las instantáneas de Delmira Agustini en las que la autora, a través del recurso del distanciamiento, anhela representarse como mito y construir su aura, consciente de la importancia de la configuración estética del artista a la hora de venderse, de publicitarse, de mostrarse. Así pues, como señala Steiner, "lo que nos rige no es el pasado literal [...] Lo que nos rige son las imágenes del pasado, las cuales a menudo están en alto grado estructuradas y son muy selectivas, como los mitos".[182] La poeta uruguaya sabe, no obstante, que inventarse como artista es doblemente complejo en su caso, no sólo por el temor siempre presente a ser encasillada como creadora que se vende en ese afán de alcanzar la gloria literaria, sino porque la configuración del artista había sido masculina y entraña un reto re-construirla desde la posición de la mujer. La artista es consciente, para empezar, de que diversificando su imagen, dando múltiples visiones, su cuerpo y su obra no están tan limitados ni tienen una única lectura. De la misma forma que hay muchos Pierres Loti, hay muchas Delmiras Agustini:

> Tous les mesonges du monde pour que mon costume soit vrai! Je préfère que mon âme mente, plutôt que mon costume! Mon âme contre un costume! [...] Cette dialectique est connue: on sait bien que le vêtement n'*exprime* pas la personne, mais la constitue; ou plutôt, on sait bien que la personne n'est rien d'autre que cette image désirée á laquelle le vêtement nous permet de croire.[183]

---

181 Gabriel Peluffo Linari, "Construcción y crisis de la privacidad en la iconografía del Novecientos", en *Historias de la vida privada en el Uruguay. El nacimiento de la intimidad 1870-1920, op. cit.*, pág. 60.
182 Cito por G. Steiner, "El gran *ennui*", en *En el castillo de Barba Azul*, Barcelona: Gedisa, 1993, pág. 17.
183 Cito por Roland Barthes, *Le degré zero de l'écriture*, Paris: Éditions du Seuil, 1972, págs. 172-173. Pierre Loti, escritor francés apasionado del exotismo y fanático del disfraz, del travestismo y del juego múltiple y versátil de las identidades, influye notablemente como arquetipo en Agustini.

Cuánto más y más variada se represente tanto menor será su clasificación estricta en una categoría de mujer o de artista y tanto mayor, por tanto, su vindicación de la heterogénea identidad femenina, de las diferentes formas de asumir lo subalterno.[184]

Del archivo fotográfico de Delmira Agustini extraemos cinco fotografías.[185] No han sido escogidas al azar y ciertamente se precisa una selección exhaustiva que no puede sino dar cuenta del abundante número de retratos y de lo sustancial y esclarecedor que resultan los mismos para nuestros propósitos. Dichas imágenes merecen especial atención ya que son representativas de cinco actitudes, cinco miradas, cinco poses. Me atrevería a afirmar que todas ellas tienen en común un planteamiento que Delmira Agustini poetiza en sus tres libros fundamentales con sutiles variaciones: me refiero a la dialéctica, ya señalada con anterioridad, entre lo que se es y lo que se aspira a ser, a la oscilación permanente que su subjetividad femenina experimenta con dolor y ansiedad entre la identidad real y las identidades soñadas.[186] Tal vacilación entre la adecuación a los moldes sociales ("Érase una cadena fuerte como un destino", pág. 235) y la trasgresión de los mismos ("La corté con un lirio y sigo mi camino", pág. 235) se refleja asimismo en sus versos mediante la constante ambigüedad del yo entre lo inerte y lo vivo, entre

---

184 "No tener ningún cuerpo es no tener ningún límite para la extensión de uno mismo hacia el mundo. Consecuentemente, estar intensamente incorporado es el equivalente a estar no representado y (aquí como en muchos contextos seculares) es casi siempre la condición de aquellos que no tienen poder", Gwen Kirkpatrick, "*Prodigios de almas y de cuerpos:* Delmira Agustini y la Conjuración del Mundo", en *Delmira Agustini y el Modernismo, op. cit.*, pág. 182.

185 El archivo fotográfico de la poeta, conservado en dos gruesos álbumes en la Biblioteca Nacional en Montevideo, Uruguay, se compone de un total de 113 imágenes; en 77 aparece sola y en las 36 restantes con otras personas. La selección de las adjuntadas en este trabajo obedece a dos criterios. Por un lado, tuve en cuenta la escasa difusión de algunas de ellas y, en segundo lugar, valoré el interés que encontré en otras a la hora de escribir sobre el dandismo de la autora. Debo agradecer en este punto la gentileza y generosidad intelectual tanto de Rómulo Cosse como de Virginia Friedman quienes me facilitaron el acceso al Archivo Literario de Delmira Agustini y auxiliaron en todo momento.

186 "Dentro de este aislamiento la poeta cultiva la imagen romántica del poeta-dios con sus neurastenias y sus excesos, tan atractiva por un lado y tan maldita por otro. Biruté Ciplijauskaité, con su sagacidad habitual, afirma que en la mujer "la opresión y la represión en la vida real llevan a la introspección y a las rarezas en el comportamiento", Patricia Varas, "Lo erótico y la liberación del ser femenino en la poesía de Delmira Agustini", *Hispanic Journal*, 15: 1 (1994), pág. 168.

lo divino y lo terrenal, entre las "dos alas fugaces" y los "raros ojos humanos" (pág. 257), entre los "lys blancs" y las "roses de flamme" (pág. 225). Se intuye asimismo lo paradójico de su situación tanto estética como vital en la disolución permanente de fronteras de su universo poético que no constituye un todo homogéneo o sistema ni está dotado del carácter progresivo o evolutivo de muchas trayectorias líricas, sino que es un círculo de luz que rota en los dos sentidos, se enriquece y explora, da y recibe y está en movimiento perpetuo. Ella se sabe y se teme heterogénea y múltiple, escindida y diversa pero confía ciegamente en una "raza futura", en "otra estirpe" femenina nueva que rompa con condicionamientos y limitaciones y "leve el ancla". Su alma errante y su don poético curioso, activo e inconformista ansían aventurarse en "tierras nunca vistas", alcanzar la plenitud en todas sus maneras, pero ha de conformarse con morir "de vivir y soñar" para una futura liberación femenina, tanto desde un punto de vista social o ideológico, como en términos de escritura.

La poeta se introduce voluntariamente en el imaginario masculino y aparece, se ofrece como objeto de deseo erótico [fotografía 1]:

> Dada su condición de persona capaz —al menos potencialmente— de desestabilizar el poder supremo del *pater*, la mujer posee también una importante cuota de poder. Sin embargo, se trata de un poder latente y no reconocido explícitamente por la sociedad; reconocido sólo implícitamente en el temor a su desacato, en el temor a la propagación social de los impulsos sexuales femeninos y en cierta idealización diabólica de su imagen, presente a veces en el imaginario "modernista" y neorromántico del Novecientos. Pero esa fantasía de la "mujer mamboretá" —como le llamara Ángel Rama— es relativamente escasa en la iconografía montevideana de la época. Predomina, en cambio, la marcada dicotomía entre una imagen etérea, espiritualizada, de la mujer, y una imagen matérica, carnal, por momentos demonizada. Una dicotomía entre la mujer amada y la mujer temida o entre la mujer-esposa y la mujer-deseada.[187]

Hasta el siglo XX, el regalo de la belleza supone un lastre y un freno para una figura pública masculina que debe probar su inteligencia por encima de su aspecto. El caso de la mujer es diferente pues una imagen externa seductora se considera como uno de los elementos para su aceptación dentro de la nómina de intelectuales; es una de las formas de

---

[187] Gabriel Peluffo Linari, "Construcción y crisis de la privacidad en la iconografía del Novecientos", en *Historias de la vida privada en el Uruguay. El nacimiento de la intimidad 1870-1920, op. cit.*, págs. 64-65.

convencer del interés o la calidad de su obra. Así, aunque Delmira Agustini puede entrever los malentendidos e interpretaciones parciales que implica la lectura de su cuerpo simbólico de mujer junto al cuerpo escritural de poeta, es posible pensar, por un lado, que está interesada en fomentar tales malentendidos, en trabajar con tales errores, en ingresar sin ambages en el deseo masculino. Por otro, admite y es connivente con las ventajas y el acicate para su carrera literaria que la adopción de tal doblez puede generar si considera su objetivo de ser admitida y aplaudida socialmente. De manera que la poeta se vende como dandi, como artista provocadora, pero también como mujer bella. La faceta erótica —no ignora que su público es predominantemente masculino— se imbrica por tanto hasta extremos indisolubles con la faceta intelectual o la pose de artista. Sus biógrafos lamentan con frecuencia la incomprensión que recibe por parte del mundo literario (bohemio o no) montevideano, pero a decir verdad resulta relativamente fácil entender que quienes pueden ser sus colegas la rehuyan personalmente y en cambio lean cómodamente sus poemas unos años más tarde:

> Las nuevas pautas de represión sexual y el recato impuesto a la exhibición de la intimidad produjeron, por un lado, el ocultamiento de las fantasías en la imagen de una mujer y una familia "espiritualizadas"; pero, por otro lado, dieron lugar a un desplazamiento de aquellas fantasías hacia el campo de un erotismo marginal solamente aceptable en los sectores sociales subalternos.[188]

La imagen 1, estereotipada y tópica, presenta, pues, a una hermosa joven de mirada distraída, tocado floral —que evoca en el observador/a contemporáneo la idea de la "mujer-naturaleza"— y escote sensual que deja ver cuello y hombros en un evidente afán insinuante. El artificio y el juego de la escena es palpable y muestra que gran parte del poder de seducción del "fetiche" reside en la atracción por lo fabricado, por la artificialidad relacionada con la cualidad mágica del encantamiento.[189] Delmira Agustini tolera, según lo dicho, verse inmersa en el estereotipo de belleza en que una mujer de su momento debe estar ubicada y encarna la musa finisecular con el objetivo de poder hacer pública, más adelante,

---

188 *Ibid.*, pág. 65.
189 Para ahondar en esta noción ideada por Baudrillard se puede ver Jean Baudrillard, *De la seducción*, Buenos Aires: REI Argentina, 1989.

su faceta como artista.[190] En efecto, la imagen, audaz y moderna, es tomada en contrapicado, esto es, desde abajo, con lo que es evidente el objetivo del engrandecimiento o la exaltación del personaje. Un reflejo en sus versos de esta actitud virginal de ofrecimiento aparece en dos de sus más tempranas composiciones, tituladas: "En un álbum", donde el retrato de mujer ideal identificada con un tú que se nos dibuja parece una trasposición casi literal de la actitud de casta y sublime doncella que trasluce esta primera fotografía de la propia poeta: "Cuando miro tu cuello alabastrino / Y tu cuerpo divino / Que al de Venus la diosa ha de igualar, / Del mármol la blancura, / Y del cisne la olímpica figura, / Me haces recordar". El primer poema concluye, además, manifestando una valoración positiva del modelo burgués ideal que se propone para el sujeto femenino: el "ángel del hogar": "¡Cuántas veces ligera como un hada, / Te he visto yo ocupada / En las dulces tareas del hogar, / Y entonces a mi madre / Y a Carlota de Werther heroína, / Me has hecho recordar!" (pág. 62). La segunda composición hace un repaso por todos y cada uno de los rasgos de la dama en cuestión: rostro, cabellera, ojos, labios, manos, mejillas en un ejercicio de idealización de filiación petrarquista (pág. 63) que espejea sin cesar sobre el cuerpo físico del propio sujeto lírico. Una variante sutil pero significativa aparece en otro de sus primeros poemas "Ojos-nidos", donde el aspecto externo —la mirada— es fundamental, pero lo es también porque trasluce una capacidad intelectual portentosa: "Y allá: dentro de esa selva / de follaje negro, espléndido, / En el fondo de esos nidos / Como flores de destellos, / ¡Agita sus ígneas alas / El ave del Pensamiento!" (pág. 61).[191] Por otro

---

190 "La modalidad erótica, particularmente la de Agustini, fue interpretada como obra autobiográfica, probablemente motivada por el deseo de seducir al lector masculino, sin duda un gesto transgresor, ya que descubría en la esfera pública fragmentos de su intimidad, sólo desplegable en el espacio íntimo de la pareja", Magdalena García Pinto, "Género y poesía en el Uruguay de 1900", en *Delmira Agustini y el Modernismo: Nuevas propuestas de género, op. cit.*, pág. 246.

191 La misma convivencia de lo físico y lo intelectual es observable en los emblemas que Delmira Agustini escribe para la sección "Legión etérea" de la revista *La Alborada* a los que nos referimos anteriormente. Tomemos un fragmento de la descripción, ya mencionada, del talento de su coetánea, la poeta Mª Eugenia Vaz Ferreira: "quien se atreva a indagar lo que dicen sus tranquilos ojos negros, piensa en que la naturaleza no se desmintió al darle un alma y un cerebro que sueña y crea por encima de su sexo" o de otra dama de sociedad, Mary Bemporat, más reveladora quizá por hallarse ésta ajena al mundo artístico o de la creación: "sus ojos verdes y profundos como dos océanos de esmeraldas

lado, a Delmira Agustini le resulta fácil adoptar tal rol de objeto dada la índole sensual y erótica de unos versos invadidos por una fauna y una flora que no son sino metáforas del deseo. Hay que diferenciar entre las diversas formas de enunciar dicho deseo pues en algunos poemas el yo lírico se declara activo y agresivo: es la amazona, la sádica, la Medusa, el "vampiro de amargura" que se deleita en el dolor de su víctima, mientras que en otros el sujeto poético se ofrece, se da ("Mi alma desnuda temblará en tus manos", pág. 163), se somete a los dictados socialmente aceptados abriéndose como una flor ("Como una flor nocturna allá en la sombra / Yo abriré dulcemente para ti", pág. 164). A veces la disociación entre ambas posturas precisa de una sutileza extraordinaria pues se llegan a imbricar en un mismo poema. En "El cisne" el yo lírico, metamorfoseado en el mítico animal, declara: "El ave cándida y grave / Tiene un maléfico encanto; / —Clavel vestido de lirio, / Trasciende a llama y milagro!" (pág. 255) y más adelante: "A veces ¡toda! soy alma; / Y a veces ¡toda! soy cuerpo [...] El cisne asusta de rojo / Y yo de blanca doy miedo" (pág. 257). Es esta segunda línea la que nos interesa ahora pues, como en la fotografía, el yo lírico de sus poemas "florece" y "alumbra", imágenes ambas de la entrega sexual que se repiten especialmente, aunque no exclusivamente en "Orla rosa", apéndice de cariz más explícito en lo que al sexo se refiere, de *El libro blanco*. En este sentido resulta esclarecedor el poema "El intruso" en que el sujeto poético se somete, consciente, al tú amado invocado y, sabedor de la subyugación, admite tales jerarquías sexuales con tal de gozar. Reproduzcamos algunos versos: "Amor, la noche estaba trágica y sollozante / Cuando tu llave de oro cantó en mi cerradura / Luego, la puerta abierta sobre la sombra helante / Tu forma fue una mancha de luz y de blancura [...] Bebieron en mi copa tus labios de frescura, / Y descansó en mi almohada tu cabeza fragante [...] Y hoy río si tú ríes, y canto si tú cantas; / Y si tú duermes, duermo como un perro a tus plantas! [...] Y tiemblo si tu mano toca la cerradura" (pág. 168). El mismo discurso de sometimiento amoroso aparece en otros poemas de la misma serie, como "La copa del amor": "Abran mis rosas su frescura regia / A la sombra indeleble de tus palmas [...] ¡Ah, yo me

---

líquidas, revelan un alma ultracomún, un espíritu artístico, iluminado por fulgores de genio", Ofelia M. B. de Benvenuto, *Delmira Agustini*, op. cit., págs. 144 y 142 respectivamente.

siento abrir como una rosa!" o "Mi aurora": "Amor! Amor! Bendita la noche salvadora / En que llamó a mi puerta tu manita florida". Pero la expresión más madurada y plena de este gesto de entrega la constituye sin duda el poema "Otra estirpe", donde la poeta despliega y disemina en sus versos toda una serie de imágenes eróticas que se corresponden con el ideario burgués convencional en el que el hombre encarna la actividad, el impulso pasional y la superioridad en la escala sexual, mientras que la mujer se identifica con la pasividad, la virtud y la espera ("Eros, yo quiero guiarte, Padre ciego… / Pido a tus manos todopoderosas / Su cuerpo excelso derramado en fuego / Sobre mi cuerpo desmayado en rosas", (pág. 243). La mujer aparece "tendida" como "un surco ardiente" y "brinda el nectario de un jardín de esposas" o "todo un enjambre de palomas rosas" a los "buitres" que se nutren de su "corola". Pese a todo notamos aquí también la ambigüedad de su discurso puesto que confía en que en un futuro próximo la inversión de roles sea un hecho: "¡Así tendida soy un surco ardiente, / Donde pueda nutrirse la simiente, / De otra Estirpe, sublimemente loca!" (pág. 243). Es el mismo sujeto inestable y vacilante ante la subordinación de géneros y que alza la vista esperanzada al porvenir que aparece en "La estatua". Se describe a ésta, *alter ego* de la poeta y, por extensión, de toda la comunidad femenina de esta forma: "¿No parece el retoño prematuro / De una gran raza que será mañana?" (pág. 101).

A pesar del esfuerzo que se percibe en la construcción de ese mito erótico y sensual tanto a través de su creación como del soporte iconográfico, Delmira destaca por encima de la retórica patriarcal que adopta en versos y vestimenta; su personalidad nada común, la fuerza de su rostro y de su pluma se salen del envoltorio un tanto tosco y simple en que se nos muestra. Le basta esa mirada sesgada, ensimismada y lúcida para desconcertar al que se coloca al otro lado del objetivo; le basta ese situarse en una zona liminar y fronteriza en sus versos para que éstos constituyan un guiño hacia el lector futuro. Quedémonos, pues, con su cuello ligeramente alzado, con ese mentón nada titubeante sino resuelto y, sobre todo, con el desgarro de una mirada que piensa, indaga, sabe; y no sólo sabe sino que conoce el sufrimiento que ese saber entraña y las frustraciones que trae consigo. En definitiva, tanto esta fotografía como parte de su producción sería, en última instancia, una impostura consciente, una concesión de la poeta a las necesidades del mercado y a la mentalidad de su tiempo, sin que por ello neguemos cierta verdad en tal concesión. Es la primera de las actitudes, la venta de la belleza como única forma de acceder a lo literario para una mujer en el origen de la modernidad. Aun teniendo en cuenta el distanciamiento y la falsedad de la pose, Delmira se siente relativamente cómoda en su elemento, en esa manifestación más social de la cultura como única puerta al parnaso. Su soltura y adecuación al medio es, por tanto, real porque entraña unos beneficios evidentes. Algo similar ocurre en la fotografía que comentaremos a continuación porque la poeta, a pesar de ser tan moderna en su visión del mundo, acepta disimular su rebeldía mediante su inscripción en el modelo de la "buena burguesa".

La segunda pose de Delmira Agustini [fotografía 2] resulta particularmente significativa en relación al complejo proceso de asunción y adaptación progresiva del Uruguay a la modernidad. La zona rioplatense va siempre, como sabemos, a la vanguardia en la imposición de nuevas leyes y derechos y el Uruguay, en concreto, es una de las primeras naciones de América del Sur en implantar el "estado de bienestar". Sin embargo, es indudable la esencia paradójica y contradictoria que vertebra este tipo de transformaciones radicales pues la tarea más ardua es frecuentemente la que tiene que ver con modificar el pensamiento colectivo, con cambiar las ideas que perviven en la sociedad. Esta ambivalencia, de la que hablamos por extenso en el apartado II.1., marca pues a toda una generación de uruguayos que asisten a una serie de insólitos y acelerados cambios sin disponer del tiempo y la mentalidad para asimilarlos en la mayoría de los casos.

Delmira Agustini manifiesta en esta fotografía hasta qué punto habitan en ella todas estas contradicciones ideológicas pues, si bien está decidida a acatar los convencionalismos externos que la sociedad burguesa le impone —acepta posar para un padre que la idolatra; admite hacerlo con una indumentaria un tanto *naïve* seguramente elegida por una madre posesiva que fabula sobre la imagen que una "poetisa" debe mostrar en sociedad—, no transige, sin embargo, con lo que considera relevante que no es sino su pensamiento a propósito de tal farsa. Su imagen fluctúa entre la modernidad y el tradicionalismo, entre la trasgresión y el acomodo burgués. Aparentemente, pues, Delmira Agustini se pliega a los dictados de su clase; internamente, en cambio, discrepa con los mismos ya que es totalmente consciente de lo que quiere en la vida y en la creación y espera un mañana diferente. Si algo nos muestra, entonces, esta fotografía es la construcción meditadísima del personaje "Delmira Agustini", tanto por parte de todo su entorno, como por ella misma:

Para la mirada masculina burguesa, la mujer ostentosa tenía una doble significación: por un lado se comportaba como "devoradora" de las pertenencias materiales del hombre y la familia: *"la misoginia de los burgueses católicos y liberales* —afirma José Pedro Barrán— *alcanzó su clímax al identificar a la mujer con el lujo y el despilfarro"*. Pero por otro lado, tal comportamiento tenía un sentido gratificante, en tanto esa mujer era portadora de bienes y símbolos suntuarios que denotaban socialmente el poder adquisitivo del hombre.[192]

En primer lugar, no podemos dejar de observar que siempre que existe un decorado/o trasfondo en el retrato, amén de acrecentarse sustancialmente el carácter dramático y teatral de la representación, se da también un proceso de humanización progresiva del sujeto. Esta cercanía premeditada que se busca en el retratado se aviene con los intereses de una familia burguesa que, aun orgullosa de sus logros, no quiere sobresalir demasiado y prefiere la medianía de una hija despierta y estudiosa a la genialidad de una creadora fuera de lo común. Los padres de Delmira Agustini no son en absoluto ajenos a esta concepción, como lo demuestra la ambientación cuidada casi al milímetro y, como veremos, nada inocente de la fotografía: silla perfecta para acodar el brazo, alfombra y fondo claro que remiten indefectiblemente a un decorado burgués, pese al intento de ocultamiento e incluso una referencia al mito del "indiano", del conquistador antepasado del burgués mediante la presencia de la alfombra de pantera. Con todo, no se nos pasa por alto tampoco el carácter improvisado, un tanto caótico y poco esmerado del conjunto, reflejado, especialmente, en el mal encuadre de la fotografía y en un fondo que se logra colgando una simple sábana blanca y no esconde, en un efecto desagradable, unas floreadas cortinas de dudoso gusto, ¿es esta impresión buscada conscientemente por el padre, que sin duda es el autor del retrato, para revelar el carácter construido o artificial del mismo? Tal vez se trata sin más de un ensayo, de una prueba o tentativa en la construcción de la imagen idónea que debe dar Delmira, pues ésta parece que quisiera camuflarse, disfrazarse y lo que se ve no parece real: ella nos recuerda a una figurinista en un film o una estampa. Desde luego no sólo la calidad de la imagen está lejos de ser óptima —si la comparamos con la 1 que es indudablemente una fotografía de estudio—, sino que la pose de la retratada es todo menos natural. Parece que se la ha forzado a ponerse un

---

[192] Gabriel Peluffo Linari, "Construcción y crisis de la privacidad en la iconografía del Novecientos", *loc. cit.*, pág. 65.

vestido no elegante en el sentido burgués, pero sí modernísimo —parece un vestido de diseño *art decó*—, a calzar unos zapatos, a tomar asiento, a sujetar un libro cualquiera —de ninguna manera se logra plasmar cierta espontaneidad en el acto de la lectura— y a mirar a la cámara. Pero Delmira esta vez se subleva ligeramente, desiste, desobedece porque no tiene ganas de posar; no quiere ser solícita ni hacer concesiones a la voluntad paterna y por eso no es capaz de orientar con firmeza su mirada o dejarla perdida —cualquiera de las dos opciones sería aceptable— y prefiere, en un gesto de incomodidad y desagrado, dirigir sus ojos hacia otra parte, como si la escena a representar no fuera con ella.[193] Su mirada es casi malhumorada o al menos airada: ¿quién va a creerse que ella lee en tales o parecidas condiciones? La importancia de la que está revestida esta imagen no reside, con ser muy interesante, en lo que consigue sino en lo que pretende conseguir: a pesar de las limitaciones se ve claro el objetivo tras la misma, que no es otro que el de crear un personaje, el de la poeta que sencilla y llanamente lee confortablemente en la soledad de una sala. La Delmira que se nos quiere transmitir en esta ocasión no es la de enigmática belleza, ni la de dandi elegante, sino la de mujer inteligente, culta, formada pero cercana, tanto que podría representar el papel de una maestra o una educadora sin más ambiciones ¿Tal vez los padres conocen el dolor y aislamiento que entraña para una mujer la genialidad y quieren evitarle parte de su sufrimiento? En cualquier caso, Delmira no se encuentra a sí misma en el papel que le quieren asignar de niña curiosa y con inquietudes intelectuales pero que no sale del recinto familiar. Parece inquieta, como si deseara íntimamente el fin de esta pantomima para encerrarse en su cuarto a leer *de verdad*, a escribir con desgarro y placer, con voluntad firme e inspiración, pues bien sabe que ambas son necesarias. Es ésta una foto de sociedad, una foto para que la familia pueda exhibir la imagen de muchacha curiosa, trabajadora, incluso aguda lectora —nunca escritora—, pero constreñida socialmente a ese lugar secundario, subalterno.

---

[193] Hay que tener en cuenta, no obstante, un viejo truco fotográfico que es utilizado sobre todo en los primeros tiempos de desarrollo del arte de la imagen. Consiste en pintar literalmente los ojos del fotografiado/a sobre el fondo blanco de las pupilas para así evitar las largas y tediosas horas de espera y pose. La mirada desviada y un tanto extraña de Delmira Agustini en esta fotografía puede, quizá, explicarse, por tanto, mediante el conocimiento de tal dato que debo agradecer a la sugerente lectura que hizo de un borrador de mi trabajo el Prof. Jesús de Miguel.

Si leemos el poema "La estatua" junto a la fotografía se evidencia que la actitud sutilmente rebelde y subversiva de Delmira se plantea, más que como una reivindicación del presente, como una promesa de futuro: "Miradla, así, sobre el follaje oscuro / Recortar la silueta soberana… / ¿No parece el retoño prematuro / De una gran raza que será mañana?" (pág. 101); o más adelante: "De las vastas compañas del futuro / desalojará a la familia humana!". Al sujeto le consta su duro y resignado presente de "estatua" "inconmovible", "tallada a golpes sobre mármol duro" y "de hinojos!" en una sociedad que no le permite levantarse, alzarse, emocionarse ("Dios!.. Moved ese cuerpo, dadle un alma!", pág. 101). No obstante, también vislumbra el final del sacrificio pues sabe "la grandeza que en su forma duerme": esa estrella dormida que lanza destellos y hace posible su transformación de "gusano" en mariposa.

Esa fe inquebrantable en un futuro donde el sujeto femenino pueda ser y crear plenamente sin ajustarse a los esquemas de la burguesía a veces se debilita, pese a todo, y el yo poético se muestra en ocasiones más escéptico y trasgresor, más cínico a la hora de juzgar las estructuras socioeconómicas y de poder de la burguesía que la coartan y limitan. Muestra de este sentimiento es el poema "La agonía de un sueño" donde se afirma: "En tierra ya el castillo de mi orgullo / Mi alma vencida en lo vulgar se aplasta: / Cuanto más alto el pedestal, si cae, / En más pedazos rodará la estatua!" (pág. 147). Pese a saberse vencido de antemano ("Nunca habéis visto agonizar un sueño?", pág. 148), el yo poético se reafirma en su posición de superioridad moral, ideológica y, desafiante, impasible, concluye afirmando: "¡Ah, no, no lloro más! Pase el Destino, Pase el dolor del brazo de la Muerte, / Les miraré pasar desde mis torres / Con una calma atroz que desconcierte!" (pág. 148). Pero la composición que con más lucidez y belleza refleja, de entre las de Delmira, el encierro de su propio yo y la ansiedad por la liberación del mismo es "Plegaria" (págs. 258-259). El poema, que se estructura a la manera de una invocación o ruego a una divinidad profana, Eros, es una petición desesperada, por parte de una "estatua" que simboliza a toda una generación femenina, del deseo como arma para combatir la frialdad y opresión moral, intelectual, sexual a que se halla condenada: "—Eros, ¿acaso no sentiste nunca / Piedad de las estatuas?". Verso a verso, el poema, bajo el que late de continuo el mito de Pigmalión y Galatea, va ganando en hondura y dramatismo hasta llegar a un clímax en que el sujeto lírico se muestra descarnado y feroz en su crítica: "Piedad para los ínclitos espíritus / Tallados en diamante, / Altos, claros, extáticos / Pararrayos de cúpulas morales"; "Piedad para los sexos sacrosantos / Que acoraza de una / Hoja de viña astral la Castidad", inflexible en su demanda: "Apúntales tus soles o tus rayos!", para terminar la intensísima gradación con una reiteración de los versos que abren la composición y que alcanza ahora mucho más relieve, significado y emoción: "Eros: ¿acaso no sentiste nunca / Piedad de las estatuas?…".

A continuación [imagen 3], la creadora se nos muestra en una imagen prototípica en el sentido de que se corresponde más directamente que ninguna otra con el retrato clásico del dandi —el paralelismo de esta fotografía con una célebre instantánea en que Oscar Wilde aparece con sombrero, bastón, capa y girasol es considerable—. Un subtítulo idóneo para la fotografía sería "Delmira decadente" dada la obviedad del gesto, la postura y el traje en relación a la actitud lánguida, indolente y premeditadamente perezosa del sujeto, que nos parecen muy iluminadoras ¿Quién es esta muchacha más joven que en las anteriores estampas que sabe muy bien cómo posar?, ¿nos hallamos ante una dama burguesa de Montevideo o ante la glamourosa esposa de un lord inglés atacada vorazmente por el *spleen*? Todo está minuciosamente calculado en esta instantánea que, como la primera, está probablemente tomada en un estudio profesional. Si empezamos por comentar la vestimenta observamos la elegancia y distinción del vestido que complementa un imponente mantón bajo el que se perfila el gesto grácil de la mano de Delmira que, con delicadeza y coquetería estudiada, acaricia un detalle de la pechera del vestido, ¿una flor?[194] El desenfado y encanto de la retratada se proyecta también a esos lentos movimientos que casi podemos intuir, a pesar de la preparación evidente

---

194 Tenemos en cuenta la importancia que en todos sus retratos, y como un gesto que la sitúa dentro del espectro del dandismo, Delmira Agustini concede a la moda, ese fenómeno de masas específico de la modernidad capitalista que revelaba, como dijimos, una nueva relación sujeto-objeto, así como una nueva naturaleza de la producción de mercancías, W. Benjamin, "La obra de arte en la era de su reproductibilidad técnica"[1935], Madrid: Taurus, 1973, págs. 15-57. El atuendo sigue siendo un signo social o un símbolo de enfrentamiento al sistema, como en el caso de la creadora uruguaya. Por otro lado, la presencia de elementos florales o femeninos es abrumadora, ¿se quiere tal vez hiperfeminizar al personaje cuyo carisma y fuerte personalidad lo aproximan a un homosexualismo peligroso?

de la imagen. Se recuesta, levemente y con refinamiento, en un cojín de un sillón más propicio para la ocasión que los escogidos por su padre. El lazo sobrio sobre el cabello es el detalle perfecto pues seguramente un sombrero hubiera sido demasiado aditamento a su belleza y porte. Pero esta Delmira que se está sentando con clase quiere dejarnos claro que no sólo es distinguida por sus ademanes y posturas sino que su rostro, además de hermoso, es interesante, es casi visionario: "Un camino ignorado para el vulgo / Y que sólo conocen los poetas, / Soñar es necesario para verlo / ¡Y las almas vulgares nunca sueñan!" (pág. 67) y adopta, pues, el gesto soñador y ensimismado de una *femme fatale* cuya extrema sensibilidad no escapa de la abulia tan *fin de siècle*.

El juego es doble, pues, en esta imagen porque el sujeto trastoca y mezcla las expectativas del espectador-lector: hace suya la configuración estética del artista masculino como dandi y, al mismo tiempo, asume también y proyecta en su persona la imagen femenina de la mujer idealizada *fin de siècle*, de "la suave niña de los ojos de ámbar", de la "musa enfermiza, la ojerosa, la más honda y precoz, la musa extraña!" (pág. 80). Su esencia, como ya sabemos, es múltiple y diversa, heterogénea, monstruosa y divina; y entre bipolaridades y contradicciones encuentra su lugar. En prácticamente todas sus más tempranas composiciones es tema recurrente el de la creación como un don divino ("estrella blanca y luminosa" pág. 64) que el sujeto sólo aspira muy lejanamente a alcanzar ("Poesía", pág. 64, "La fantasía", pág. 67, "Monóstrofe", pág. 79, o "Viene…", pág. 80). Deslumbrada por la posibilidad todavía remota de encontrar la luz de la inspiración o genialidad, el yo poético se menosprecia e infravalora por su mediocridad para la creación y no confía en absoluto en sus posibilidades: "¿Y yo quién soy, que en mi delirio anhelo / Alzar mi voz para ensalzar tus galas? / ¡Un gusano que anhela ir hasta el cielo! / ¡Que pretende volar sin tener alas!" (pág. 64). Con todo, a medida que avanzamos en su trayectoria poética observamos un cambio sutil en el posicionamiento del sujeto lírico que, tras pasar una fase intermedia de hermanamiento y comprensión de otras creadoras enfrentadas a la problemática de reajuste como artista, termina por postularse con cierta soberbia y un exceso de autoconfianza como tal y, puesto que todo artista es excéntrico, raro, distinto, como "maldita" que construye "un claro / Altar para el dios nuevo que reinó, simple y fuerte, / En la belleza austera del templo de *lo raro*" (pág. 157) y como "dandi" que desprecia el mundo burgués: "guarda el aguijón sonoro / A la carne burguesa que profana el vergel" (pág. 104).[195]

Esa mirada aristocrática va a ser nota distintiva desde ese momento del yo poético o de la musa —que identifica con su propia persona— en gran parte de los poemas de Agustini: "Les miraré pasar desde mis torres" (pág. 148), "como una destronada reina exótica / De bellos gestos y palabras raras" (pág. 149) que "vibra y se expande en flor de aristocracias" (pág. 150). En "Íntima", dicha actitud displicente y superior adquiere nuevas connotaciones y significados al asociar esa postura no sólo a su condición de artista sino a la de mujer que se rebela: "Yo encerré / Mis ansias en mí misma, y toda entera / Como una torre de marfil me alcé". "Ave de luz" —y su variante posterior "Las alas"— es uno de los poemas que más y mejor reelabora el tema de la inspiración y la creatividad poética, fruto siempre de un alma o espíritu de naturaleza superior. La concepción romántica y simbolista que Baudelaire mitifica a través del poema "L'albatros" del poeta como ser solitario, visionario pero también melancólico y de extrema sensibilidad late de fondo: "Existe un ave extraña de vuelo incomprensible, / De regias esbelteces, de olímpica actitud; / Sus alas al batirse desflecan resplandores / sus ojos insondables son piélagos de luz" (pág. 152). El yo lírico está dispuesto a sacrificarlo todo ("mis frescas ilusiones / Mis mágicos ensueños, mis rica juventud!") por "¡A cambio de un instante de vida en mi cerebro! / ¡A cambio de un arpegio de tu canción de luz!". En "Las alas", el final es más frustrante si cabe pues después de la experiencia del vuelo, esta nueva "Ícara" siente deshacer sus alas y debe renunciar a su sueño: "Yo las *vi* deshacerse entre mis brazos..../¡Era como un deshielo!" (pág. 200). De esa superioridad del artista sólo queda el poso de melancolía, frustración y dolor inherentes a todo proceso de creación: "Yo soy la Aristocracia lívida del Dolor / Que forja los puñales, las cruces y las liras" (pág. 187).

No es sólo un literario "spleen", marca corrosiva de la cultura de los siglos XIX y XX, lo que se desdibuja en la mirada perdida del retrato, sino

---

195 El poema "¡Artistas!", dedicado significativamente a Mª Eugenia Vaz Ferreira, viene a plantear la dificultad doble que implica la pertenencia al género femenino —al que atacan "la envidia y la calumnia"— a la hora de adoptar el posicionamiento aristocrático y elitista que caracteriza al artista: "y el artista / Tiene un alma irresistible para ellas: ¡el desprecio!" (pág. 72).

cierta angustia y un toque de tristeza real.[196] Delmira domina su personaje con serenidad y convencimiento, sabe cómo quiere ser caracterizada y eso dice mucho de su posición en el mundo y en la cultura. Reflexiona sobre la abulia o hiperestesia como marca del carácter porque quiere ser considerada hija de su tiempo.[197] Delmira quiere fingirse dama melancólica pero no acaba de persuadirnos en tal propósito pues el engaño de la fotografía es, nuevamente, bien palpable y es perceptible cierto narcisismo en el cultivo del sentimiento: es la complacencia de los soñadores.[198] La comparación con la célebre estampa en que Oscar Wilde posa con capa y sombrero nos parece inevitable y tal vez esclarecedora en algún sentido. Como el escritor irlandés, cuida minuciosamente los detalles pues está segura de que lo iconográfico es la captación de un momento de eternidad.[199] El disfraz acaba por convertirse en lo más auténtico y, a su vez, en lo que menos importa pues actúa sólo como el reclamo para el espectador que después repara y queda ya atrapado en la mirada.

El cuarto de los ardides [fotografía 4] utilizado por Delmira Agustini como técnica de enmascaramiento es más controvertido y arriesgado pues la escritora lleva más lejos su audacia en su convencimiento de ser una artista. La imagen que proyecta ya no es la estereotipada de la dandi sino, en todo caso, la de una dandi diferente, genuina, auténtica. Autoirónica, busca desafiar y provoca con la mirada, la actitud o con la exageración de un sombrero, a sabiendas de que lo escandaloso es lícito

---

[196] Aunque Delmira Agustini se sirve de abundantes símbolos y metáforas en relación al concepto de melancolía son contadas las referencias directas que hace a la noción, de raíz anglosajona, de "spleen". Sin embargo, una de sus composiciones inéditas titulada "Humo mítico" incorpora el término: "La suave evanescencia de una bruma de ópalo / Flotó sedosamente esplinándolo todo"; "Me enervé en sus *spleenes* y para disiparlos / Busqué en mi pajarera llena de mirlos albos" (pág. 326).
[197] "No se escapa fácilmente al aburrimiento. Amenaza al apostador, al drogadicto, al flâneur, y al dandy, a los que parecen elegir libremente su destino no menos que a los que no pueden hacerlo", Susan Buck-Morss, *Dialéctica de la mirada, op. cit.*, pág. 123.
[198] Complacencia y al mismo tiempo sufrimiento: "la locura, la muerte son preferibles al interminable domingo y al sebo de la forma de vida burguesa", G. Steiner, "El gran ennui", en *En el castillo de Barba Azul, op. cit.*, pág. 34.
[199] La compulsión por el retrato es tal, en el caso de Wilde, que aparece su imagen incluso en productos de consumo de la publicidad (cigarros, corsei, estufas). Un fotógrafo de moda para el que posa es Napoleón Sarony. También se utilizan sus imágenes para postales (Burrow Giles Lithographic Company).

especialmente en una época en que el carácter trágico está desfasado y la atemporalidad de una estatua clásica no puede competir con el sensacionalismo y lo escabroso como marcas de la era capitalista ("Y soy el cisne errante de los sangrientos rastros, / Voy manchando los lagos y remontando el vuelo", pág. 257).[200] Delmira Agustini comienza a desafiar al sistema social, pero no sólo desde un punto de vista creativo sino sexual. Conviene recordar que en este momento histórico se da la referida compulsión en la experimentación y teorización del deseo pues el "esclarecimiento de la vida sexual [...] correspondía a un fuerte y sutil eje de represión"[201], y además "los ideales románticos de amor, especialmente el acento puesto en el incesto, dramatizan la creencia de que el extremismo sexual, el cultivo de lo patológico puede restaurar la existencia personal a la plenitud de la realidad y negar de algún modo el grisáceo mundo de la clase media"[202]. El tópico del deseo sexual se exacerba como nueva afirmación de la identidad y rechazo de la clase burguesa.

Sobrecogedora por la osadía y casi displicencia en la actitud es esta cuarta estampa. Delmira es ya una mujer segura y que se codifica como áspera, desabrida, indiferente ("Debout sur mon orgueil...", pág. 225). Esa seguridad y confianza explican que se estudie mucho a sí misma y elija atuendo y porte de esteta: ahora mira de frente descreída y sarcástica, dominante y dominadora, agresora y posesiva ("Y exprimí más, traidora, dulcemente / Tu corazón herido mortalmente", pág. 186; "La intensa realidad de un sueño lúgubre / Puso en mis manos tu cabeza muerta; / Yo la apresaba como hambriento buitre...", pág. 190). Pero ya no quiere dibujarse para los otros como dandi, se sabe dandi y lo que menos le importa es proyectarse como tal porque tiene claro que es más ella que nunca, más verdadera en el desafío y provocación de su intensa mirada, en esa firmeza y seguridad que revela la manera de apoyar su rostro sobre el brazo, la elección del histriónico sombrero con la pluma o el descaro en el cruce de piernas. Lejos de adecuarse a la imagen de producto para la sociedad aunque el contexto siga siendo el de su propia casa, Delmira

---

200 En este sentido, merece comentario aparte la última foto de Delmira y no nos referimos a la que cierra la lista de las que le toman en vida sino a esa instantánea enormemente trágica archirreproducida en las crónicas de sucesos que representa el cuerpo, ya sin vida, de la poeta sobre la sangre del lecho en que se la halla momentos después de su asesinato.
201 George Steiner, "El gran ennui", en *En el castillo de Barba Azul, op. cit.*, pág. 22.
202 *Ibid.*, pág. 39.

abruma casi por la autoconciencia de artista lúcida y capaz. Es una Delmira prácticamente invulnerable pero privada de resentimiento y llena, en cambio, de curiosidad. Es una Delmira juguetona, tramposa pues en su expresión se dan mezclas insólitas e indefinibles: fuerte y divertida, inconforme y enigmática. Quizá sea la mirada de coraje, arrogante y retadora de quien se aferra más a su papel de creadora cuánto más se le niega éste. En este sentido, me parece pertinente la interpretación del poema "La barca milagrosa" como trasposición poética de esta misma actitud voluntariosa y segura de sí misma adoptada en la pose: "Preparadme una barca como un gran pensamiento [...] / No ha de estar al capricho de una mano o de un viento: / Yo la quiero *consciente*, indomable y bella!" (pág. 185). La barca, encarnación de un alma femenina segura y subversiva por fin, sería también símbolo de una creación que nacida de la inspiración ("la moverá el gran ritmo de un corazón sangriento / De vida sobrehumana") y traspasada de la melancolía propia del artista ("la cargaré de toda mi tristeza") es, empero, "consciente", controlada, meditada y se adentra en el terreno de lo desconocido, lo nuevo, esto es, acepta el reto de alcanzar otros estilos personales, originales ("Barca, alma hermana....¿hacia qué tierras nunca vistas, / De hondas revelaciones, de cosas imprevistas / Iremos?..."). En relación directa con esta interpretación del poema se halla la poética que abre *Los cálices vacíos* en francés. Marco de lectura de todo el poemario, esta breve composición nos sitúa ante el convencimiento del sujeto de la función terapéutica, catártica, que cumple una escritura que busca la plenitud y se encuentra con el vacío *malgré tout:* "Debout sur mon orgueil je veux montrer au soir / L'envers de mon manteau endeuillé de tes charmes, / Son mouchoir infini, son mouchoir noir et noir / Trait à trait, doucement, boira toutes mes larmes"[203]. El oficio de escritor requiere enorme esfuerzo, capacidad, inspiración pero son tales sus satisfacciones, tan extraordinario su poder curativo y, sobre todo, la reafirmación que otorga a un sujeto femenino inseguro que no hay mejor alternativa en la búsqueda de la propia identidad poética y personal.

Una quinta imagen rescatable de entre las de Delmira Agustini [fotografía 5], valiosa en cuanto a su significado y más intimista o personal, es

---

[203] La traducción al español de este poema fue realizada por las hermanas Carmen y Myriam Pittaluga Armán y aparece en Delmira Agustini, *Poesías completas*, ed. Alejandro Cáceres, *op. cit.*, págs. 274-275.

la que refleja a una mujer inteligente, emprendedora y decidida pero que ya no necesita mostrar que lo es. Se trata de una fotografía elocuente en muchos sentidos, menos por la estética que por la actitud, que muestra no a una mujer atemporal y etérea, sino a una artista preocupada por su tiempo, "absolutamente moderna", según el dictamen de Rimbaud, sumergida en la vorágine de la "historia". Nos hallamos ante una de las instantáneas menos clasificables para el público de su época, pues "Delmira" ya no es la musa idealizada y bella, pero tampoco la dandi atípica y asocial, sino la mujer que intenta ir acompasada con su tiempo y busca en un diario, con avidez y curiosidad intelectual, las últimas noticias o tal vez una de sus propias crónicas periodísticas. Delmira ha sido sorprendida en un acto cotidiano y personal: la lectura del diario, tal y como muestra el ligero descuido de su peinado, el vestido bastante doméstico, la manera natural de doblar el periódico, su atenta mirada de concentración, la leve caída de unos labios que sugieren el susurro de una lectura en voz baja. Pero lo interesante es que esta imagen podría ser equiparada a la del artista que escribe, que toma la pluma en sus dedos y finge crear en el momento de ser retratado. No tenemos constancia de una fotografía así entre las de Delmira —la escritura es tabú para la mujer— pero ésta contiene implicaciones muy similares a efectos de considerar el imaginario que evoca: el de la mujer en el mundo, consciente de la importancia y gravedad de estar informada de las noticias y no ser una mera oyente pasiva —las noticias las suelen leer los varones para toda la familia—; es una mujer que no sólo se limita a hojear revistas de moda, devocionarios o folletines sino que lee crónicas, tal vez incluso la crónica de uno de sus libros. Así pues, se nos desvela o manifiesta, a través de la imagen de la lectora, la Delmira escritora, la Delmira periodista, la Delmira que trasciende la condición que se le asigna a su género.

Una lectura de sus poemarios refleja la preocupación recurrente en el sujeto poético por la creación como tarea, como oficio de artesano, de orfebre, si recurrimos a la célebre imagen, que debe labrar con sus manos ("Tenaz como una loca, / Seguía mi divina labor sobre la roca", pág. 228) hasta lograr la forma perfecta. Don divino, inspiración sí, pero complementada siempre con el trabajo, la lectura, el perfeccionamiento; así, la "ceguera" es, en parte voluntaria, en parte impuesta: "¿Se ha prendido en mí como brillante mariposa, / O en su disco de luz he quedado prendida?", pág. 249). Subrayamos este aspecto porque una de las estrategias más conocidas del androcentrismo aplicado a la crítica literaria consiste en la consideración del talante inspirado, mágico e incomprensible del don poético en las mujeres frente a la deuda que tienen hacia sus lecturas los escritores varones. En esto Delmira Agustini se revela de nuevo moderna y vanguardista, pues sabe de la importancia de la tradición que, aunque escrita en signos masculinos, debe ser el fundamento de toda obra posterior y mejorada mediante continuas reelaboraciones del mismo tópico, mediante errores, desvíos, desaciertos. La autoexigencia es otro de los rasgos del poeta moderno ("eternamente incuba un gran huevo infecundo", pág. 229). Por otro lado, sus ideas respecto a la creación confirman ese punto de vista que no cede ante la apariencia fácil de la rima y el ritmo modernista y prefiere dotar de contenido a la forma: "La rima es el tirano empurpurado, / Es el estigma del esclavo, el grillo / Que acongoja la marcha de la Idea. / No aleguéis que es de oro! El Pensamiento / No se esclaviza a un vil cascabeleo!" dice en el poema titulado elocuentemente "Rebelión" (pág. 99). ¿Cómo explicamos entonces declaraciones como la que encabeza el prólogo que bajo el epígrafe "Al lector" inicia *Los cálices vacíos* y firma la propia autora?[204] Probablemente no se trata más que de una argucia para dar autoridad y legitimar una obra que, por ser escrita por mujer, necesita de tales artimañas para ser incluida en el canon. Esta preocupación la sigue acuciando, atormentando como evidencian otros poemas: "Racha de cumbres" (pág. 105), "Al vuelo" (pág. 108) y, sobre el todo, el hermoso y metapoético "El cisne", donde la página en blanco de la escritura es un espejo, el espejo de un lago donde se refleja la interioridad del yo, la verdad del "cisne" (pág. 255). En definitiva, y volviendo a la fotografía, llaman la atención los ojos bajos, el rostro sereno, gestos que evocan una complacencia y calma que seguramente no habitan en una mente llena de tensiones y complejidades intelectuales como la de Delmira Agustini; es como si una corriente subterránea de hondura atravesara su mente bajo su sosegada frente. Sus facciones delicadas y al mismo tiempo enérgicas saben de guardar secretos, a pesar de no salirse del margen estrecho de tonalidades sentimentales e ideológicas que se le ofrecen.

---

204 "Y me seduce el declarar que si mis anteriores libros han sido sinceros y poco meditados, estos *Cálices vacíos*, surgidos en un bello momento hiperestésico, constituyen el más sincero, el más meditado… y el más querido" (pág. 261).

Anexo fotográfico

[Fotografía 1]

[Fotografía 2]

116 *El dandismo como creación del/a artista*

[Fotografía 3]

[Fotografía 4]

Anexo fotográfico 117

[Fotografía 5]

IV. Luces y sombras de la "estrella dormida": Trayectoria poética de Delmira Agustini. Una lectura de género de la tradición simbolista y modernista

> Briser le langage pour toucher la vie.
> A. Artaud
>
> Agustini consigue lo que los grandes poetas sueñan: un mundo autónomo, hecho de objetos verbales, trampas del sentido, fulgores, donde los ojos sucumben, atrapados en esa tela de inefable seducción que tejen las arañas de sus poemas.
> Beatriz Colombi, prólogo a *Los cálices vacíos*

Los diálogos, tradiciones y tensiones habitan y se entrelazan en el discurso poético de Agustini y la vinculan de una u otra manera, es decir, por afinidad o discrepancia, con la tradición modernista, simbolista o decadentista. Se puede interpretar esto como un síntoma del anhelo de inscripción en una tradición hasta ese momento mayoritariamente masculina.

Con todo, si es cierto que el diálogo con la tradición vertebra la poesía de Agustini, si su lectura se desarrolla en el espacio de conversación e intercambio con sus fuentes e interlocutores, no menos cierto es que las referencias explícitas a otros autores van desapareciendo a lo largo de su obra, conforme avanza en su carrera literaria. Las variaciones que propone su obra se proyectan entonces en un espectro más amplio de la literatura, donde ya no mantiene un coloquio particular o privado, sino que su creación camina sobre el escenario de su época, pero también sobre el propio escenario de la poesía, con las posibilidades y las trabas que su lenguaje le ofrece. Me propongo, a continuación, esbozar una aproximación a su obra, a los rasgos que la individualizan y a los trazos que signan su evolución y su desarrollo. El método que adoptaré para indagar en su progresión poética consiste, en principio, en una ordenación cronológica y lineal del itinerario crítico. La elección de un acercamiento de este tipo puede facilitarme muchos datos acerca de cómo cambia su concepción de la poesía que marcha al mismo paso y ritmo que las progresivas transformaciones del modernismo y la modernidad, ya que toda obra es hija de una coordenadas temporales, y espaciales y existe una suerte de dinastía textual que no se puede eludir en la medida en que sólo en su seno puede entenderse esa evolución. Con todo, estudiaré la obra creativa de Delmira Agustini como un conjunto sólidamente armado en que cada poemario, casi cada composición cumpliría una función específica y donde cada parte estaría dotada de un significado para comprender el todo. Se ha intentado, en todo caso, no incurrir en el equívoco de entender siempre la producción de un escritor como una progresión o evolución hacia la perfección formal o estética, como una mejora paulatina de los instrumentos para acercarse a lo inefable. En este sentido, y aunque es innegable que en el proceso de la escritura es observable, por lo general, un creciente dominio de los procedimientos estilísticos y un perfeccionamiento también en la expresión de una voz cada vez más profunda y personal, no se puede establecer una igualdad entre calidad y publicaciones sucesivas. Se ha considerado, pues, pertinente contrastar esa visión evolutiva de la obra de Agustini, con una idea de una trayectoria literaria contemplada como un cuerpo de diferencias y de desvíos, de resignificaciones y de diálogos internos. Se trata de una óptica similar a la que, en carta a Jorge Guillén, propone Pedro Salinas a propósito de su clásico estudio sobre Darío:

> A mi juicio la obra de un poeta muerto es una totalidad cerrada en sí misma, a modo de círculo. Cualquier momento de ella hace referencia a todos los demás, dentro del sistema total, nada más. Es decir, la última palabra escrita por un poeta, puede muy bien no ser la última palabra de la realización perfecta de su tema. Cabe que haya visto la culminación del tema, poéticamente, en un momento dado, y luego se le vuelva a confundir, en tiempo posterior. Así que mi manera de estudiar el tema ha sido abstraer la obra de la consideración sucesiva externa, y atenerme a la sucesión espiritual, a los grados y etapas de realización plena de su fin. ¿Qué me importa la decadencia posible de un último período histórico, si la obra había alcanzado ya antes una cima, que la completa y define?. Otra cosa sería creer en un progreso indefinido en lo creador, tan falaz como el progreso social. Hay en una obra saltos, regresiones, oscurecimientos, visiones; mientras todo ello no se integre en el tiempo propio de la obra, que no es el exterior, no creo que se pueda llegar a la verdad entera. Por ahí sólo se va a determinaciones parciales del proceso, no del resultado.[205]

---

205 Pedro Salinas / Jorge Guillén, *Correspondencias (1923-1951)*, intr. Andrés Soria Olmedo, Barcelona: Tusquets, 1992, pág. 468. La adopción de esta metodología no significa que

Aunque este juicio debe ser ubicado en el contexto efímero de una correspondencia, da una imagen fiel de las posibilidades de estudio de una trayectoria que no estén sujetas exclusivamente a la idea de evolución y a una concepción estrictamente lineal de ésta. Así, más allá de las transformaciones que pudo experimentar, desde el punto de vista externo, la escritura de Delmira Agustini, analizaré su poesía desde la perspectiva de una labor unitaria en donde todas sus expresiones se citan y se modifican creando un universo a la vez clausurado y dinámico. Este método resulta tanto más apropiado en cuanto que la propia autora corrobora la unidad de su obra al reunir en su último libro, *Los cálices vacíos*, poemas de sus dos libros anteriores, con las correcciones oportunas fruto de una conciencia de autoría cada vez más clara. Estos dos libros configuraban, en igualdad de condiciones con el tercero, una producción escritural entendida como totalidad. Cierto es, sin embargo, que esa repetición vuelve a dar un significado de otro signo a parte de su obra y la resitúa bajo otros protocolos de sentido, pero nos hace sospechar un diálogo abierto e intenso en el seno de su propia creación, por el cual la autora regresa a sus propios poemas con la intención de seguir sosteniéndolos en los nuevos contextos. Por otra parte, la propia autora comparte esta propuesta de relectura y resignificación de su propia escritura con la de la superación, con la de una evolución que camina hacia la plenitud, como apunta la nota final a *Los cálices vacíos*:

> Actualmente preparo "Los astros del abismo".
> Al incluir en el presente volumen —segunda edición de *Cantos de la mañana* y de parte de *El libro blanco*— estas poesías nuevas, no he perjudicado en nada la integridad de mi libro futuro. El deberá ser la cúpula de mi obra.[206]

Sin embargo, ésta es una afirmación que se enmarca en el proyecto de una auto-legitimación estética, por la cual cada libro se contempla como una superación del anterior. En este sentido, mis análisis intentan ofrecer un suplemento a la mera valoración estética, con lo cual

---

comparta los resultados del estudio de Pedro Salinas, el cual tuvo una importancia y pertinencia muy significativa en una época en que no se tendía a destacar otra cosa que no fuera "compromiso" en la literatura; el estudio de Salinas ha sido más lúcido que sus lecturas y, aunque en parte superado, aún puede decirnos muchas cosas sobre Darío, y sobre el modernismo en general.

206 Delmira Agustini, *Poesías completas*, ed. Magdalena García Pinto, *op. cit.*, pág. 261.

pretenden situarse en otro orden de interpretaciones y no contemplar la evolución bajo los términos de la excelencia literaria, sino bajo los de las categorías que explican las dinámicas y lógicas que presiden cada uno de sus libros. De esta manera, al desviar el interés de la valoración estética hacia el análisis de los mecanismos que están en la base de esta poesía, se ha procurado evitar una cierta mirada utópica que contempla estos poemas, bien como extraordinarios, bien como especialmente transgresores por el mero hecho de venir firmados por la mano de la autora, en una suerte de concesión o caridad crítica, en una suerte de mistificación historiográfica.

La mayor parte de los estudios recientes sobre Agustini se centra contra en el análisis de los símbolos, mitos o figuras que se encuentran en su obra (vampiro, medusa, Salomé…), tratando de identificar la *diferencia* que los define frente a la obra de los poetas de su tiempo. Aunque esta mirada ha proporcionado importantes hallazgos, podría decirse que sólo observa la parte visible de una propuesta literaria sin indagar en los mecanismos que están en la base de tales configuraciones.[207] Tal es la razón por la que a veces podemos encontrar comparaciones que resultan mecánicas o forzadas en la medida en que las diferencias son en muchos casos menos de enunciados que de situaciones. En este sentido, la tarea que se propone este apartado es identificar las estrategias, los procesos y las dinámicas que guían la escritura de Agustini y que pueden explicar sus desvíos y sus peculiaridades. Se trataría de dibujar un viraje del estudio de los símbolos al de los mecanismos que están en el origen de su conformación. El examen de estos elementos da también una imagen distinta de la evolución poética, en la medida en que la liga a ellos y no exclusivamente al deseo de superación estética o de diferenciarse de los modelos masculinos. Tales procesos ofrecen, además, el contexto y marco para comprender ciertos símbolos y también para identificar ciertos usos, que de otra forma adquieren sentidos aprioríticos

---

207 El artículo de Silvia Molloy y el estudio de Girón Alvarado —ambos ya citados— son buenos ejemplos de este tipo de estudios sumamente lúcidos que han descubierto interesantes claves de lectura en la lírica de Agustini. (Silvia Molloy, "Dos lecturas del cisne: Rubén Darío y Delmira Agustini", *loc. cit.*, págs. 57-70 y Jacqueline Girón Alvarado, *Voz poética y máscaras femeninas en la obra de Delmira Agustini, op. cit.*). Para un repaso bibliográfico sobre la crítica reciente en torno a la obra de Agustini, acúdase al apartado correspondiente de la bibliografía final ("Estudios sobre la obra de Agustini").

más ligados a la propia tarea crítica que a la lógica de la obra literaria de la poeta.

He procurado, entonces, identificar un mecanismo que explique cada uno de los libros publicados por la poeta, incluido el ya póstumo *El rosario de Eros*. Se han tenido en cuenta, además, los primeros poemas publicados en revistas, pues muchos de ellos ponen en evidencia las características que posee la inserción de la escritora en el campo literario. Quedarían fuera algunos textos inéditos que no se han considerado por varios motivos.[208] En primer lugar, porque su ordenación, catalogación y cronología es incierta y compleja y, en segundo lugar, porque el hecho de que no se publicaran por expresa voluntad de Agustini me parece suficientemente importante si queremos valorar la competencia crítica de la autora con respecto a su propia obra. Solamente existen referencias en algún caso excepcional en que los textos pueden iluminar determinados aspectos decisivos, pero en general su carácter primerizo o excesivamente anecdótico, trivial o experimental invitan a dejarlos de lado en relación al resto de la riquísima producción delmiriana.

En cada uno de los libros, pues, se propone como eje de lectura una construcción conceptual que parece presidir su configuración imaginaria: en todos los casos, y de acuerdo con esa visión dinámica y no estrechamente lineal de la evolución literaria, se sugiere un recorrido con alusiones a los diálogos entablados con otros textos de la poeta. De esta forma, se trata de ofrecer una doble imagen de su trayectoria: primero, de cómo cambia la relación con tales mecanismos, y segundo, de cómo van cambiando los mecanismos mismos que rigen su escritura. En este segundo punto, se observará que si bien algunos desaparecen, otros perduran a lo largo de toda su obra.

En consecuencia, insisto, la producción poética de Agustini no sigue un camino ascendente o recto en el sentido místico, no busca la iluminación de lo inefable o lo sublime al final del mismo, sino que, consciente de su posición siempre liminar, siempre orillada e inestable —acentuada por el hecho de su pertenencia al género femenino—, ensaya, se ejercita, serpentea, experimenta, prueba formas, procedimientos, imágenes, estilos de una manera alternativa y nunca sucesiva. Son las luces y las

---

[208] Únicamente la edición de Magdalena García Pinto los incluye a modo de apéndice pero no la más reciente de Alejandro Cáceres.

sombras de la creación lo que nos deja como testimonio de una lucha estoica, de un combate feroz pero lúdico al tiempo por encontrar su propia voz; luces y sombras que se refieren a la oscilación entre la estética maldita, feísta, baudeleriana y la estética idílica, mítica, de belleza d'annunziana; luces y sombras que son sus dudas y vacilaciones, sus hallazgos y logros. A través de tal experimentación emprende esa búsqueda del astro que más brilla, de la "estrella dormida" que es también un abismo que deslumbra con su misterio, con los destellos fugaces de un mundo desconocido. Así pues, mi lectura trata de ser abarcadora y considerar sus libros como un conjunto ya que, como vengo diciendo, al margen de las transformaciones que experimenta una obra dada, siempre existen determinados procesos recurrentes, dialécticas privilegiadas y casi obsesivas en los autores, que son sus bazas para penetrar en la comprensión del mundo a través del lenguaje. Por último, trato asimismo de no encasillar sus composiciones dentro de compartimentos estancos y dejarlas libres, leerlas y releerlas en comparación con otros textos o aisladamente, desde la mayor libertad y amplitud de miradas, porque la esencia de la investigación literaria reside, no debemos olvidarlo, en que todo obra es en sí misma inagotable.

1. Los poemas publicados en *La Alborada*: Figuraciones de la autoridad y de la poesía

Los poemas de Agustini que ven la luz en primer lugar y con los que la autora se da a conocer en el medio cultural montevideano aparecen fundamentalmente en *La Alborada*, pero también en otras revistas como *Rojo y blanco* o *La Petite Revue* en los años 1902 y sucesivos, antes de llegar, en todo caso, al año 1910. Podría decirse que su valor es más testimonial que artístico pues son, mayoritariamente, ejercicios de escritura y aprendizaje o poemas de circunstancias con los que la escritora se adiestra en el oficio, y cuya publicación en la prensa tiene una dimensión o un cariz más anecdótico que profesional —contrariamente a lo que sucederá más tarde—. No obstante, en ellos pueden apreciarse, por un lado, las estrategias que, dentro del sistema literario, adopta Agustini en este primer momento y por otro cómo empiezan a tomar forma en su poesía, en el marco de un estilo romántico-modernista muy codificado, algunas lógicas e intuiciones que posteriormente se revelarán esenciales en el entramado poético delmiriano. En esta etapa de experimentación se observan tres líneas fundamentales: en primera instancia, y notablemente influida por el legado poético clásico y simbolista, aparece una vertiente de composiciones que, desde la asunción del lenguaje tradicional y codificado del petrarquismo, canta a la belleza de una dama; una segunda corriente estaría compuesta por textos que exponen una visión moralizante y cristiana del mundo —que muy pronto va a desaparecer por completo— y que acuden al oxímoron y la paradoja como recursos recurrentes y, en tercer lugar tendríamos los poemas metaliterarios —los más valiosos— que empiezan a interrogarse sobre la propia escritura y la expresión de la voz lírica en relación a la tradición. Estas tres vertientes de escritura tan diversas no se presentan nítidamente separadas en los poemas, sino que se imbrican y entrelazan con frecuencia en la misma composición poética, aunque una de ellas tenga en cada caso más relevancia que el resto.

La primera línea de estos poemas primerizos debe entenderse en el marco de un intercambio cultural todavía artesanal y elemental: los certámenes de poesía, juegos florales o álbumes de señoritas. Esta forma de comunicación y recepción poética tiene sus propias y estrictas reglas y ritos, como ya adelantamos, de manera que el lector/a de estas composiciones, generalmente de alabanza y galanteo, suele pertenecer al género femenino, y la retórica de las mismas, por consiguiente, sigue unos patrones determinados. Así explica Girón Alvarado esta tradición:

> Estos poemas representan esa tradición del romanticismo en la que el poeta escribía poemas y cumplidos en los abanicos de las gentiles damas con motivo de algún cumpleaños o alguna celebración especial. El poeta usaba los motivos poéticos clásicos (boca roja, mejillas rosadas, cuello blanco, cuerpo de Venus, etc.) para halagar a la señora o señorita. Era una galantería o cortesía de parte del poeta, que por lo regular era el invitado de honor, para con la anfitriona de la fiesta o el baile.[209]

De esta forma, la adolescente que era por entonces Delmira Agustini, se percata de que el desarrollo de sus inquietudes poéticas debe darse, por el momento, dentro de ese contexto, y escribe panegíricos desde una perspectiva masculina y con una facilidad inédita. Las destinatarias

---

[209] Jacqueline Girón Alvarado, *Voz poética y máscaras femeninas en la obra de Delmira Agustini*, op. cit., pág. 49.

son su madre, sus primas u otras poetas mujeres como María Eugenia Vaz Ferreira, y a través de su escritura, comienza a exhibir sus dotes artísticas frente a la burguesía de Montevideo. Estas composiciones constituyen una carta de presentación. Quizá la única plausible para ella. "Ojos nidos", "En un álbum" o "En el álbum de la señorita E.T." son muestras paradigmáticas de esta corriente de escritura estereotipada que hace un repaso por los rasgos físicos y morales —nunca intelectuales— del modelo femenino entronizado por el ideal burgués.

Un buen ejemplo es "En el álbum de la señorita E.T.", poema dedicado a su prima Elisa Triaca, donde, después de esbozar un perfil de su hermosura acorde con los patrones arquetípicos y de alabar su capacidad doméstica, amparándose en el paradigma del "ángel del hogar", recurre al elogio de la bondad interior como complemento al retrato:

Y a pesar de tus labios purpurinos
Y tus dientes de nácar
¡La ideal belleza de tu faz no excede
A la inefable y pura de tu alma![210]

Es obvio que estos poemas cumplen fundamentalmente una función de aprendizaje y se incardinan en unos códigos de comunicación signados por el convencionalismo. Con todo, en "Ojos-nidos", dedicado a su madre, maestra, mecenas y mentora, aparece, por vez primera, lo intelectual —en forma alada, de pájaro— como rasgo a destacar de lo femenino a la par que el aspecto físico. Aunque vinculada en principio al misterio, al enigma oscuro, ya tópico, del "eterno femenino", la dimensión racional adquiere pronto otras connotaciones más relacionadas con una capacidad extraordinaria de sentir, adivinar, de conocimiento y revelación:

Y allá: dentro de esa selva
De follaje negro, espléndido,
En el fondo de esos nidos
Como flores de destellos,
¡Agita sus ígneas alas
El ave del Pensamiento! (pág. 61)

---

210 Delmira Agustini, *Poesías completas*, ed. Magdalena García Pinto, *op. cit.*, pág. 71. A partir de este momento citaré los poemas de la autora por esta edición indicando solamente el número de la página correspondiente; cuando acudo a la edición de Cáceres, lo señalo en nota a pie de página.

Los poemas publicados en La Alborada

La belleza femenina se dibuja siempre a través de su identificación con la naturaleza (las pestañas son selvas, los ojos flores), como es propio de la retórica de la época que asocia lo femenino con lo elemental y primigenio, con la pasividad de los árboles o a la función ornamental de las flores.[211] Pero el sujeto lírico ansía ya romper esa inmutabilidad y volar con alas de fuego, y por eso los versos más tempranos se pueblan, inesperadamente, de aves liberadoras como las alondras y de flores oscuras, raras y torturadas como las violetas —tan modernistas, por otra parte—. Se marca así la distancia simbólica necesaria con los lirios, las azucenas o las camelias, habitualmente relacionadas con la esfera de la pureza, la castidad o la ingenuidad femenina.[212] Se manifiesta entonces, subrepticiamente, una dialéctica experiencial, estética, que se tornará también moral, entre lo misterioso y lo claro, más allá del ludismo y frivolidad que solía atribuirse a esta poesía circunstancial y tópica. "Flor nocturna", por ejemplo, es todo un manifiesto poético de la inclinación hacia lo funéreo, lo enigmático e incluso lo siniestro —tendencias que propiciarán sus lecturas de Poe o Baudelaire— frente a lo diurno, claro o luminoso. No obstante, es una etapa de tanteos, de ensayos y por eso también tiene sitio en esta lírica primera otra poética menos desgarradora y más crepuscular o sosegada —al estilo de Samain o de Verlaine— donde el atardecer ya no es lúgubre, sino dulce y evocador:

> Ya del dulce crepúsculo
> Hanse extendido los flotantes velos,
> Gime el triste zorzal en la espesura,
> Manso susurra en el follaje el viento.
>
> En esta hora es el campo
> Un edén de belleza incomparable,
> Todo en él es sosiego, todo es calma,
> Muere la luz y las tinieblas nacen. (pág. 65)

Pero esa tentativa de adscribirse a una estética más serena fracasa en última instancia, y en la lucha de luz y tinieblas, el discurso poético

---

211 Sobre este tipo de representaciones en el cambio de siglo, véase el excelente libro de Erika Bornay, *Las hijas de Lilit*, Madrid: Cátedra, 1990.
212 "Una flor que un encanto misterioso / En su cáliz encierra, / Un encanto ideal indefinible, / Que no hay flor que contenga, / Una flor para mí como ninguna, / Una flor que se llama ¡la violeta!" (pág. 60).

toma el segundo rumbo. En efecto, el mismo poema "Crepúsculo" que comienza con los versos antes transcritos se cierra del siguiente modo:

> ¿Qué atracción misteriosa
> En esta hora indefinible encuentro?
> ¿Por qué a la viva luz del mediodía
> Sus tenues resplandores yo prefiero?
> Porque el crepúsculo en sus leves gasas
> Guarda un algo sombrío, un algo tétrico,
> Y en lo triste y sombrío siempre existe
> La belleza que atrae en lo funéreo,
> En las tinieblas de la noche oscura,
> Y en lo insondable del abismo inmenso,
> ¡La belleza más grande y atrayente,
> La sublime belleza del misterio! (pág. 66)

Agustini elige pero también es elegida inexorablemente por la estética de lo oscuro y lo hermético. La escritora puede haber tenido conocimiento de obras, textos y prácticas escriturales muy diversas, pero su búsqueda se inclina claramente del lado de lo desconocido, de la apertura hacia lo por-venir, de la interrogación acerca de las lógicas contradictorias del mundo y del deseo. En estos primeros pasos, y pese a que asume sin ambages los discursos disciplinarios y asimila de forma convencional el lenguaje modernista, se evidencia ya su lucha con esos dictados ideológicos y su dificultad para incorporarlos, así como se observan algunos de los desvíos simbólicos que caracterizarán más tarde su poesía. Así pues, en "Flor nocturna", el sujeto se transfigura en flor breve y sonambúlica ("¡Hastiada siempre de lumbre! / ¡Siempre de sombras sedienta!") que abre su corola espléndida en un paisaje tétrico e inquietante, donde las estrellas son pupilas que observan, donde reina un silencio solemne y donde las aves "exhalan lúgubres quejas":

> ¡Extraño destino el tuyo!
> El día te encuentra muerta,
> Tu triste vida concluye
> Cuando la nuestra comienza.
> Mas cuando tu cáliz abres
> Nuestras pupilas se cierran...
> Y entonces tal vez tu vida
> Más dulce y pálida sea,

> Allá perdida en las sombras
> Entre el follaje encubierta,
> ¡Lejos de envidias y odios!
> ¡Lejos de traiciones negras! (pág. 69)

La dialéctica entre "realidad y deseo", por la cual el sujeto carece de un lugar o espacio donde manifestarse plenamente en toda su verdad y autenticidad, se resuelve en el poema mediante la construcción de la noche como el ámbito propicio para el propio deseo, de forma que finalmente éste llega a confundirse en algunos casos con aquélla. Y aunque la lucha entre los polos enfrentados de lo real y lo deseado está presente en toda su obra, en estos poemas se expresa su resolución bajo la categoría de la pérdida, como una suerte de "caída", en la medida en que se inscribe en la retórica de un deber que no cumple, de una disciplina que se percibe aún como la meta y a la que el sujeto no es capaz de plegarse, pues difiere o decepciona sus preceptos reiteradamente: "¿Por qué a la luz viva del mediodía / sus tenues resplandores yo prefiero?" (pág. 65).

Por otro lado, el controvertido tema de la envidia y la rivalidad como peligro constante de los escritores y, sobre todo, de *las* escritoras abruma y tambalea la seguridad del sujeto poético en los primeros momentos de iniciación literaria pues aparece no sólo en forma de poema (en los versos ya citados de "Flor nocturna"), sino también en algunos de sus ensayos. "Nos critiques", texto publicado en *La Petite Revue* el 19 de noviembre de 1902, tan sólo un mes antes de publicar "Flor nocturna" en *La Alborada* (el 28 de diciembre de 1902), constituye un ataque directo a la institución crítica que no tiene en cuenta la calidad artística de la obra sino el género sexual o la complicidad o trato personal hacia el autor/a:

> Il existe depuis longtemps dans le monde de nos critiques la très dangereuse habitude de louer ou de blâmer les auteurs et leurs interprètes ainsi que tous les artistes en général d'après des sympathies personnelles ou des haines et sans prêter aucune attention à la vraie valeur artistique ou littéraire de celui qu'on juge. S'il s'agit de faire la critique d'un ami ou d'un protecteur, on cherche les epithètes les plus flatteuses pour les lui prodiguer, mais si c'est un d'un ennemi qu'on doit parler on s'évertue à le condamner à l'écraser, en découvrant des défauts là où il n'y a que des beautés![213]

Se percibe muy tempranamente la intensidad doble del esfuerzo requerido al género femenino para hallar un lugar en el mundo literario y

---

213 Ofelia Machado, *Delmira Agustini, op. cit.*, pág. 249.

por eso el yo poético vacila entre arrogarse todo el poder y crecerse, o abandonar la lucha y envolverse en la soledad y el aislamiento, en la calma que proporciona la noche. En "¡Artistas!", composición dedicada a María Eugenia Vaz Ferreira, se expone la misma preocupación y opta por lo primero, por fortalecer su voz y adoptar una actitud elitista, altiva:

> Cuando el nimbo de la gloria resplandece en vuestras frentes,
> Veis que en pos de vuestros pasos van dos sombras inclementes
> Sin desmayos ni fatigas os persiguen con afán;
> Son la envidia y la calumnia, dos hermanas maldecidas,
> Siempre juntas van y vienen por la fiebre consumidas,
> Impotentes y orgullosas —son dos sierpes venenosas
> Cuya mísera ponzoña sólo a ellas causa mal.
> Alevosas y siniestras cuando tratan de atacaros;
> Temerosas de la lumbre, siempre buscan el misterio.
> Mas, burlaos de sus iras: ¡nada pueden! y el artista
> Tiene un arma irresistible para ellas: ¡el desprecio! (pág. 72)

Es cierto que el tema de la conciencia de la marginalidad del artista, marginalidad a que lo somete el mundo burgués, materialista e insensible al arte, se expresa en estos versos de forma un tanto tópica, ajena o abstracta. Sin embargo, justamente en este sentido resulta interesante que Agustini adopte en el poema una posición lateral, marginal, como si observara el asunto desde fuera, al dirigirse a un "vosotros" como sujeto de los artistas y objeto de esa incomprensión social. Se diría que ella aún no se nombra dentro de ese grupo y únicamente lo concibe como el "otro" que constituye su deseo.

En este sentido, en "Poesía", el enunciado de un sujeto poético indeciso, convencido de su mediocridad, se estructura bajo la forma de una *captatio:*

> ¿Y yo quién soy, que en mi delirio anhelo
> Alzar mi voz para ensalzar tus galas?
> ¡Un gusano que anhela ir hasta el cielo!
> ¡Que pretende volar sin tener alas! (pág. 64)

Esta modestia retórica, tal vez de raíz cristiana en Agustini, se convertirá más adelante, en el primer poema de *Los cálices vacíos*, en un provocador "orgueil". Pero no es esta prudencia la expresión de un mero tópico, es también la cifra de un modelo de comunicación que el sistema literario de la época adjudica a las mujeres, al que Agustini acude y que se basa en la aceptación de la condición de inferioridad y en la aucusación velada de intrusismo. Sólo desde tal posición se podía acceder al circuito literario. Con todo, ya desde muy pronto, aunque solapadamente, este modelo convive con el de la autoconfianza y casi autocomplacencia, como muestra su artículo, ya mencionado, "Nos critiques". La ambivalencia rige, necesariamente, el lugar de la escritora.

La materia religiosa está presente en estos primeros poemas como no lo volverá a estar en el resto de su obra: ámbito por antonomasia "femenino", según la ideología de la época, la espiritualidad cristiana conserva inalterables sus tradiciones para las mujeres, puesto que era uno de los más efectivos medios de sujeción. Agustini asume la concepción bipolar y maniquea del universo, propia de la religión cristiana, para estructurar una gran parte de sus primeras composiciones; así, bien y mal, luz y oscuridad, cielo e infierno, cuerpo y espíritu, masculino y femenino son categorías opuestas y bien diferenciadas que vertebran y estructuran sus versos. Y, sin embargo, incluso cuando se adopta un tono moralizante y aleccionador, su discurso resulta incómodo, "siniestro", dentro de esa perspeciva, porque lo oscuro ocupa igual lugar en su poética y comparte espacio privilegiado con la claridad y la luz. Así, en el poema "La esperanza", por ejemplo, aunque se exalta tal virtud cristiana, se enuncia también la melancolía, el dolor o la angustia de la vida que pueden desencadenar el deseo de aniquilar a otro, de aniquilarse:

> Soy el consuelo del que sufre,
> Soy bálsamo que alienta al afligido,
> Y soy quien muchas veces salva al hombre
> Del crimen o el suicidio.
>
> Yo le sirvo al mortal que me alimenta
> Contra el dolor de sin igual muralla,
> Soy quien seca su llanto dolorido
> Y calma su pesar ¡Soy la esperanza! (pág. 60)

De esta forma, en lugar de focalizar su atención en el bien, en "la esperanza", su mirada se dirige hacia las varias figuraciones de una sensibilidad "extraviada", frente a las cuales el recurso religioso va perdiendo sustancia.

No hay ejemplo más evidente de esta dicotomía que "Clarobscuro", uno de los poemas a que se dio más relevancia de entre los primeros compuestos por Agustini y del que existe además una traducción al francés en *La Alborada* correspondiente al 8 de mayo de 1903. El texto es la máxima expresión de esa dualidad que consume a Agustini y en torno a la cual desea encontrar su propia identidad. Todavía ignora que lo fragmentario, lo plural pero siempre dentro "del abismo devorante! / De la sima negra, tétrica", terminará por constituir su personalidad poética y se debate, indecisa, entre la estética diáfana y transparente del modernismo y la más agitada, violenta y espectral de raíz decadente y satánica. "Clarobscuro" nos presenta, pues, el contraste entre un tipo de insecto frágil, luminoso y bello ("Tenue, vaporoso insecto / Cuyas alas nacareñas, / Del lirio tienen la albura / Y la suave transparencia", pág. 73) al que dio vida "El hada Delicadeza", y otro insecto lúgubre, oscuro y funéreo "De alas pesadas y negras, / Que espera ansioso el momento / De silencio y de tinieblas". No puede ser más clara la interpretación de estos dos insectos, con alas de escaso vuelo, como *alter ego* sucesivos de la poeta que ensaya las dos estéticas e indaga y busca, tanto el néctar delicioso y exquisito ("Sediento en busca de flores / Su vuelo ondulante eleva. / Flores que recién se abran / Y en sus copas soñolientas, / Le brinden savia, perfumes / ¡Y una llovizna de perlas!", pág. 73), como el licor oscuro, misterioso, críptico ("Le brinda la copa inmensa, / De la esencia del misterio / El vivificante néctar, / Esencia que por lo oscura / Parece su propia esencia!", pág. 74). Se toma la atípica y extraña figuración o metáfora del insecto como imagen de la escritura, insecto dotado de dos alas, una azul y otra negra, que espera un día convertirse en mariposa, en ave luminosa y alumbrar el panorama poético con una chispa de fuego inédita, vibrante, única. No obstante, esta dualidad, más que la figuración de un deseo o de una conciencia, más que la articulación de una experiencia poética, corresponde al resultado de la lucha de las diversas tradiciones y lecturas, vivencias y modelos, que todavía no se han resuelto en un universo propio; es, por tanto, una extensión de su propio proceso de formación literaria.

"Fantasmas" se acerca mucho en su formulación y temática a "Clarobscuro" y parece tener como referencia y contexto "El reino interior" de Darío. Se reproduce el mismo esquema antagónico de seres luminosos y etéreos —aquí son hadas— frente a otros siniestros y oscuros —fantasmas—. Siguen representando dos manifestaciones diametralmente opuestas de la escritura y también de las construcciones de género que nunca confluyen o se entrecruzan, que nunca llegan a alcanzar un en-

Los poemas publicados en La Alborada

cuentro, como posteriormente sí ocurre, en cambio, en los versos de erotismo exacerbado de *Los cálices vacíos*. Estos dos grupos de figuras se repiten en numerosas ocasiones y llegan a constituir el *leitmotiv* de sus primeros versos:

> Vino: dos alas sombrías
> Vibraron sobre mi frente,
> Sentí una mano inclemente
> Oprimir las sienes mías.
>
> Sentí dos abejas frías
> Clavarse en mi boca ardiente:
> Sentí el mirar persistente
> De dos órbitas vacías.
>
> Llegó esa mirada ansiosa
> A mi corazón deshecho,
> Huyó de mí presurosa
> Para no volver, la calma,
> Y allá en el fondo del pecho
> Sentí morirse mi alma! (pág. 78)

En este poema, titulado "La duda", la dualidad nombra sólo un número y no la calidad de cada uno de ellos, que ya no corresponden a elementos opuestos o contrarios. Con esta estrategia, el poema intenta superar la construcción maniquea de su imaginario, aunque acaba sucumbiendo a ella al plantear ese esquema respecto del sujeto ("yo"), que habita el dominio de la serenidad, de la "calma", y el objeto ("las alas"), que irrumpe con la marca de la violencia, de forma que tal dualidad elíptica se cifra nuevamente bajo la pérdida. Se trata, en suma, de la expresión de un itinerario de conocimiento, cuya experiencia se dice a través del dolor. El insecto negro, el fantasma, la sombra, la musa extraña poco a poco van haciéndose con el sujeto poético, lo van raptando, llevándolo a sus dominios apartados y malditos sin que éste pueda aducir el más mínimo reproche o queja. No es otro el proceso que recorre "Monóstrofe":

> Hay un tétrico fantasma que en el cáliz de mi vida
> Va vertiendo amargas gotas de una esencia maldecida
> Que me enerva y envenena, que consume mi razón;
> Y si un grito suplicante, si una tímida protesta
> Brotan hondos, desgarrantes de mi alma dolorida,
> El maléfico fantasma impasible me contesta
> Con sarcástica sonrisa que me hiela el corazón. (pág. 79)

Así, van quedando cada vez más lejos los "blandos preludios", los "lánguidos lirios", los "roces blancos, leves", las "notas leves, blancas" y Agustini se va adentrando en las honduras del enigma ("Viene…", pág. 80). No se trata tanto de que la inestabilidad que estas visiones manifiestan tenga su origen en un sujeto femenino, cuya afirmación es el ensueño, la ilusión y las fantasías, sujeto femenino que es bruscamente sorprendido con la llegada de una presencia masculina fantasmal y demoníaca;[214] tal inestabilidad se liga de forma más directa con un proceso de aprendizaje y descubrimiento que desvela la falacia y la miseria de un ideal de pureza, en cuanto que es la proyección de una mentalidad burguesa. Podría decirse, entonces, que los primeros poemas de Agustini constituyen una suerte de *Bildungsroman*, una relación de su aprendizaje doloroso, en la que entran en conflicto su educación y su deseo, su entorno burgués y el "reino interior" de su biblioteca poblada por Baudelaire, Poe o Darío.

Asociado al proceso de su formación estética, hace su aparición en estos primeros versos el símbolo del pájaro —emblema del artista privilegiado y superior a los demás mortales—, cuya sombra va a planear desde entonces de forma más o menos sutil sobre toda la poesía de Agustini. Es el ave que teniendo como antecedente directo al insecto alado, al gusano con pretensiones de transfigurarse en mariposa, posee asimismo dos orígenes íntimamente emparentados en la tradición literaria: el divino o mágico que simboliza la idealización de la poesía, la inspiración y la creatividad, consideradas como cualidades sublimes y para acceder a las cuales hay que poseer características como talento innato, inteligencia y sensibilidad musical y verbal; y otro que, pese a la relación con el arte, profundiza más en el estado anímico o psíquico del que es preciso que esté dotado el creador. Se trataría de un ánimo o capacidad para el sufrimiento y la melancolía, que serían las marcas estéticas y vitales que revierten en una escritura de la oscuridad —concepción sim-

---

214 Como afirma Girón Alvarado: "En estas tres composiciones la presencia masculina irrumpe el mundo de los sueños y la fantasía que se asocia con las figuras femeninas (hadas y magas) y destruye las ilusiones de la persona que habla. Lo masculino se asocia al desengaño, la amargura o la duda. De ahí se desprende que el elemento masculino se opone al femenino como la realidad (el tiempo, la política, los problemas) se opone a la fantasía (el vuelo poético, el ensueño, el juego)", *Voz poética y máscaras femeninas en la obra de Delmira Agustini*, op. cit., pág. 29.

bolista encarnada por Baudelaire, Poe o Rimbaud—. En el cuervo negro y el albatros de pesadas alas así como en el barco ebrio que vaga sin rumbo o el curso titubeante de un río —formulaciones diversas del mismo concepto— encuentra Agustini la génesis idónea para su pájaro, para su barca, para su río. Como el cuervo, este pájaro agita su mundo interior, llama a las puertas de su conciencia, la sobresalta e interroga, la fascina y trastoca; como el albatros, sobrevuela y asciende, emprende el vuelo en su intento, siempre frustrado, de apresar lo inefable.[215]

La vinculación simbólica del ave y el oficio creador tiene una primera expresión, en tres poemas: "¡Poesía!", "Fantasía" y "Ave de luz".[216] En los tres el ave excelsa es definida como el ideal inalcanzable, de tal grandeza estética que el sujeto poético sólo puede intuirlo ("¿Acaso puede al esplendente cielo / Subir altivo el infeliz gusano?", pág. 64). Así, el arte es, sucesivamente, sirena, "estrella blanca y luminosa", torrente o fuente, brisa, cisne, flor pero, muy especialmente, es "la inquieta y trinadora ave / Que en el verde naranjo cuelga el nido". Su concepción estética primera, por tanto, privilegia la belleza —cisne, flor—, el dinamismo o la energía —torrente, fuente—, la levedad y lo etéreo, la delicadeza —brisa—, la musicalidad —la sirena— y, muy especialmente, la luz. Los dos versos mencionados aluden al sujeto poético que quiere tomar, en principio, la musicalidad alegre, el cromatismo y la riqueza visual del primer modernismo; desea cantar aunque sepa que en los primeros momentos solamente podrá gorjear tímidamente, trinar con cautela y así, como la brisa, "juguetea en el vergel florido", como el cisne, "surca el lodo sin manchar la pluma". "Fantasía" (pág. 67) ofrece otras variantes diversas de la creatividad e imaginación personificadas en el pájaro: la copa de marfil, la llave de oro, el rayo de luz son imágenes todas ellas claramente pertenecientes asimismo a la estética modernista y parnasiana por su preciosismo —oro, marfil, luz— y que transportan "a la dulce

---

215 Tengo presente, en ésta y otras interpretacions simbólicas, el clásico estudio de Gaston Bachelard, *La poética del espacio*, Madrid: Fondo de Cultura Económica, 1993, y Gilbert Durand, *Las estructuras antropológicas de lo imaginario*, Madrid. Taurus, 1982. Véase, además, Luis Puelles Romero, *La estética de Gaston Bachelard: una filosofía de la imaginación*, Madrid: Verbum, 2002.

216 Por criterios desconocidos este tercer poema, "Ave de luz", que fue publicado en *La Alborada* el 19 de julio de 1903 no es incluido con las demás composiciones tempranas aparecidas en revistas y se inserta en *El libro blanco*.

región de la quimera" donde se halla "la mansión ideal de la poesía". Es en esta composición, precisamente, donde se observa el comienzo de otro enfoque a la hora de canalizar los conflictos de la creación para el sujeto poético. Agustini va afirmándose, va adquiriendo seguridad y confianza en las posibilidades de su lírica pues se incluye, aunque aún con timidez y precaución, entre "los poetas" cuya concepción es superior, iluminada, profética:

> Un camino ignorado para el vulgo
> Y que sólo conocen los poetas,
> Soñar es necesario para verlo
> ¡Y las almas vulgares nunca sueñan! (pág. 67)

Agustini declara, pues, el sueño de una poesía encarnada en "los poetas", sueño o deseo ajeno a las "almas vulgares": esta contraposición entre los vulgar y la poesía, aunque pueda calificarse de tópica, identifica claramente la dialéctica del arte como ideal y las condiciones de su formación estética en los primeros poemas. En ellos, el ideal se identifica con sus modelos, que pertenecen en todo caso al deseo de una "alta cultura"; la masculinización de sujeto del arte ("los poetas") mimetiza la lógica cultural de la época, que identifica femenino con baja cultura, y con la que ha de enfrentarse la construcción del personaje poético de la escritora.[217] De ahí la neutralización de su yo, presente en estos primeros textos, y que no corresponde propiamente a una estación, a un paso en una suerte de evolución hacia lo femenino, sino a las condiciones en que surge su voz poética. Resulta notorio, a este respecto, que los términos negativos de su estética sean aquí las "almas vulgares", y no modelos estéticos previos que se pretendieran superar, bajo la premisa de la originalidad y de la novedad, como sucede con otros poetas de la época. Antes de ello, Agustini ha de luchar por inscribirse en el mismo terreno

---

217 Para una visión sobre estas distribuciones, revísense las últimas páginas de nuestro apartado II. 1; sobre la identificación entre lo femenino y baja cultura en la ideología estética del momento, véase Susan Kirkpatrick, *Mujer, modernismo y vanguardia en España (1898-1931)*, Madrid: Cátedra, 2003, pág. 82; sobre los términos de tal ideología, los clásicos trabajos de Raymond Williams, *Culture & Society: Coleridge to Orwell*, Londres: Hogart Press, 1958, y Richard Hoggart, *The Uses of Literacy*, Harmondsworth: Penguin, 1959, y desde una perspectiva sociológica, Pierre Bourdieu, *The Fields of Cultural Production*, Cambridge: Polity Press, 1993.

de la poesía. Así pues, en la medida en que, en primera instancia, su aspiración se confunde con una "alta cultura" que se cifra bajo el régimen de la excelencia y constituye el término positivo, ésta se identifica con la luz y la claridad, adoptando parte del legado modernista.

Esta misma estructura se encontrará nuevamente en algunos textos de su primer libro y en el que encabeza *Cantos de la mañana;* se trata del poema "Fragmentos" (págs. 181-182), composición formada por varias cuartetas con ritmo muy marcado y claras resonancias de la lírica popular española. Es un homenaje explícito "a un poeta español" que, según todos los indicios, parece ser Francisco Villaespesa. Pese al carácter más bien circunstancial de un texto que imita literalmente todos los recursos, en forma y fondo, de la tradición folklórica española "reinventada" a lo largo del siglo XIX: gitanas morenas, flores, claveles, símbolos imperiales como el águila real, calor, etc… subsisten dos elementos especialmente relevantes. El primero es la consolidación de la imagen aristocrática del artista frente al pueblo, la masa, la plebe que no comprende. La segunda consiste en la reafirmación de una idea sobre la lírica que concibe la luz, la claridad, como el ideal incorporado de una ideología estética ajena:

La plebe es ciega, inconsciente;
Tu verso caerá en su frente
Como un astro en un testuz,
Mas tiene impulsos brutales,
Y un choque de pedernales
A veces hace la luz! (pág. 182)

Así pues, la primera poética de Agustini está marcada por ese idealismo cultural de base —"ave *de luz*" (subrayado mío)— que apenas deja entrever en algunos momentos la llegada de elementos y motivos luctuosos, monstruosos, oscuros —"ave extraña"—. La poeta aspira a una poética del esplendor, de la lumbre, del destello, de la llama aún no sólida o estable, aún titubeante como el curso del río que vacila, corre, se derrama, se escapa, fluye, pero ya es pujante como el torrente de la fuente que mana. "Ave de luz" insiste así en la poética del fulgor, de la claridad. El sujeto lírico desea captar lo absoluto desde la creación pero percibe que ese propósito de alcanzar lo sublime está lejos de sus posibilidades todavía, como manifiesta en la dedicatoria de este poema: "¡Ah! si mis pobres versos pudieran convertirse en astros, con cuánto gusto formaría con ellos una corona para ceñir la frente del querido pacificador, del talentoso abogado uruguayo!" (pág. 152). La composición aparece, pues, dedicada al doctor José Pedro Rodríguez y expresa a las claras ese deseo de la "alta literatura" que la condición femenina del sujeto distorsiona y oscurece. Estos poemas expresan una *culpa* literaria, que posteriormente se transformará en desafío. Si bien es cierto que, adoptando el paradigma de Ícaro, el sujeto no teme los peligros y trampas en que el ave puede caer pues los obstáculos y dificultades no son tales ("Su vuelo inconcebible ignora los obstáculos! / Abarca lo infinito en toda su extensión", pág. 152), se presenta el viaje también como una purgación de los elementos oscuros que lastran su vuelo: "Existe un ave extraña de vuelo inconcebible, / De regias esbelteces, de olímpica actitud; / Sus alas al batirse desflecan resplandores / Sus ojos insondables son piélagos de luz" (pág. 152).

El desarrollo ulterior de este tema de la creación artística que adoptará nuevas formas y metáforas se revela como uno de los más ricos y productivos de toda la lírica delmiriana pues en él cifra buena parte de la construcción de su personaje poético y se dan cita muchas de las contradicciones que ha de afrontar su propia voz. En este sentido, la lectura de Baudelaire, de Villaespesa, de Poe, de la poética decadente en definitiva, contribuye a liberar el régimen de la noche, asociado en el imaginario cultural de Agustini con lo femenino, de manera que pueda usar y enunciar, sin complejo de culpa (literaria), el lenguaje de la poesía. La figura del vampiro, por ejemplo, es el caso más audaz en esa revalorización de lo oscuro en la obra de Agustini y cumple una función clave en su poesía en la medida en que va a contribuir a la inversión de los papeles tradicionales asignados a lo femenino, ya no sólo desde el punto de vista de lo "luminoso" sino también desde la "actitud" del sujeto. El vampiro de Agustini tiene género femenino y es el victimario que ataca, agrede a la indefensa víctima masculina (véase, especialmente, el poema "El vampiro", pág. 186 de *Cantos de la mañana*). Es cierto que la mujer vampiresa, pecadora y fatal se correspondía con la imagen dominante en cierta ideología estética de la época,[218] pero la asunción de ese modelo por parte de la poeta

---

[218] Es inevitable una alusión a Rachilde, la escritora francesa que aparece en *Los raros* de Darío y que desafía tópicos y conciencias con una novela, *Monsieur Vénus*, que busca dinamitar los roles sexuales mediante su inversión: Rachilde, *Monsieur Vénus*, préface de Maurice Barrès, Paris: Flammarion, 1977.

muestra su liberación del arquetipo que asedia y lastra sus primeros poemas. El yo lírico parte de las estructuras e imágenes que el modernismo y todos los otros movimientos contemporáneos, así como las convenciones sociales imponen; con todo ese sujeto lírico exagera los silencios, las discontinuidades, los vacíos de esta estética, de esta imaginería; los llena, los suple, los transforma y en el seno de todo ello encuentra su conciencia individual, su yo propio separado del mundo exterior:

> La identificación de la hablante de otros poemas de Agustini con vampiros y serpientes es, sin duda, reflejo de los valores misóginos de la época, pero su actitud desafiante nos hace pensar en ella como precursora de la Medusa de Cixous.[219]

Aquí, en la identificación con esta figura, la poeta se sabe en un orden distinto a los nombrados por los discursos de la época, tanto disciplinarios como estéticos. El yo lírico confiesa tener una "sed maldita" de lo nuevo y se vale de la vertiente satánica a lo Baudelaire para fortalecerse en el desgarro del otro que es amante, que es su poética anterior, que es el patriarcado:

> ¿Por qué fui tu vampiro de amargura?
> ¿Soy flor o estirpe de una especie oscura
> Que come llagas y que bebe el llanto? (pág. 186)

La energía, la fuerza, la savia que el sujeto poético precisa para adentrarse en un nuevo y original territorio lírico se la proporciona la sangre absorbida, extraída del cuerpo amado, del cuerpo disgregado, torturado, troceado, vampirizado. A partir de este momento el "tú" va a aparecer totalmente descuartizado en corazón, párpados, mano, cabeza, etc... y tales elementos aislados, tales fragmentos van a tener una nota cada vez más lúgubre, cada vez más tenebrosa, cada vez más incógnita a través de la adjetivación y las imágenes. Tal fragmentación expresa una camino de autodefinición por el que el propio sujeto ya no encuentra ningún modelo en que se cumple, ni el de la luz (disciplinario) ni el de la oscuridad (decadente), lo que conlleva la desintegración de todos ellos bajo el espejo de la otredad. De esta forma, el vampiro vuelve a protagonizar espectrales apariciones en composiciones sub-

---

[219] A. Beaupied, "Otra lectura de 'El cisne' de Delmira Agustini", *Letras Femeninas*, 22.1-2 (1996), pág. 140.

siguientes encarnando, siempre al sujeto activo en busca de la "sangre nueva" de la víctima, del Arte trasfigurado en amante:

> Vengo como el vampiro de una noche aterida
> A embriagarme en tu sangre nueva: llego a tu vida
> Derramada en capullos, como un ceñudo Invierno! (pág. 188)

La relectura del decadentismo propicia entonces una apropiación de la feminidad que determina un suplemento, en la medida en que la salida de la dialéctica luz/oscuridad desencadena una implementación de lo reprimido y explica buena parte de la violencia con que se ofrecen estas imágenes en la obra de Agustini. Más tarde, se recupera la contraposición entre estos dos polos, pero ya no como la expresión de una asimilación disciplinaria sino como la adopción de todos los matices del imaginario.

2. *El libro blanco (Frágil)*: Las prisiones del sujeto y las formas de la otredad

El libro blanco (Frágil) es el primer poemario concebido como tal que Agustini plantea, revisa, corrige y, finalmente, publica en 1907. El tema central del libro es, como en los poemas publicados en revistas que hemos analizado, el de la dificultad con que aborda el sujeto poético, en un primer momento, la escritura, la creación, así como las satisfacciones, los hallazgos y momentos de revelación que ésta proporciona. De hecho, una buena parte de las composiciones que habían ido apareciendo de manera dispersa en publicaciones periódicas pasan a ingresar en este libro, incorporando en él asimismo muchas de las dinámicas sobre las que hemos disertado por extenso, lo que genera una cierta ambivalencia en su seno. El poema "Levando el ancla" (pág. 95) funciona a modo de presentación y ofrece un esmerado protocolo de lectura para el resto del poemario. Aquí, el barco es el símbolo del sujeto literario que ensaya posibilidades y realiza tentativas para escribir; el barco ocupa el lugar que posee el pájaro en otros textos, y la vela, en consecuencia, representa metonímicamente al ala, el instrumento físico, la realización o plasmación de las ideas poéticas ("… la vela azul asciende / Como el ala de un sueño abierta al nuevo día"), al igual que "glisar", vagar por las olas, constituye un desplazamiento del vuelo, de la escritura. El viento equivale, de acuerdo con la tradición, a la inspiración poética y subyace a ambas metáforas, pues tanto el ala como la vela necesitan de la fuerza de este elemento para cumplir su función, para que su existencia tenga sentido. Ese viento transporta a regiones desconocidas y de belleza sublime, a "mundos no vistos", ya que la extrañeza constituye la esencia del descubrimiento y está en la raíz del orientalismo y exotismo modernistas: "En el oriente claro como un cristal, esplende / El fanal sonrosado de Aurora. / Fantasía / Estrena un raro traje lleno de pedrería / para vagar brillante por las olas". Así pues, la curiosidad, la experimentación y la apertura a las ignotas posibilidades que ofrece el viaje de la escritura se convierten en las marcas esenciales de la poética primigenia de Agustini, que transforma aquí la percepción del cambio, del tránsito, ofrecida por algunos de sus poemas anteriores.

En efecto, el lenguaje con que se presenta este itinerario, su promesa, ya no es el de la pérdida, sino el del ofrecimiento, no el del desgarro sino el de la aventura. El viento que impulsa hacia lo nuevo es enérgico, tempestuoso; en un torbellino arrollador cuyas notas predominantes son el vitalismo, el optimismo, el entusiasmo, la alegría ("Partamos, musa mía!"). En el viaje no se niega ni se reprime el placer o el dolor, el fracaso o el éxito ("¿Acaso un fresco ramo de laureles fragantes, / El toisón reluciente, el cetro de diamantes, / El naufragio o la eterna corona de los Cristos?"), que funcionan ahora como cara y cruz de la misma moneda de la realidad en la interrogación de la escritura, y no como polos contrapuestos. La inspiración o la poesía no tiene aquí los caracteres de la violencia disciplinaria, sino que se cifra en la emoción ("Yo me estremezco") que señala el estado previo al comienzo de la escritura, donde no es segura la meta pero sí lo son las maravillas del viaje, del objeto de deseo, de las palabras. El poema dramatiza, entonces, el origen de la escritura, traza su génesis bajo la alegoría de la nave, del barco que se hace a la mar. Pretende ser el marco y el contexto para la lectura de los poemas que siguen y nombrar al tiempo un sentido posible para el conjunto del libro: el comienzo, lo que está por escribir, no el contenido, sino la escena de la escritura ("El libro blanco"), y la inestabilidad, el riesgo que revierte sobre la poesía ("Frágil"). Con todo, como veremos a continuación, se produce una cierta disonancia entre este texto y algunos de los poemas del conjunto, en la medida en que las visiones que ofrecen de tal escena de la escritura son contradictorias, antagónicas y en la medida también en que este rasgo no tiene que ver aquí con una poética de la ambigüedad, sino con los diferentes momentos en ese aprendizaje de la literatura o las diferentes resoluciones de su educación estética. "Levando el ancla" propone entonces una poética del riesgo, del desafío, que será predominante a partir de este momento, pero a la que muchos de los poemas no hacen justicia, al estar signados por la prisión dialéctica que define su inserción inicial en el campo de la cultura (con mayúsculas) de su tiempo.

En efecto, los términos de la elección cultural ya no corresponden únicamente al eje vulgo/élite, sino que se proyectan sobre diversas opciones estéticas, lo que evidencia su entrada en la poesía, el verdadero tema de "Levando el ancla".[220] La insistencia en la búsqueda aún dubitativa de una poética personal y única es recurrente a lo largo de todo el libro y toma forma, primero, en un rechazo de la herencia anterior, de las manifestaciones y corrientes canónicas cuyas metáforas y símbolos circulan todavía y constituyen el modelo. De ahí, y de la necesidad de definir su posición dentro de la cultura y la estética de su momento, que la corriente metapoética tenga un protagonismo fundamental a lo largo de todo el libro, muy superior al que posee en los posteriores. Sin embargo, ese intento de adscripción cultural lastra su búsqueda estética, cuyas rupturas pertenecen a órdenes muy distintos de los que tocan Herrera y Reissig o Lugones: así, la dialéctica que dibuja entre forma y contenido está dentro de los cauces que marca el propio Darío en la segunda edición de *Prosas profanas*.[221] En "Por campos de ensueño" (pág. 96), por

---

220 Es interesante reseñar el cambio que se produce en el título de este poema cuando se incluye también en *Los cálices vacíos*, donde se denomina "El poeta leva el ancla"; dicha modificación, que hace emerger un sujeto masculino, señala que no hemos de suponer un progreso excesivamente lineal en la constitución del yo de lo masculino a lo femenino, como parece sugerirse en ocasiones el estudio de J. Girón Alvarado, *Voz poética y máscaras femeninas, op. cit., passim*, aunque se trata de una lectura muy común en los recientes estudios sobre la escritora.

221 Claramente en el poema "Ama tu ritmo" o "Yo persigo una forma", Rubén Darío, *Poesía*, pr. Ángel Rama, ed. Ernesto Mejía Sánchez, Caracas: Ayacucho, 1977, págs. 236 y 240, respectivamente; señaló la importancia de este elemento Octavio Paz en "El caracol y la sirena R.D.", en su *Cuadrivio*, México: Joaquín Mortiz, 1965, y lo desarrolla José Olivio Jiménez, "Armonía verbal, melodía ideal: un libro, *Prosas profanas*", introducción a su edición de *Prosas profanas*, Madrid: Espasa Calpe, 1979, págs. 7-25.

ejemplo, se refleja un recorrido de la voz poética en pos de una claridad que se identifica con la poesía. Se van dejando atrás "potros salvajes" que ofrecen una estética fiera, agresiva, violenta; pasan "águilas de sombríos plumajes" más serenas y aristocráticas, pero se pretende dar alcance, en esa dimensión purgativa que tiene el vuelo en los primeros poemas, a la "paloma blanca como la nieve", que constituye de nuevo el desplazamiento de una visión positiva e ilustrada, y también un tanto ingenua, de la escritura: "Pensando que en los cielos solemnes de la Idea / A veces es muy bella, muy bella una paloma". La poesía de Agustini, que luego se va a decidir por una línea más hermética y oscura, afirma su predilección por la belleza sencilla, por la retórica simple, por la claridad: "Cruzaron hacia Oriente la limpidez del cielo; / Tras ellas como cándida hostia que alzara el vuelo, / Una paloma blanca como la nieve asoma".

"La siembra" (págs. 112-113) propone una visión de la lírica en el mismo sentido, donde ésta, trasfigurada sucesivamente en flor, en árbol, en barco, en estrella, ha de desprenderse del dolor, de la sangre, del sufrimiento y angustia para poder elevarse al cielo:

¿Qué siembras? —le digo— ¿delira tu mente?
Mi sangre que es lumbre... ¡mi sangre! —contesta-
Verás algún día la mágica fiesta
De luz de mis campos; si quieres, hoy, ríe! (pág. 112)

El poema expone en forma dialogada la conversación entre "un hombre de olímpica frente" —el estereotipo del poeta— y el yo lírico de Agustini. El primero confiesa que para que el campo deslumbre con su luz, para conseguir escribir con talento es preciso sembrar rubíes rojos, esto es, escribirse a sí mismo, escribir "la vida", con sus victorias y derrotas:

Verás algún día mis campos en flor!
Hoy mira mi herida —mostróme su pecho
Y en él una boca sangrienta— hoy repara
En mí la congoja de un cuerpo deshecho;
Mañana a tus ojos seré como un dios! (pág. 112)

Así, del dolor y el esfuerzo surgen la "mágica fiesta", los "campos en flor", "la extraña magnífica flora", pero el precio que hay que pagar por ello es alto, el coste es la vida del sujeto poético:

> Hay hondas visiones, visiones que hielan,
> Visiones que amargan por toda una vida!
> La luz anunciada, la luz bendecida
> Llenando los campos en forma de flor!
> Y... en medio... un cadáver... crispadas las manos
> Murieron ahondando la trágica herida-
> Y en todo una nube de extraños gusanos
> Babeando rastreros el sacro fulgor! (pág. 113)

La fascinación por el lado oscuro y enigmático de la realidad, la vocación por las sombras, es creciente a medida que avanzamos en la lectura de los poemas y la proximidad a Baudelaire o Poe es paulatinamente mayor, aunque quedan restos del exotismo modernista y la nordomanía ("Con ojos de acero nació allá en el Norte / País de leyendas, de espectros y nieblas [...] Y amores tal graves pagodas de cera", pág. 116):

> Fantasmas sombríos y rocas malditas,
> Y piedras muy grises en landas siniestras.
> Y canta solemne los largos inviernos
> de *spleenes*, de brumas, de auroras enfermas (pág. 116)

Agustini manifiesta una preferencia por lo ambiguo, lo polivalente, los significados múltiples, la gama vastísima de grises que reproduce el espacio de incertidumbre en que se mueve el ser humano:

> Yo adoro esa musa, la musa suprema,
> Del alma y los ojos color de ceniza.
> La musa que canta blancuras opacas,
> Y el gris que es el fondo del hombre y la vida! (pág. 116)

El eclecticismo que marca el aprendizaje poético de Agustini determina en algunos casos una voz titubeante. Podemos interpretar en este sentido algunos de los poemas claramente vinculables a la línea más artificiosa o esteticista del modernismo que son escritos como ejercicios, como forma de aprendizaje. Así, por ejemplo, "El hada color de rosa"[222] (pág. 110) y "La musa" (pág. 111) así como "Arabesco", "El poeta y la

---

[222] La relación entre "El hada color de rosa" y "El hada manzana" de Julio Herrera y Reissig es bastante evidente. Por otra parte, varios de los términos que aparecen en el poema son un tributo a Rubén Darío, pues están entresacados directamente y sin ningún tipo de rearticulación, de su obra: véase, "bulbul".

ilusión"[223] o "Medioeval"[224] son homenajes a la corriente más lúdica y trivial del modernismo, homenajes explícitos hechos con esa intención cultural de alcanzar la entrada en el parnaso.

> El hada color de rosa que mira como un diamante,
> El hada color de rosa que charla como un bulbul,
> A mi palacio una aurora llegó en su carro brillante,
> Esparciendo por mis salas un perfume de Stanbul. (pág. 110)

Pese al mimetismo evidente de tópicos e imágenes, con todo, se atisba cierta autenticidad en sus versos, un rastro, una huella de sus propias preguntas pues la poesía se presenta como un interrogante por el ser y, desde este punto de vista, se puede leer la aparición de la inspiración como una respuesta en forma de destello, una revelación, una punzada ("A veces nos asalta un aguijón de abeja"). Por otra parte, la continua alternancia de contrarios (risa y dolor, caricias y puñales —"flores del mal"—), es decir, la versatilidad, la complejidad y la raíz misteriosa deben acompañar siempre a la poesía ("Yo la quiero cambiante, misteriosa y compleja […] Y que vibre, y desmaye, y llore, y ruja, y cante, / Y sea águila, tigre, paloma en un instante", pág. 110). De hecho, en "El hada color de rosa" el yo lírico describe, en un clima de irrealidad y magia, la visita de la musa modernista con todo su séquito de cisne azul, lagos de oro, personajes mitológicos y alegóricos —Zoilo y Extravagancia—, pero se reconoce en todo momento que se trata de un juego, de un ensayo o prueba ("Mientras que la noche llega, ensaya un ritmo y un sueño!") pues tan atraída se siente por el azul musical y festivo como por el negro

---

[223] En "El poeta y la ilusión" la estética modernista sólo es un sueño más, una opción más, pero carece de la autenticidad requerida y es excesivamente artificial. De ahí que Agustini prefiera ensayar aquello más próximo a la vida: "Oh miel, frescuras, perfumes!… Súbito el sueño, la sombra / Que embriaga… Y, cuando despierto, el sol que alumbra en mi alfombra / Un falso rubí muy rojo y un falso rizo muy rubio" (pág. 134).

[224] "Medioeval" propone la visión tópica de los "ensueños leves" pero siempre unida a la presencia asimismo de los "fantasmas tétricos", esto es, la línea clara del modernismo —el "impalpable sueño"— junto a la vertiente sombría —la "visión fantástica"—. De tal cruce nace la fuerza, el refugio que puede constituir la creación en relación a los problemas de la vida y también a la garra del tiempo y de la muerte. El ya mencionado "Muerte magna" constituye otra revisión del modernismo donde se aconseja la línea exótica como un paso previo, necesario en el proceso de aprendizaje poético: "Id a soñar. De vagas, exóticas visiones / Poblad los horizontes brumosos y lejanos" (pág. 129).

insondable y destructivo, por las "rosas", "diamantes" y "estrellas" como por las "espinas".[225]

El ensueño de la creación se rompe una y otra vez en mil fragmentos, sangra y se fractura, se deshace para volverse a reconstruir ("El austero", pág. 102). Articulaciones diversas, las más variadas poéticas se encuentran, chocan y se distancian en ese afán de aprehender lo esencial, en esa aspiración a la cima, a la altura, a ser pájaro, mariposa, estatua dotada de vida. De este modo, la voz transita del romanticismo ("Ví en un diamante muerta a Margarita"[226]), al intento parnasiano ("Quiero en los vinos el sabor que lima, / Los torsos griegos en su línea cruda"), y después al simbolismo ("Sé que es maldito el resplandor del oro"). Escalpelo para el verso ("Hoy mi escalpelo sin piedad lastima / La vena azul de la Verdad desnuda"), tachaduras y correcciones, enigmas rotos son precisados en ese intento de decir el mundo. Por eso, se toman todos los materiales, todas las tradiciones anteriores en busca de la propia que halla su máxima expresión, su única expresión en la ambivalencia, la dualidad, el binomio, la contradicción o paradoja desde el punto de vista metafórico, semántico y conceptual. "Astrólogos" (pág. 103) contempla el arte como tempestad y luz, como nube y astro, como contraste intercalado de contrarios que, sin embargo, se necesitan, deben abrazarse para encontrar la estrella, la poética ("Ah! ved como resaltan en la extraña querella / Lo negro de la nube, lo blanco de la estrella!").

En "Rebelión" (pág. 99), Agustini señala la importancia de la espontaneidad y el ímpetu lírico sobre la rima y el ritmo. Nos sorprende la rigidez de sus juicios y, más aún, el tono tajante e intransigente que utiliza para exponerlos, pues se trata de un registro que no abunda en su

---

225 También "La miel" (pág. 139) proponía la fusión de contrarios —flor y espina, bien y mal— como fin de la búsqueda eterna de la poesía por parte de los artistas: "—Goza la flor un instante / Y... cuidando de la espina". Por otro lado, el ansia de aventura, de experimentación, de novedad vuelve a ser planteado como deseable, como esencial parte de la poesía moderna: "Busca en la miel de los sueños / Sagrada Embriaguez. Sin ceños / Boga, Simbad de los sueños!" (pág. 139).

226 El poema "Nocturno hivernal" es igualmente un tributo al romanticismo más tópico de castillos, ancianas, oscuridad y enigmas legendarios: "Era un viejo castillo... Afuera silbaba el viento..." / Y surgieron en la noche los mirajes formidables / De la remota leyenda" (pág. 122). "Al claro de luna" (pág. 151) es otro ejemplo de la atracción sentida por la faceta lúgubre de la atmósfera romántica.

lírica, tendente más a la interrogación, a la introspección o a la celebración que a la afirmación rotunda. La voz poética encadena toda una serie de imágenes peyorativas sobre la forma externa cuando ahoga el sentido, esclaviza, anula, desemantiza ("La rima es el tirano empurpurado, / Es el estigma del esclavo, el grillo / Que acongoja la marcha de la Idea."). Poco importa la apariencia de belleza, pese a la musicalidad y cromatismo embaucadores ("No aleguéis que es de oro! El Pensamiento / No se esclaviza a un vil cascabeleo! [...] ¿Acaso importa / Que adorne el ala lo que oprime el vuelo?"). La poética por la que se apuesta, entonces, sigue siendo la de la autenticidad que emana de la sencillez, de la naturalidad, del caos ("Entero como un dios, la crin revuelta, / La frente al sol, al viento") pues sólo desde la libertad el ave puede moverse, puede alzarse ("Ha de ser libre de escalar las cumbres"). La idea no precisa de ornamentos, de añadidos, si es inspirada ("El mar no quiere diques, quiere playas"). Se trata, entonces, de una concepción basada en la música del pensamiento:

> Él [el pensamiento] es por sí, por su divina esencia,
> Música, luz, color, fuerza, belleza!
> ¿A qué el carmín, los perfumados pomos?...
> ¿Por qué ceñir sus manos enguantadas
> A herir teclados y brindar bombones
> Si libres pueden cosechar estrellas,
> Desviar montañas, empuñar los rayos? (pág. 99)

Nos encontramos ante una respuesta frente al esteticismo vacuo y ornamental (al que sin embargo la propia poeta se pliega y se ciñe en muchas de estas composiciones primerizas, que funcionan así como meros ejercicios), pero también ante la constatación de un anhelo de libertad de más hondas resonancias, y que identifica un gesto retórico que articula buena parte de la poesía de Agustini: el de la insatisfacción, la protesta, la rebeldía. Sin embargo, vertido sobre la estética, muestra el "tiempo" en que se mueve nuestra escritora, pues no sale de una visión idealista erigida sobre el enfrentamiento de fondo y forma, cuerpo y alma que caracteriza una de las líneas fundamentales en este momento, y que se muestra en el giro del propio Darío. "Al vuelo" propone y reformula esta misma ideas, plantea de nuevo la importancia que reviste el fondo de los versos frente a la métrica o la exterioridad más obvia:

> La forma es un pretexto, el alma todo!
> La esencia es alma. –¿Comprendéis mi norma?
> Forma es materia, la materia lodo,
> La esencia vida. ¡Desdeñad la forma! (pág. 108)

Tal consideración supone un contexto estético —el del simbolismo y el modernismo— que privilegia lo superfluo, la sofisticación métrica y estilística frente a lo esencial, pero tal contexto es solamente una referencia falaz, en la medida en que no se corresponde con un modelo estético activo, sino que sirve para articular una serie de ideas, que constituyen ya para el momento una auténtica vulgata. Oviedo, en su breve presentación de la obra de Agustini, identifica este proceso:

> Su versión del modernismo surge en un momento en el que esa estética ya ha entrado en crisis y marcha en otras direcciones [...] Recordemos que por estas mismas fechas, Lugones y Herrera y Reissig estaban explorando nuevas salidas en los márgenes del modernismo. Delmira está de espaldas a ellos, pese a ser más joven. Su obra representa una vuelta atrás.[227]

Con todo, esa "vuelta atrás" no corresponde, como pretende Oviedo, a una retórica, a una simple manera de decir, sino a la posibilidad de una manera distinta de entender la tradición literaria y la poesía, y que se cifra en sus lecturas. La coyuntura que niega a Agustini esa lucha directa por lo nuevo, por lo original, le posibilita sus relecturas de muchas de las fuentes del modernismo (Baudelaire, Poe), que como ya hemos apuntado son fundamentales para comprender el desarrollo de su poesía. De ahí que me parezcan de singular importancia los diálogos que establece con la tradición y que están signados por esta diferencia;[228] incluso cuando acude a Samain por la actualidad que posee en el momento el poeta simbolista francés, su lectura está mediatizada por Baudelaire, más que por las preocupaciones de Herrera y Reissig, por ejemplo. A través de tal asincronía, de esa ruptura con una temporalidad lineal y vampirizada por el positivismo que constituye una de las prisiones de la poesía moderna, es como tienen lugar, como se producen, muchas de las características de la obra de Agustini, libre de esa dialéctica entre antiguos y

---

227 José Miguel Oviedo, *Historia de la literatura hispanamericana*. III: *Posmodernismo, vanguardia, regionalismo, op. cit.*, pág. 32.
228 Estos diálogos, como ya adelanté, serán explorados con precisión en un trabajo en preparación que llevará por título: "La biblioteca de Delmira Agustini".

modernos.[229] Con todo, los poemas metapoéticos de este primer momento sólo consiguen poner al desnudo esa dialéctica y mostrar los límites de su propuesta dentro de ella. Sólo cuando Agustini abandona estas preocupaciones puede surgir una ruptura en otras direcciones. En efecto, a partir de este momento no encontraremos una preocupación abiertamente formal, aunque sus poemas se flexibilicen y discurran sin esquemas prefijados, lo que da cuenta de un giro hacia otros intereses y otras búsquedas, menos mediatizadas por su contexto literario.

De hecho, muy pocos de los poemas que tratan estos temas pasan a formar parte de *Los cálices vacíos* (Agustini no recupera, por ejemplo, "Al vuelo" o "El arte") y la mayoría de los que lo hacen sufren importantes correcciones. Éstas son especialmente relevantes en algunos de los que presentan esa visión escindida entre el ideal poético (desplazamiento de un ideal cultural), que se declara en términos puros, prístinos, positivos, bajo el régimen simbólico de la claridad, y la esfera noctura, ligada con el espectro femenino, que amenaza ese ideal. "Racha de cumbres" (págs. 105-107) se resuelve en *El libro blanco* de acuerdo con la idea de la pérdida, aunque ahora no tanto de una forma abierta sino elíptica: después de haber deseado el ascenso a la cumbre, a la excelencia, se escapa el objeto de deseo: "Y huyen como si hubieran mirado el Pensamiento…/ —La montaña parece crecer para el momento / El asombro ha debido dilatar el paisaje" (pág. 107). En cambio, en la reelaboración del mismo poema que puede leerse en *Los cálices vacíos*, el sujeto poético, en su ascenso, en lugar de exhibir humildad ("un vértigo de alturas"), enarbola su orgullo, su indiferencia frente al peligro ("miran indiferentes"), y el desenlace de la experiencia poética ya no es la frustración sino el encuentro: "La cumbre!… Llega el artista" (pág. 106). Sin embargo, dentro de ese primer libro, el enfrentamiento entre oscuridad/luz, cuando consigue sortear la pérdida, desemboca en numerosos casos en el misticismo, por el que consigue contemporizar ambos polos.

---

229 Paul de Man identifica esta estructura de la superación en la estética y crítica modernas como una de sus mayores "automistificaciones", y desvela la potencialidad de la "lectura" precisamente como una salida de esa dialéctica, véase Paul de Man, "Lírica y modernidad", en su *Visión y ceguera: ensayos sobre la retórica de la crítica contemporánea*, San Juan: Editorial de la Universidad de Puerto Rico, 1990, págs. 185-206.

Notable es aquí por ello la cantidad de alusiones espirituales y místicas, aunque se trata de un uso tópico de esta tradición con que pretende salvar las características de su inspiración y su poesía, circunscrita por contrarios irreductibles. Esta retórica de lo espiritual, muy presente en la estética del momento, le permite a la escritora una combinación de dichas polaridades a través de la cual ambas puedan subsistir, aunque se trate de un recurso insuficiente que condena al sujeto poético al patrón de la poeta "mística" e ignorante. "La sed" (pág. 98), por ejemplo, está impregnado de todo un discurso ascético sobre la imposibilidad humana de captar la divinidad —agua, fuente, torrente—, de apresar la caza, de saciar la carencia metafísica y creativa. Dios y la inspiración constituyen dos expresiones de una misma plenitud ("¡Oh frescura! ¡oh pureza! ¡oh sensación divina!") que pueden aglutinar en sí los contrarios que dividen la palabra poética. En esa búsqueda de lo ideal, se prueban diferentes vinos, distintos néctares (diversas estéticas) ofrecidos por la maga. Así, toda la gama de licores raros, exquisitos o dulces que en algún momento es considerada valiosa, es rechazada ahora por un yo hastiado de sabores artificiales ("... — Es dulce, dulce. Hay días que me halaga / Tanta miel, pero hoy me repugna, me estraga!"). El deseo poético está constituido por un objeto vacilante entre el lujo y la claridad, entre el placer (la miel) y la pureza (el agua), deseo que concilia el recurso al imaginario de la mística.

Lo mismo sucede, por ejemplo, con "Noche de reyes" (pág. 97), que lleva la búsqueda (religiosa en este caso) hasta las puertas de un extraño erotismo ("...¡Ah Cristo, mi piedad os reclama. / Mi labio aún está dulce de la oración que os llama! / Peregrinando cultos, mi rubio, infausto Dios"). Se toma, pues, la retórica religiosa como molde para la expresión de todas las inquietudes, de todos los contrarios (noche/luz), pues marchar hacia Dios es también marchar hacia la luz de la creación. La transición entre la configuración mística y la erótica dibuja el arco por el que circula la obra de Delmira Agustini, aunque desaparezcan más tarde los poemas abiertamente religiosos. En efecto, en la reelaboración que de este poema se efectúa para su inclusión en *Los cálices vacíos*, Agustini introduce una variante que apunta a ese alejamiento de lo cristiano, que es también la señal de su desprendimiento de los dictados familiares. En la primera versión, la poeta escribe: "Ah Cristo, mi piedad os reclama", que pasa a convertirse en: "Ah Cristo, mi vieja fe os reclama", donde se alude ya a lo religioso como algo perdido, como un lenguaje solamente. Y esta perspectiva acaba por afectar la lectura de los poemas que se incluyen en *Los cálices vacíos*, puesto que el libro diseña otro marco de recepción para ellos, donde esa vertiente religiosa para a leerse únicamente como un lenguaje del deseo, no como la traducción de una fe, puesto que ésta ya se ha perdido.

Uno de los elementos fundamentales que caracteriza la inscripción de la poesía de Agustini en ese registro religioso tiene que ver, sin embargo, no con la simbología o la creencia, sino con la identificación de quien habla y enuncia el discurso. En este sentido, el interlocutor de estos poemas —Cristo— revierte sobre los rasgos de quien habla y permite trazar una imagen suya no aherrojada por el carácter masculino del sujeto de la tradición poética. Este giro se observa precisamente en "Noche de reyes", donde el yo se contempla como objeto de deseo ("Divagando sonámbula, yo marchaba hacia Vos..", pág. 97), de manera que la relación con lo divino, diferida o elíptica en el caso de un enunciador masculino, se convierte aquí en la expresión directa de un ofrecimiento del propio lenguaje, del poema. Esta poética de la apertura, de la entrega, es la que tematiza el primer poema del libro ("Levando el ancla") y que se propone como su sentido fundamental o, al menos, buscado. Así, lejos de la retórica poética que nombra al sujeto como "el poeta" (págs. 130 y 134) y al otro como la "maga" (pág. 143), el "hada" (págs. 110 y 141) o la "musa" (págs. 111, 149 o 159), la estructura de los poemas religiosos permite que se nombre y se diga a sí mismo el sujeto femenino, aunque lo haga bajo la imagen del objeto de deseo. Se trata de un giro crucial en la medida en que posibilita el comienzo de un decir-se que hasta el momento la tradición y el sistema cultural mantenían clausurado.

Esta tarea del decirse traza un itinerario dentro del propio libro desde esa tópica mística o religiosa hasta la deliberadamente erótica. "Orla rosa", la última sección de poemas del libro y la única que aparece separada del resto, implica, en efecto, un viraje en la poética que Agustini venía dibujando a lo largo de *El libro blanco* pues supone, por primera vez de una forma clara y directa, la indagación en el terreno del erotismo y la sensualidad. Con todo, es cierto que algunos poemas de esta sección no se desconectan totalmente de la anterior retórica religiosa, no sólo porque lo sacrílego está dentro de la corriente poética del momento, sino porque el espacio de la religión es el que permite en primer término la expresión del deseo y en buena medida es el lenguaje en el que la poeta lo concibe. De esta forma, "Íntima" no se desconecta de lo espiritual como una tendencia posible para decir lo erótico ("Mi alma desnuda temblará en tus manos, / Sobre tus hombros pesará mi cruz", pág. 163), línea que Agustini mantendrá en toda su poesía. Pero más allá de este lenguaje, todos los poemas pertenecientes a "Orla rosa", en contraste con los restantes que forman parte del primer libro, tienen una lectura en el marco de lo pasional, del erotismo y la sensualidad más descarnada e intensa. Ciertamente, es posible interpretar las declaraciones exaltadas de amor por parte de la escritora como una efusión depurada de sus propios sentimientos, pero esta lectura no debe perder de vista un presupuesto esencial: el conocimiento previo que de tal posibilidad de lectura prevee esta escritura. Agustini es consciente del juego con un lector curioso e incluso de todas las connotaciones polémicas, controvertidas y dobles que podía generar su atrevimiento poético, y puede decirse que buena parte de su obra se gesta en ese juego con el lector (mayoritariamente masculino), un juego de estrategias y de seducción literarias. Por ello, no resulta productivo en absoluto leer su vitalismo y la explosión ardiente de unos versos que nos arrastran como una ola furiosa de ímpetu, deseo y ansiedad desde "lo femenino" tal y como era entendido a principios de siglo XX. "Orla rosa" se inscribe en el terreno de lo afectivo y lo sentimental pero se incardina en tal registro con su propio léxico, con sus propias reglas y motivos y, desde una decisión personal, consciente, pensada, calculada. Agustini escoge la pasión y no viceversa; la razón, el pensamiento son descartados como centro temático de una forma totalmente libre y premeditada y, en este sentido, habría que rebatir todas y cada una de las teorías sobre la necesidad ineludible, "innata" de acudir al erotismo o al amor por parte del género femenino. "Explosión" (pág. 165) desbroza en términos bien claros la elección de Agustini, su apuesta por la vida, la creación, la pasión frente al pensamiento, la razón, la idea:

> Si la vida es amor, bendita sea!
> Quiero más vida para amar! Hoy siento
> Que no valen mil años de la idea
> Lo que un minuto azul del sentimiento (pág. 165)

El descubrimiento insospechado del amor, del sentimiento —del lenguaje erótico— salva al sujeto de la melancolía y la soledad y, en su sacudimiento, lo transporta al gozo, la alegría y el placer, exaltados como los valores supremos de la vida:

> Hoy partió hacia la noche, triste, fría,
> Rotas las alas mi melancolía;
> Como una vieja mancha de dolor
> En la sombra lejana se deslíe…
> Mi vida toda canta, besa, ríe!
> Mi vida toda es una boca en flor! (pág. 165)

Un pasado de dolor o angustia —"Íntima"—, de melancolía —"Explosión"—, de confusión y tinieblas —"Amor"— subyace en la memoria del sujeto poético. No obstante, el deseo es tan poderoso y magnético que las imágenes de oscuridad pasada revierten en flores luminosas —"flor nocturna", "flor febea", "flor de fuego"—, esto es, en los instantes de deslumbramiento, de hechizo y comunicación absoluta que proporciona la pasión recíproca. El sujeto tímido, observador y pasivo de los poemas anteriores se convierte ahora en agente activo que habla, lucha, dialoga, ama, escribe, dice, grita y sobre todo se afirma mediante la reiteración continua del pronombre sujeto ("Yo te diré los sueños de mi vida"). Por vez primera hay un diálogo, un contacto, un intercambio, una relación de tú a tú, lo que pone de manifiesto que Agustini piensa que su expresión puede alcanzar, en cierta medida, la altura de sus sueños. Ésta es la misma estructura de un poema posterior como "¡Oh tú!" (págs. 229-30), de *Los cálices vacíos*, en el que alcanza su plenitud esta formulación. El sujeto femenino se dice consumido y solitario, antes de la llegada del otro. El poema posee una evidente estructura dual, marcada por el antes del encuentro y por el encuentro mismo; insiste en ese estado desolador y trágico de la melancolía en que se sumerge el poeta talentoso y soberbio:

> Yo vivía en la torre inclinada
> De la Melancolía…
> Las arañas del tedio, las arañas más grises,
> En silencio y en gris tejían y tejían. (pág. 229)

La creadora se halla en una torre, es un búho inmensamente sombrío y triste, aislado por voluntad propia y por su condición "alta" de artista que la obliga, como alma superior, a sentir, a "ahogarse en la sombra". Pero, como en el poema anterior, el "horror de la sima" concluye con la llegada de un amante poderoso y fuerte, que transforma las lágrimas en cisnes, que da fuego al mármol frío, que arrebata, abisma, transporta:

> ¡Oh, Tú que me arrancaste a la torre más fuerte!
> Que alzaste suavemente la sombra como un velo,
> Que me lograste llamas en el mármol del cuerpo;
> Que hiciste todo un lago de cisnes, de mi lloro...
> Tú que en mi todo puedes,
> En mí debes ser Dios! (pág. 229)

La pasión saca, pues, del ensimismamiento y la melancolía aunque luego vuelva a sumergir en ella al sujeto lírico, pero la gratitud es tan grande que éste escoge la sumisión absoluta, la rendición, el sometimiento, la pasividad del lirio caído frente a la luz solar, el vuelo de las alas:

> De tus manos yo quiero hasta el Bien que hace mal...
> Soy el cáliz brillante que colmarás, Señor;
> Soy, caída y erguida como un lirio a tus plantas,
> Más que tuya, ¡mi Dios!
> Perdón, perdón si peco alguna vez, soñando
> Que me abrazas con alas ¡todo mío! en el Sol... (pág. 230)

Volviendo a *El libro blanco*, en "Amor" (págs. 166-167), sin embargo, tenemos un itinerario por los modelos aprendidos, por las formas que adopta y en las que se manifiesta el sentimiento. El poema muestra que el erotismo está aún apresado en la dialéctica del aprendizaje desde la que el sujeto pugna por reconocerse y dibuja el "tú" como el polo de la autoridad y de la "ley" erótica. Entonces, tenemos la corriente "impetuosa, formidable y ardiente" y también la "triste, como un gran sol poniente / Que dobla ante la noche la cabeza de fuego". La poeta sabe que es la línea propiamente erótica la que va a proporcionarle las armas e instrumentos para hacerse conocer, la que posibilitará la escritura, pero desearía no renunciar a ninguna opción y quedarse con todos los registros, con todas las tonalidades y temáticas, con todos los amores. De ahí la paradoja que vertebra sus versos, el maniqueísmo y la bipolaridad que estructuran su universo poético y que ella, sin embargo, prefiere que no sea tal sino intento de fusión de contrarios, flor de dos perfumes, "flor de fuego deshojada por dos":

> Y hoy sueño que es vibrante, y suave, y riente, y triste,
> Que todas las tinieblas y todo el iris viste;

El libro blanco (Frágil) 155

> Que, frágil como un ídolo y eterno como un Dios,
> Sobre la vida toda su majestad levanta:
> Y el beso cae ardiendo a perfumar su planta
> En una flor de fuego deshojada por dos.[230]

"El intruso" (pág. 168) es una de las composiciones más conocidas de *El libro blanco*, probablemente porque declara de una manera desafiante el deseo y describe con detalle la relación física de dos amantes. Partiendo de lo clausurado y circular del soneto que se toma como cauce de expresión formal, el yo poético pretende relatar el proceso de evolución interna que ha experimentado y que, habiendo sido culminado, posee asimismo un carácter cerrado, concluso y definitivo. El dolor, la angustia y la soledad terminan con el advenimiento milagroso del amor, de la misma manera que el esfuerzo y la tristeza previas al momento de inspiración creativa finalizan con la llegada de la gracia ("Amor, la noche estaba trágica y sollozante / Cuando tu llave de oro cantó en mi cerradura"). La pasión es "mancha de luz y de blancura", salva al sujeto, lo ilumina. Así, claridad, "frescura" o espontaneidad, "descaro" y "locura", características que son atribuidas habitualmente a la comunicación amorosa y sexual, son asimismo marcas de la escritura. Y, por encima de todas ellas, la sumisión amorosa, la generosidad inmensa del que desea, del que es atravesado por la pasión y se entrega, se da, se deja arrastrar en su deseo de fundirse en el otro:

> Y hoy río si tú ríes, y canto si tú cantas;
> Y si tú duermes, duermo como un perro a tus plantas!
> Hoy llevo hasta en mi sombra tu olor de primavera;
> Y tiemblo si tu mano toca la cerradura
> Y bendigo la noche sollozante y oscura
> Que floreció en mi vida tu boca tempranera! (pág. 168)[231]

---

[230] Este es uno de los poemas más corregidos y reelaborados por la poeta. Magdalena García Pinto incluye una versión perteneciente al Cuaderno número 3 que pone de manifiesto aún más claramente esa búsqueda de lo absoluto con sus sombras y sus luces inspirada por un espíritu versátil: "Yo lo soñé impetuoso, formidable y ardiente; / Era abismo era ola era sol y torrente / Era cambiante y vario pero uno y eterno / Tenía las amarguras del alma del torrente" (pág. 166).

[231] Es interesante que sean las composiciones de "Orla rosa" las más corregidas, modificadas o reelaboradas. Ello explica la fuerte ansiedad y preocupación sobre la recepción de esta última sección que tenía Agustini. Sabía lo trasgresor y subversivo que era plantear su proceso de evolución escritural desde la retórica erótica y por esto cuida mucho los sentidos, la elección de los vocablos y las connotaciones. "El intruso" y "La copa del amor" presentan varias versiones y variantes en el Cuaderno 3 que muestran el proceso complejo de creación de los textos.

Así pues, si *El libro blanco* estaba sembrado de imágenes de la escritura porque la inestabilidad e inseguridad de un sujeto poético todavía en fase de experimentación imponía el ensayo de distintas poéticas, "Orla rosa", la última parte del poemario, constituye el vislumbre de algo diferente que va a constituir la esencia de su lírica posteriormente. "Orla rosa" es ya una apuesta directa por una forma de decir propia que se apoya en el erotismo y la sensualidad como desencadenantes de una escritura torrencial e impetuosa y, que desde un punto de vista formal, se sostiene en el diálogo, el intercambio de tú a tú frente a la introspección también necesaria pero desoladora de sus primeros versos. De esta manera, *El libro blanco*, con su cierre en "Orla rosa", traza un panorama de esa indagación y propone la lectura de todo el conjunto como una liberación, que, aun siendo parcial o contradictoria, se convierte en la condición para el despliegue posterior de la lírica de Agustini.

La serie se convierte en una suerte de discurso amoroso con un desenlace que se identifica con la separación. Tal narrativa tiene como consecuencia más relevante el surgimiento de una voz que se dice a sí misma como "otra", aunque esa otredad asuma los rasgos de la pasividad y del sentimiento, es decir, los rasgos que se le imputan en este momento al sujeto femenino. Hasta este momento, los interlocutores en la lírica de Agustini han sido figuras femeninas como la "maga", el "hada" o la "musa", signadas por el mimetismo respecto de la tradición lírica. En adelante, cuando estos interlocutores aparezcan, su configuración será ya una opción y no una imposición del lenguaje literario. Podemos hablar de una transición al tú en los interlocutores poéticos que posibilita el reflejo de la dimensión genérica de la voz que se expresa en los poemas. En este sentido, es interesante que en ellos se caracterice a ese "tú" como un espejo en el que cobra forma el sujeto femenino: "En el silencio de la noche mi alma / Llega a la tuya como a un gran espejo" (pág. 163), o bien "Mi alma es frente a tu alma como el mar frente al cielo" (pág. 172), y podría decirse que aquí encuentra su origen el sistema de repeticiones especulares que recurrentemente encontramos en estos poemas: "río si tú ríes, canto si tú cantas" (pág. 168). Esta estructura especular convierte al otro en un recurso del yo, más que en algo multiforme y denso; es más, ese otro apenas tiene rostro y es fundamentalmente el agente del deseo que desencadena la posible auto-identificación del sujeto. Pero en la medida en que tal identificación posee esa estructura de reflejos está también presa en las dimensiones del otro. En este sentido, como apunta Lacan para el "estadio del espejo", el yo es el producto de una identificación alienada, por la cual el deseo es un deseo de reconocimiento, aunque este reconocimiento está inscrito en unos términos que no le son propios. Tal estructura explica el juego de la "página en blanco" al que juega Agustini en estos poemas, del que ya hemos hablado más arriba, donde esa página adopta los caracteres que el otro va trazando sobre ella, condición para identificarse como página y como escritura, condición, en definitiva, para reconocerse en primera instancia. De esta dimensión, si seguimos el argumento de Lacan, nacerá en la escritura de Agustini la pulsión por lo fragmentario, en el sentido de que este espejo es responsable de la posterior aparición de la amenazante y regresiva fantasía del "cuerpo-en-pedazos", donde comienza a manifestarse la ansiedad por la desintegración.[232]

Desde esta concepción del espejo, y desde su primera configuración en *El libro blanco*, es como puede comprenderse cabalmente su desarrollo en algunos de los poemas fundamentales de *Los cálices vacíos*, donde este motivo se convierte en el espacio de un auto-reconocimiento, ya no como respuesta sino como enigma, límite o negatividad ("La ruptura", pág. 235, o "El cisne", págs. 255-57), o como el reverso del reconocimiento del hombre ("Visión", págs. 236-37). En el primer caso, la dialéctica especular queda obliterada mediante un uso sorprendente del motivo de la esfinge, que queda identificada —apropiada— con la poeta, de manera que el reflejo proyectado por la laguna es ella misma, pero extrañada; esto es, tal reflejo le ofrece una cara de sí que permanece oculta a los demás y a ella misma en la representación cotidiana. Ese autoconocimiento se equipara a la propia escritura desde el momento en que nos damos cuenta de que la laguna se identifica, en el imaginario de la poeta, con la página sobre la cual despliega su lenguaje. Que la Esfinge sea el reflejo de las aguas remite a un dominio en el que la propia escritura se concibe como un enigma, siendo su resultado la oscuridad que, en ocasiones, vuelve tan difíciles los versos de Delmira Agustini, rasgo no siempre señalado, pero que ha provocado no pocos desatinos

---

[232] Jacques Lacan, "El estadio del espejo como formador de la función del yo [*je*] tal como se nos revela en la experiencia psicoanalítica", en sus *Escritos*, Buenos Aires: Siglo XXI, 1985, vol. I, págs. 312-338.

en la crítica. Aunque la ruptura a la que alude el título tiene en el poema un significado no bien definido, la semántica del poema y el motivo del espejo evidencian que nos encontramos ante la búsqueda de una imagen liberada de ese "tú" inicial:

> Érase una cadena fuerte como un destino,
> Sacra como una vida, sensible como un alma;
> La corté con un lirio y sigo mi camino
> Con la frialdad mágica de la muerte…Con alma
>
> Curiosidad mi espíritu se asoma a su laguna
> Interior, y el cristal de las aguas dormidas,
> Refleja un dios o un monstruo, enmascarado en una
> Esfinge tenebrosa suspensa de otras vidas. (pág. 235)

Se dice aquí, entonces, una ruptura de la "cadena fuerte" del "destino" femenino, marcada en la propia forma con lo que parece ser el quiebre de un soneto modernista, pues contamos solamente con los dos serventesios iniciales, y marcado asimismo con la ruptura también de la sintaxis, a partir de los encabalgamientos abruptos ("en una/Esfinge"). Se trata de una distancia consciente respecto a esa visión de la mujer que trata de replegarla a un dominio de silencio; resultando de ello una figura más allá de las formas establecidas de la subjetividad, más allá de lo femenino y de lo masculino[233], lo cual desvela que se trata de construcciones culturales a cuya cadena no quiere permanecer aherrojada la poeta.

Lo que la Esfinge propone no es simplemente algo cuyo significado está escondido y velado detrás del significante "enigmático", sino un decir en el que la fractura original de la representación es aludida en la paradoja de una palabra que se acerca a su objeto —en este caso a sí misma— manteniéndolo indefinidamente a distancia: "Esfinge *tenebrosa*". Así pues, a través de la Esfinge descubrimos el modo simbólico de la poesía de Delmira Agustini; éste informaba también el poema ya visto anteriormente en el que los sujetos distintos del yo no son sino proyecciones de éste. Por tanto, la poesía de nuestra autora está traspasada de una soledad radical, fruto de la cual es tanto la referencialidad del texto como la cancelación del mismo sobre la subjetividad de la poeta, que adquiere dimensiones tan amplias —llegando a veces a parecer contra-

---

[233] Véase, en este sentido, el juego con los géneros en los dos últimos versos del poema.

dictorias— como únicas. Esta soledad, que es subversión, puesto que la mujer rompe con su función social preestablecida al lado del hombre, no es, sin embargo, complacencia narcisista, sino búsqueda irredenta de algo otro, de algo donde la voz pueda reconocerse. La interrogación se queda sin resolver y se convierte, estéticamente, en su particular "enigma de la Esfinge".

Pero tan relevante como este juego de espejos que constituyen una imagen del sujeto es el giro que propicia el "tú" en cuanto a la enunciación poética. Podría decirse que el gran hallazgo de *El libro blanco* es la creación de ese tú a través del cual se va abriendo el espacio poético de Agustini, que oscilará desde este momento entre su encuentro y su pérdida. El pronombre debe ser entendido como ese otro "libro blanco" que va trazando esta escritura, como su tarea fundamental, como el espacio para su propia voz. Según explica Agamben a propósito de las categorías del lenguaje (como el pronombre), cuya esencia es la designación, éstas poseen la facultad de actualizarlo:

> El significado propio de los pronombres —en cuanto *shifters* e indicadores de la enunciación— es inseparable de un remitir a la instancia del discurso. La articulación —el *shifting*— que operan no es de lo no-lingüístico (la indicación sensible) a lo lingüístico, sino de la *lengua* al *habla*. La *deîxis*, la indicación —en la que desde la antigüedad se ha individuado su carácter peculiar— no muestra simplemente un objeto innombrado, sino ante todo la instancia misma del discurso, su tener lugar.[234]

De esta forma, en el empleo de un "tú" que no posee en sí género ni rasgos se cumple la traslación de la tradición poética al eje simbólico del sujeto poético femenino, en la medida en que éste es el que lo significa. El "tú" muestra el tener lugar, en la expresión de Agamben, de la propia lírica de Agustini, su instauración, su comienzo. El otro se presenta como un "signo vacío" que toma cuerpo al decirse en la voz femenina: su cometido es entonces el de operar la conversión de la tradición, de la poesía, en voz propia, de liberar la abstracción de la "musa" o la "maga" e inaugurar una instancia nueva del discurso, en la que el lugar de la enunciación se convierte en una clave del sentido. Pero también este "tú" enuncia la búsqueda de lo otro, de aquello que no tiene un

---

[234] Giorgio Agamben, *El lenguaje y la muerte: un seminario sobre el lugar de la negatividad*, Valencia: Pre-textos, 2002, pág. 50.

significado establecido, sino que únicamente es una señal o un indicio, algo que apunta a la propia escritura pero que no se identifica con ninguno de sus términos. Agustini se interna en el espacio de la "vida", del sentimiento, de lo "otro" que la ideología de la época atribuye al espacio femenino, pero finalmente acaba por dotarlo de nuevas significaciones, de aperturas y giros fuera de esa legislación. Se trata de un movimiento que perdura en toda su lírica y que acaba por trastocar los modelos de sujeto con los que se mueve en su primer libro: se convierte en la búsqueda de lo otro-femenino y de lo otro-masculino, de modelos y de relaciones que superen o se liberen de los significados o modelos fijos. "Visión" (pág. 236-237), de *Los cálices vacíos*, penetra en ese terreno incógnito de la identificación, de la permeabilidad y disolución de la frontera entre el "tú" y el "yo", entre lo masculino y lo femenino, que trata de comunicarse con la invención de un otro no sólo perturbado por las modificaciones del género, sino cómplice (aunque se trate de una complicidad ilusoria) ante tales visiones ("Cuatro raíces de una nueva raza", pág. 237):

> ¿Acaso fue en un marco de ilusión,
> En el profundo espejo del deseo,
> O fue divina y simplemente en vida
> Que yo te vi velar mi sueño la otra noche? (pág. 236)

Asistimos a una nueva inversión del proceso especular en la medida en que ya no es el yo el que se identifica con la esfinge sino el tú quien busca reconocerse en el espejo del sujeto femenino:

> Te inclinabas a mí como si fuera
> Mi cuerpo la inicial de tu destino
> En la página oscura de mi lecho (pág. 237)

El gesto de la inclinación contiene ese deseo del reconocimiento especular; el destino reside ahora en el sujeto femenino, que ya no se define como "libro blanco" sino como "página oscura". La expresión de ese deseo del cuerpo masculino, del intelecto y todas las posesiones que tradicionalmente corresponden al patriarcado se sitúa ahora en los dominios de lo oscuro, lo incomprensible y lo virginal ("riscos de la sombra", "lirios de tu cuerpo"):

> Y era mi mirada una culebra
> Apuntada entre zarzas de pestañas,
> Al cisne reverente de tu cuerpo.
> Y era mi deseo una culebra
> Glisando entre los riscos de la sombra
> A la estatua de lirios de tu cuerpo! (pág. 237)

Tomar y dar, inclinarse y ceder: el sujeto ya no se contempla en un espejo, sino que ha pasado a ser ese espejo mismo, ya no busca una identificación, sino que pugna por convertirse en aquello que identifica. Sus leyes ya no son las de la represión, sino las del deseo y del cuerpo, que quedan fijadas en los atributos de la mirada. Así pues, el "yo" se traza finalmente como una categoría del discurso, como un deíctico que marca la inserción del sujeto en un orden —el orden simbólico lacaniano— cuyo funcionamiento eluda los poderes más fuertes de la conciencia o de la captación reflexiva, refleja. Pero tal deíxis marca también el sentido del discurso, en la medida en que éste no posee una significación fija o una estructura cerrada, sino que se manifiesta en su actualización constante, en su re-enunciación, en la performatividad del habla, por la cual los enunciados han de entenderse en su precisa coyuntura.

3. *Cantos de la mañana*: La melancolía y los espacios de la escritura

Cantos de la mañana marca un punto de inflexión en relación a los poemas publicados con anterioridad a 1910 y consolida la historia de una ruptura con las prisiones dialécticas contra las que se debate en *El libro blanco*, así como con las configuraciones metafóricas que reprimen la emergencia de una voz femenina. El esfuerzo unificador, cohesionador de poéticas en busca de la propia que guiaba los propósitos en el primer libro se disuelve en *Cantos de la mañana*, porque es en la misma disgregación, en la desmembración y fragmentación donde el sujeto lírico encuentra su canal de expresión. Esta línea de violencia ejercida sobre la palabra, sobre la imagen y sobre todo el entramado alegórico y simbólico se une a la recién explorada vertiente erótica ("Orla rosa") y juntas van a abrir otra senda en la poesía de Agustini caracterizada por una mayor seguridad en sí misma y una autoridad indiscutiblemente más firme y serena. La poeta afirma su subjetividad, su feminidad creadora a medida que el otro, (el tú, el amante, el arte) se deconstruye, se fragmenta. Entonces, el yo lírico doblemente fuerte por el impulso extraordinario que el amor, (que la vida, que el arte) le han otorgado, vuelve a estar solo y a la búsqueda aventurera, soñadora; se vuelve a disfrutar de la soledad apetecible y necesaria de la escritura.

> La solitude de l'écriture c'est une solitude dans quoi l'écrit ne se produit pas, ou il s'émiette exsangue de chercher quoi écrire encore. Perd son sang, il n'est pas reconnu par l'auteur. [...] Il faut toujours une séparation d'avec les autres gens autour de la personne qui écrit les livres. C'est une solitude. C'est la solitude de l'auteur, celle de l'écrit. Pour débuter la chose, on se demande ce qu'était ce silence autour de soi. Et pratiquement à chaque pas que l'on fait dans une maison et à toutes les heures de la journée, dans toutes les lumières, qu'elles soient du dehors ou des lampes allumées dans le jour. Cette solitude réelle du corps, devient celle, inviolable, de l'écrit.[235]

Cantos de la mañana es, por otra parte, un libro en el que se multiplican los tributos a otros poetas, los cuales lejos de la imitación que exhiben los poemas adscritos de forma más tópica a la retórica del modernismo, muestran una reelaboración más intensa de la herencia poética, una incorporación personal de ese lenguaje al acerbo propio. Villaespesa, Darío, Poe, son referentes aquí de un diálogo horizontal, no de una estructura jerárquica. En este proceso, como ya hemos señalado anteriormente, tiene una relevancia crucial el hecho de que el legado simbolista contribuyera a liberar el imaginario de la noche, identificado con lo femenino, como un componente que fuera preciso purgar. "De 'Elegías dulces'", dividido en dos sonetos, rinde homenaje al poema "El cuervo" de Edgar Allan Poe y trata de reproducir el clima de misterio y nocturnidad de sus relatos:

> Hoy desde el gran camino, bajo el sol claro y fuerte,
> Muda como una lágrima he mirado hacia atrás,
> Y tu voz, de muy lejos, con un olor de muerte,
> Vino a aullarme al oído un triste "¡Nunca más!" [...]
>
> Los pasados se cierran como los ataúdes;
> Al Otoño, las hojas en dorados aludes
> Ruedan…. y arde en los troncos la nueva floración… (pág. 183)

---

235 Marguerite Duras, *Écrire*, Paris: Gallimard, 1993, pág. 17.

Así pues, la introducción de Poe (con Villaespesa) al principio del poemario no es en absoluto gratuita, sino que trata de sugerir la progresiva penetración en otro tipo de poética, en la poética que también practicaba Baudelaire y precisaba de lo oscuro, lo maldito, lo raro para surgir. Esa niebla enigmática, esa tristeza siniestra son abono para que crezcan las nuevas flores delmirianas:

> … Las noches son caminos negros de las auroras…
> —Oyendo deshojarse tristemente las horas Dulces,
> hablemos de otras flores al corazón. (pág. 183)

La segunda parte del poema, ajena ya a la referencia a Poe, se interna en la construcción imaginaria que define y caracteriza buena parte de la obra de Delmira Agustini y sobre la que se trabaja muy especialmente en *Cantos de la mañana*: la melancolía. Se trata de una configuración a la que se aproximan los últimos poemas de *El libro blanco*, aunque en ellos el recuerdo no nombra la plenitud sino el exilio, un exilio que más tarde la aparición del amor, del eros, es capaz de transformar por completo. Sin embargo, el amor que exaltan los poemas de "Orla rosa" se dice perdido en este poema, se nombra como una otredad ausente o indiferente, que revierte sobre el sujeto poético. De esta forma, como señala Butler:

> La melancolía describe el proceso por el cual se pierde un objeto originalmente externo, o un ideal, y la negativa a romper la vinculación con ese objeto o ideal conduce al retraimiento del objeto al *yo*, a la sustitución del objeto por el *yo* y al establecimiento de un mundo interior donde una instancia crítica se disocia del *yo* y pasa a tomarlo por objeto.[236]

Así, en el poema mencionado, la pérdida del objeto de deseo, de ese "tú" encontrado y celebrado en los poemas finales de *El libro blanco* se resuelve en una identificación ("mi alma tuya"), en una incorporación del deseo, que desemboca en la concentración del sujeto ("acurrucada") y se traduce en una disociación temporal:

> Pobre mi alma tuya acurrucada
> En el pórtico en ruinas del Recuerdo,
> Esperando de espaldas a la vida
> Que acaso un día retroceda el tiempo (pág. 184)

---

236 Judith Butler, *Mecanismos psíquicos del poder, op. cit.*, pág. 193.

Se trata de un mecanismo, el de la melancolía, que recorre toda la obra de Agustini, pero que envuelve en su dialéctica elementos distintos, que dibuja también un proceso de cambio, de evolución. *Cantos de la mañana*, en un gesto que caracteriza la imaginación delmiriana, transita de este estado al de la celebración, al del placer por el surgimiento de su voz; combina los ecursos de la melancolía con la retórica del canto. A esta segunda lectura apunta el título, que sugiere una promesa, algo que se sitúa en esa zona liminar de la inminencia: ahora, sin embargo, no se trata de algo que está por decir, sino de lo que comienza a decirse y de lo que se dice como plenitud, como himno. "La barca milagrosa" (pág. 185) dialoga, desde esta perpectiva, con "Levando el ancla" pues en ambos nos encontramos con el *topos* del viaje. "La barca" propone una poética de la consciencia, de la rebeldía, que se fundamenta en la autocomprensión del sujeto femenino: "No ha de estar al capricho de una mano o un viento: / Yo la quiero consciente, indomable, bella!". El combate entre el deseo y el disciplinamiento se resuelve aquí, como en "Primavera", mediante la proclamación de la voluntad que contradice y rechaza los dictados exteriores. Por otro lado, el poema inicia la fragmentación que va a caracterizar a todo el libro y que signa incluso la relación amorosa. Ésta deja de ser una entrega absoluta de dos cuerpos, de dos almas completas y pasa a ser un compendio dispersos de brazos, bocas, corazones, dedos; se mueve con los latidos de "un corazón sangriento" que son los que le dan el impulso para arrojarse a lo desconocido.

Se trata, como decimos, de la misma conversión que escenifica "Primavera". La escritura es un campo de renovación constante, donde se gesta continuamente la voz que la enuncia, que la construye y se construye. La voz se nombra aquí en su victoria, tras la superación de los márgenes estrechos en que se ha movido y que trazaban fundamentalmente el espacio de su represión. La superación del mimetismo, de la neutralización de sí, se expresa aquí en una crítica, en un rechazo de los términos que formaron parte de un ideal pasado, reflejo, proyectado por una falsa formación. La supervivencia o recomposición, que, según Butler, no es exactamente lo contrario de la melancolía, sino que es lo que ésta pone en suspenso, exige redirigir la cólera contra lo otro pasado, contra esa imagen a la que el sujeto estuvo unido, encolerizándose contra ella con el fin de evitar el riesgo de la identificación. Tal desafío se expresa, en efecto, en los primeros pasos de este poema:

> No más soñar en afelpados bosques;
> No más soñar sobre acolchadas playas!...
> Reconcentren sus sombras los abismos;
> Empínense soberbias las montañas;
> Limpien los lagos sus espejos vivos; (pág. 205)

El lago, el espacio del autoconocimiento, ha de estar limpio de todo aquello que secuestre la posibilidad de la búsqueda, al igual que la sombra, que se yergue aquí orgullosa sin el lacerante peso de la "luz", esto es, de esa modernidad burguesa y falaz que se proyectaba anteriormente como el ideal. Un lago más abierto, un mar nuevo ("El mar con voz"), unas flores más brillantes, forman parte del paisaje que crea la lírica de Agustini a partir de este momento, concentrada en la vida con toda su carga de crueldad, hondura y dramatismo; las alas blancas se convierten ahora en las alas negras de la melancolía que dirigen el vuelo de la imaginación:

> Oscurezca el dolor sus alas negras;
> Agucen sus aceros las tormentas;
> Todo el amor del Mundo reflorezca
> En palpitantes cármenes humanos;
> Al resplandor de incendio del Orgullo
> Ciña el hada sombría de la Tierra
> El tesoro fecundo de sus joyas! (pág. 205)

Se ofrece en los poemas de *Cantos de la mañana* una disyuntiva que enfrenta el arte, entendido bajo los términos que exilian compulsivamente al sujeto femenino, y la vida, como ese otro terreno, el de la "sinceridad", la no-mediación, donde se torna posible la modulación de tal sujeto. De ahí, tal vez, que Agustini vaya definiendo su poesía progresivamente como "más sincera, menos meditada", como lo hace en la nota "al lector" de *Los cálices vacíos*. La opción que se expresa en estos poemas por la "vida", como el término reprimido anteriormente, y que ahora se salva a través de las identificaciones y repulsiones que desencadena el auto-reconocimiento en lo otro y la melancolía, es la que recorre el poema "Las coronas" (pág. 196) y también, con algunas implicaciones más amplias, el que lleva por título precisamente "¡Vida!" (pág. 197). En el primero, las coronas conforman las aspiraciones encaminadas a inscribirse en el lugar del arte, de la poesía, en el lugar que excluye la vida y lo "real" en tanto que irracional, caótico o inapresable simbólicamente.

El sujeto poético contempla ahora ese deseo del arte con la impasibilidad de la estatua parnasiana y sólo después de observarlo y verlo deshecho, dividido —como metonimia cruel— fragmentado, busca otra salida. La Quimera final es un compendio monstruoso de los más distintos animales míticos y reales. El yo poético opta por la deslumbradora corona de mágicas y "doradas estrellas" pero, sin embargo, la "Vida" con la fuerza y el torbellino de emociones y sentimientos que conlleva parece ser la poética más ansiada en tanto que otorga el orgullo, el poder y la autoridad necesarias para que el sujeto marginal, subalterno, femenino pueda erigir su voz. Así, lo vivencial adquiere el sentido de acto de rebeldía, de desafío al mundo patriarcal, a la conciencia masculina como grupo de poder intelectual:

> Yo me interné en la Vida, dulcemente, soñando
> Hundir mis sienes fértiles entre tus manos pálidas!… (pág. 196)

Ahora bien, aunque en Agustini la apuesta por la vida y la realidad se asocie íntimamente a la dialécticas que hemos venido trazando, ya la sensibilidad extrema de Baudelaire había declarado algo muy similar pues, pese a privilegiar, como todo artista, la creación sobre la naturaleza, es consciente de lo esencial de la emoción, del reflejo de lo vivo, del propio yo que es la escritura:

> Faut-il vous dire —écrit Baudelaire à Ancelle, le 18 février 1866—, à vous qui ne me l'avez pas plus déviné que les autres, que dans le livre atroce, j'ai mis tout mon Coeur, toute ma tendresse, toute ma religion (travestie), toute ma haine? Il est vrai que j'écrirai le contraire, que je jurerai mes grands Dieux que c'est un livre d'art pur […] et je mentirai comme un arracheur de dents.[237]

Sin embargo, en Agustini esa opción por la vida no está teñida de respuesta frente a un mundo cada vez más enajenado por la técnica y el trabajo, sino que se incardina en la rebelión que constituye no ceñirse a unos modelos que cercenan al sujeto. Es entonces la corona humana, de carne, de piel, de afecto, constituida por las caricias amorosas de las "manos pálidas", de los dedos amados la que se elige finalmente. Así, los procedimientos melancólicos de *Cantos* invierten el signo de la me-

---

237 Martine Bercot, "Des *Fleurs du Mal* au *Spleen de Paris*", en *Magazine Littéraire* 418 (2003), pág. 22.

lancolía que preside sus primeras composiciones. En ellas, y aunque el sujeto no queda relegado a la pasividad, su forma de rebelión se desarrolla mediante la repetición, el mimetismo: incorpora no sólo los enunciados, sino las lógicas de un sistema, el literario, si no abiertamente disciplinario sí muy disciplinado en cuanto a la inserción del sujeto femenino. Agustini dirige contra sí la condena que ahora lanza contra ese otro.[238] Como señala a este respecto Freud, en su clásico trabajo sobre la melancolía, "el enfermo melancólico no se conduce como un individuo normal frente a los demás, agobiado por los remordimientos. Carece, en efecto, de todo pudor frente a los demás [...] observamos el carácter contrario, o sea el deseo de comunicar a todo el mundo su propios defectos, como si en ese rebajamiento hallara una satisfacción".[239] Tal satisfacción es, como hemos visto, un deseo de purgación, una voluntad hiriente de auto-eliminación y de identificación con el otro, que en este caso es lo masculino. Sólo a partir de los poemas de "Orla rosa", en los que a través de un tú-amante el sujeto femenino puede verse a sí mismo como objeto de deseo y dibuja una rotación que lo lleva a enarbolar su orgullo y a explorar hasta las últimas consecuencias los términos de su "eros", se pasa de la auto-agresión inicial a la concepción del yo, verdarero objeto de deseo. Así pues, esta celebración de la salida y del comienzo de la voz corresponde a la ruptura con la dialéctica anterior y a la aceptación de sí que inauguran y exploran los poemas de "Orla rosa", y cuya expresión más descarnada es "Primavera":

> ¡Oh despertar glorioso de mi lira
> Transfigurada, poderosa, libre
> Con los brazos abiertos tal dos alas
> Fúlgidas apuntadas al futuro!
> ¡Oh despertar glorioso de mi lira
> Como un sol nuevo sobre un nuevo mundo! (pág. 205)

Las alas se alzan contra los mecanismos que impiden su vuelo, sin que éste se encuentre atrapado ya por los contrarios que una falsa

---

238 Sobre esta dinámica, similar a la que se produce en algunas situaciones postcoloniales, véase Homi K. Bhabha, "Postcolonial Authority and Postmodern Guilt", en *Cultural Studies: A Reader*, ed. Lawrence Grossberg, Nueva York: Routledge, págs. 59-67.
239 Sigmund Freud, "Duelo y melancolía", en sus *Obras completas*, Madrid: Biblioteca Nueva, II, pág. 2093.

conciencia ponía en su camino. Este canto es, por ello, un paso en el sendero de la búsqueda que se dirige en muchas ocasiones hacia otras realidades, abandonando ya totalmente su relación con los elementos represores iniciales, en la medida en que ya no desencadenan ningún registro y no sirven para entender esta escritura. Se deja atrás la autoagresión, pero tambien la respuesta, y el sujeto se adentra por los cauces de una exploración que ignora sus términos, que carece de asideros, que ya no se cifra en modelos.

Se inicia entonces una vuelta, lo que Freud llama un retraimiento en aquellos casos en que el "tú" se diluye y el sujeto traza su propio perfil sobre los contornos de la ausencia. Dicha "vuelta" o repliegue hacia sí es la estructura fundamental del registro melancólico, y acaba produciendo un espacio, un paisaje, construido sobre la inversión o suspensión del tiempo.[240] Ese retraimiento de la respuesta a la pérdida inicia entonces una duplicación del tiempo y del *yo* como objetos, pues sólo volviéndose sobre sí mismos pueden adquirir una visibilidad. Dicha espacialización del tiempo, que se torna en la creación de un paisaje escindido, es la que explica la andadura de un poema como "Un alma" en el que se contempla un escenario caótico y violento desde el "manto de la melancolía":

> Bajo los grandes cielos
> Afelpados de sombras o dorados de soles,
> Arropada en el manto
> Pálido y torrencial de mi melancolía,
> Con una astral indiferencia miro
> Pasar las intemperies...
>
> Ceños
> De los reconcentrados horizontes;
> Aletazos de fuego del relámpago;
> Deshielos de las nubes;
> Fantásticos tropeles
> Desmelenados de los huracanes;
> Pórticos esmaltados de los iris,
> Abiertos a las fúlgidas bonanzas;
> Pasad!... Yo miro indiferente y fija,
> Indiferente y fija como un astro! (pág. 201)

---

[240] Según propone Walter Benjamin, por ejemplo, la melancolía crea un espacio interior definido por la diferencia en el tiempo, por la no adecuación, aspectos a los que da voz la alegoría, *vid.* Walter Benjamin, *El origen del drama barroco moderno*, Madrid: Taurus, 1990.

Cantos de la mañana: *la melancolía y los espacios de la escritura*

El paso del paisaje muestra la condición temporal del espacio que se gesta en la imaginación melancólica, lo que va a determinar una temporalidad contradictoria, más ligada a los estados, a las situaciones, que a un desarrollo lineal. Es el tema del poema titulado "Fue al pasar", en el que se reformula el motivo del *flâneur* trazado por Baudelaire, pero que toma finalmente un giro hacia la configuración de un tiempo, el del "pasar", que se disloca y se cifra en una escisión espacial. Las imágenes dolorosas, que destilan la bilis negra siguen invadiendo el espacio poético a través de los ojos del amado pero poco a poco la tristeza y abulia se convierten en horror, en tragedia, en furia y pasión: las flores pasan de desmayadas a feas, malditas:

> ¡Ah, tus ojos tristísimos como dos galerías
> Abiertas al Poniente!... Y las sendas sombrías
> De tus ojeras donde reconocí mis rastros!...
>
> Yo envolví en un gran gesto de horror como en un velo,
> Y me alejé creyendo que cuajaba en el cielo
> La medianoche húmeda de tu mirar sin astros! (pág. 203)

El encuentro de los amantes, felizmente evocado en los poemas de "Orla rosa", comienza ya a transformarse en tentativa, en movimiento, en deseo que contempla cómo se alejan sus formas. El tema de los ojos, que este poema formula introduciendo un desvío sorprendente sobre el modelo francés, constituye además uno de los resortes en los que se contempla el sujeto femenino que va identificándose con ellos. Nuevamente, encontramos el gesto de la "vuelta" ("envolví"), que genera el doble del paisaje y del tiempo: la lejanía y la extrañeza ("La medianoche húmeda de tu mirar sin astros"). Esta diferencia espacial, por último, define también la contemplación del amado durante el sueño ("Tú dormías", pág. 204), en una audaz inversión del tópico: "Parecía / no sé qué mundo anónimo y nocturno".

Las energías vitales como fuente de inspiración, la vida como punto de referencia del que surgen la salud, la tranquilidad, el refugio, el calor vuelve a expresarse en el magnífico "¡Vida!" (págs. 197-198):

> A ti vengo en mis horas de sed como a una fuente
> Límpida, fresca, mansa, colosal...
> Y las punzantes sierpes de fuego mueren siempre
> En la corriente blanda y poderosa. (pág. 197)

La "Vida", el "Arte", el "Amante" son apresados, incorporados por el sujeto poético, que transita de un espacio a otro, del espacio de la pérdida, de la orfandad, al del refugio. El propio objeto se desdobla, se escinde, y genera el movimiento del deseo que define el lugar de su búsqueda con los rasgos del recogimiento ("vengo a ti, / Como al rincón dorado del hogar, / Como al Hogar universal del Sol!...", pág. 197). Si, como señala Butler, el de la "vuelta" es el tropo fundamental de la psique y constituye el eje sobre el que rota la melancolía, podemos entender este poema como un intento de definir el yo poético, de trazar los términos que lo constituyen. Así, la melancolía resemantiza el término "vida" que se define en el poema con una gama de significados inesperados, con los que el sujeto negocia su propia figura. En este sentido, el yo se gesta como una carencia, como una necesidad:

> Para mi vida hambrienta,
> Eres la presa única,
> Eres la presa eterna!
> El olor de tu sangre,
> El color de tu sangre
> Flamean en los picos ávidos de mis águilas. (pág. 198)

El hambre es una de las metáforas centrales de esta lírica y en ella se refleja la intensidad con que se concibe la experiencia vital de la indagación. Ese deseo —hambre, sed, ansia sexual o espiritual— de apresar lo otro con los dientes, con las manos, con la boca, con la corporalidad toda expresa magníficamente su sentido de la vida y la escritura. Sin embargo, su cumplimiento aquí en la retirada sugiere que ese paso es preciso para la configuración del propio sujeto de deseo, cualidad de la que la mujer ha estado excluida y que constituye una de las raíces del proyecto poético de Agustini.

La vida ofrece la poética más completa, con mundos conocidos y mundos inexplorados, con más acá y "más allá" y, en la violencia de la posesión física o meramente alimenticia, antropofágica se encuentra su vitalidad, su motor:

> Vengo a ti en mi deseo,
> Como en mil devorantes abismos, toda abierta
> El alma incontenible...
> Y me lo ofreces todo!...
> Los mares misteriosos florecidos en mundos,

> Los cielos misteriosos florecidos en astros,
> Los astros y los mundos!
> ... Y las constelaciones de espíritus suspensas
> Entre mundos y astros...
> ... Y los sueños que viven más allá de los astros,
> *Más acá* de los mundos... (pág. 198)

El *más acá* remite a la disociación del espacio poético que conforma la imaginación melancólica. La apuesta por el espacio de la vida constituye, paradójicamente, un movimiento hacia el "reino interior", desde el que poder concebir y poseer, incluso como proyecciones o pérdidas, las posibilidades del deseo. Ese reino interior, esa vía que posee significados imprevistos se convierte en el lugar donde la melancolía traza el perfil del sujeto:

> La melancolía sólo puede adoptar forma consciente a condición de su retraimiento. El retraimiento o la regresión del libido se le representa a la conciencia como un conflicto entre distintas partes del *yo*; de hecho, el *yo* acaba representándose como dividido en dos partes sólo si ha tenido lugar ese retraimiento o regresión. Si la melancolía constituye el retraimiento o la regresión de la ambivalencia, y la ambivalencia se vuelve consciente al ser representada como partes del *yo* en oposición, y dicha representación se vuelve posible sólo a condición de ese retraimiento, de ello se sigue que la prefiguración de la distinción topográfica entre *yo* y *super-yo* depende ella misma de la melancolía.[241]

Entonces, más allá del sujeto concebido en los términos de la "vida", más allá de la aceptación radical de una configuración cifrada en ella, el sujeto sólo puede contemplar su propia disolución, su destrucción: "Si para mí tu más allá es la Muerte, / Sencillamente, prodigiosamente..." (pág. 198). De esa posibilidad radical de auto-extinción resulta el paso hacia atrás en cuyo tránsito se va definiendo el sujeto poético; en el lugar de la vuelta "se duerme dulcemente" (pág. 197) y la voz es capaz de percibirse, gracias a la distancia espacial y temporal que provoca ese movimiento. El sujeto se gesta aquí en la retirada, en la vuelta, donde se reconoce y se separa de los cauces que habían sido dispuestos anteriormente.

Abierto a esa posibilidad, el sujeto se encuentra entre los registros de la libertad y de la orfandad, de la celebración y de la tristeza. El discurso

---

[241] Judith Butler, *Mecanismos psicológicos del poder*, op. cit., pág. 191.

melancólico contamina e impregna además la alegoría del creador solitario que en su cuarto piensa, corrige, trabaja o se enfrenta con sus propios monstruos dejando el cadáver de una inmensa tristeza como víctima. "Nocturno" (pág. 227), de *Los cálices vacíos*, reproduce exactamente esa imagen:

> Mi cuarto: ...
> Por un bello milagro de la luz y del fuego
> Mi cuarto es una gruta de oro y gemas raras:
> Tienen un musgo tan suave, tan hondo de tapices,
> Y es tan vívida y cálida, tan dulce que me creo
> Dentro de un corazón... (pág. 227)

Sin embargo, en la soledad necesaria pero inmensamente triste de la creación ("Fuera, la noche en veste de tragedia solloza / Como una enorme viuda pegada a mis cristales"), el cuarto se transfigura en la gruta maravillosa del deseo y de la escritura. Como señala Kristeva, existe una estrecha y controvertida relación entre la escritura y ese "abismo de tristeza", ese "dolor incomunicable que nos absorbe a veces", al que se ha dado el nombre de melancolía.[242] Kristeva se pregunta si este "humor negro" constituye un lenguaje, si la melancolía puede revertir en una específica forma de expresión, pues "el melancólico, con su interior triste y secreto, es un exiliado en potencia pero también un intelectual capaz de brillantes construcciones"[243]. De acuerdo con ella, la literatura traspone la melancolía en ritmos, signos, formas y se transforma en una suerte de catarsis reparadora para el sujeto creador.[244] El proceso es el siguiente: el yo, ese artista abrumado por la melancolía, emprende una búsqueda de símbolos y mecanismos externos que se correspondan con su inestabilidad anímica y constituyan una metáfora de su propio estado perdido y descentrado:

---

242 J. Kristeva, *Sol negro. Depresión y melancolía, op. cit.*, pág. 9; sobre la relación entre escritura, género y melancolía, véase Wolf Lepenies, *Melancholy and Society*, Cambridge: Harvard University Press, 1992, y, para otro contexto, Juliana Schiesari, *The Gendering of Melancholia: Feminism, Psychoanalysis, and the Symbolics of Loss in Renaissance Literature*, Ithaca: Cornell University Press, 1992.
243 J. Kristeva, *Sol negro. Depresión y melancolía, op. cit.*, pág. 58.
244 "No obstante esta representación literaria (y religiosa) posee una eficacia real e imaginaria más referida a la catarsis que a la elaboración, y es un medio terapéutico utilizado en todas las sociedades a lo largo del tiempo" (*ibid.* pág. 27).

Cantos de la mañana: *la melancolía y los espacios de la escritura* 173

la creación estética y particularmente la literaria, pero también el discurso religioso en su esencia imaginario, ficcional, proponen un dispositivo cuya economía prosódica, cuya dramaturgia de los personajes y cuyo simbolismo implícito son una representación semiológica muy fiel a la lucha del sujeto con el desmoronamiento simbólico.[245]

Tal desmoronamiento amenaza la posibilidad de escritura y de comunicación, explica que la melancolía se exprese a menudo bajo el lenguaje de lo que no puede ser dicho, de lo que se sabe únicamente en calidad de negativo, de ausencia. Esta tortura, este tormento extraordinario de la inspiración que no encuentra la forma o molde idóneo en que arraigarse persigue con ahínco a nuestra autora y tiene una de sus más bellas expresiones en el poema "Lo inefable". Poseemos al menos tres versiones corregidas, modificadas, rehechas de esta composición que formula de una manera magistral la imposibilidad de apresar lo inefable a través del lenguaje.

Yo muero extrañamente... No me mata la Vida,
No me mata la Muerte, no me mata el Amor;
  Muero de un pensamiento mudo como una herida...
¿No habéis sentido nunca el extraño dolor
De un pensamiento inmenso que se arraiga en la vida
  Devorando alma y carne, y no alcanza a dar flor?
¿Nunca llevasteis dentro una estrella dormida
Que os abrasaba enteros y no daba un fulgor?... (págs. 193-94)

El poema proclama aquí la falta de referencia que constituye el rasgo fundamental del melancólico. Éste es consciente de la pérdida pero ignora su objeto, no puede identificar lo perdido. El objeto de deseo ya no lo constituye la "vida" o el "amor", lo que muestra que las dialécticas, las elecciones de que hemos venido hablando son móviles y cambiantes y no trazan un universo cerrado. Más allá de la disyuntiva entre arte y vida, se propone una búsqueda que supera las anteriores y se encuentra por encima de ellas. Esta búsqueda es sin duda la de la poesía, que ya no se nombra como tal para diferenciarla de la imagen ajena y lacerante con la que se identifica el arte en sus textos anteriores. Sin embargo, más que curar la herida de la palabra, el poema únicamente consigue asediarla.

---

245 *Ibid.*, pág. 59.

Así, la imaginación melancólica traza el perfil de lo desconocido concibiéndolo como pérdida. El objeto perdido es una especie de sortilegio o conjuro, una huella que señala la falta, que es ya un sustituto, una representación vicaria y un derivado del objeto, como se expresa en "Los relicarios dulces" (pág. 207), donde se traza un itinerario por esta lógica de la melancolía:

> Hace tiempo, algún alma ya borrada fue mía...
> Se nutrió de mi sombra... [...]
> Murió de una tristeza mía... Tan dúctil era,
> Tan fiel, que a veces dudo si pudo ser jamás... (pág. 207)

La inscripción del otro, de lo perdido en el propio sujeto, muestra la imposibilidad de significar y desvela su ilusión misma. En este sentido, si en el "duelo" la pérdida puede ser superada mediante su transferencia en otros objetos, la melancolía está inscrita en una dinámica de deseo que hace imposible la transferencia: en la medida en que su misma existencia (y por tanto su pérdida) es una duda, el trabajo del duelo no alcanza a producirse, por lo que la imaginación melancólica desencadena una constante re-enunciación de la pérdida, con la que consigue al menos la figuración del deseo. O como dice Agustini en "Con tu retrato", de *Los cálices vacíos*: "renaces en mi melancolía/formado de astros fríos y lejanos!" (pág. 241).

Más allá de esta lógica de la figuración melancólica, "Las alas" (pág. 199-200) marca un punto de inflexión dentro de este esquema porque declara el desplazamiento de un imaginario y la fractura con algunos de los mecanismos que han presidido la escritura de Agustini. El sujeto poético comienza enunciando un pasado ideal de ensueño en que volaba osadamente por los dominios de la inspiración y la creatividad:

> Yo tenía...
>   dos alas!...
> Dos alas,
> Que del Azur vivían como dos siderales
> Raíces! (pág. 199)

La imagen de las "alas" se refiere en los primeros poemas, como ya vimos, a la inspiración y va trazando las claves de su sentido. Incluso gráficamente, visualmente, se expresa la libertad, la amplitud y ligereza del vuelo con los espacios en blanco y los encabalgamientos abruptos que sugieren el vértigo deslumbrante del aliento poético que deja absorto al que lo experimenta, lo deja fascinado y con la palabra indecible, inapresable a flor de labio. Estas primeras alas que permitieron rozar los cielos de la idealidad se adscriben a la órbita de la poética modernista, con "el áureo campaneo del ritmo" y "el inefable matiz". El poema traza el distanciamiento frente a esa imagen de la elevación y del vuelo, en la medida en que abandona unas concepciones que no sirven a su imaginación, que no consiguen identificar su deseo ("¿Te acuerdas de la gloria de mis alas?"). Todo ese despliegue metafórico corresponde, en efecto, al pasado:

> El vuelo ardiente, devorante y único,
> Que largo tiempo devoró los cielos,
> [...] Tenían
> Calor y sombra para todo el Mundo
> Y hasta incubar un *más allá* pudieron. (pág. 199)

Las alas fueron entonces también instrumento de la melancolía: a través de ellas se logró trazar la posibilidad de otros horizontes. Lo sorprendente es que, en el poema, incluso esa forma de melancolía queda subsumida por la pérdida: es algo que pertenece al pasado y que sólo en él, real o soñado, puede concebirse:

> Un día, raramente
> Desmayada a la tierra,
> Yo me adormí en las felpas profundas de este bosque...
>
> Soñé divinas cosas!...
> Una sonrisa tuya me despertó, parecéme...
> Y no siento mis alas!...
> Mis alas?...
>
> —Yo las *vi* deshacerse entre mis brazos...
> ¡Era como un deshielo! (pág. 200)

El deshielo de las alas, una deslumbrante imagen que cierra el ciclo de la imaginación melancólica en la primera Agustini, da paso a un estado de completa autoconsciencia, en la medida en que se han abandonado todos los asideros del sujeto. El carácter indecible e irrepresentable de la pérdida se vuelve aquí contra el propio universo simbólico de la poeta, que presenta como inaccesibles las galerías del "Iris", del "ritmo", de todo aquello que nació a partir de sus alas. De hecho, el deshielo de las alas, es decir, de una poética que pretendía dejar atrás el suelo, lo corporal, la tierra o lo femenino, supone el nacimiento del sujeto. Este gesto traduce una intensificación de la consciencia, que ha de oscilar entre la negativa al autoengaño y la proyección del "eros". La melancolía llevada hasta este punto en el poema "Las alas" deconstruye, por así decirlo, buena parte de la retórica que ha venido usando la poeta; incluso, aquí, al hablar del efecto de esa imaginación pasada, podría encontrarse un rictus irónico, leve, pero que contribuye a clausurar ese mundo anterior (anterioridad que es, también, mítica, autolegitimadora), y abrir la palabra poética hacia otras formas de expresión, hacia otras construcciones del imaginario. La melancolía genera también el espacio en el que se contempla y se ofrece una temporalidad para esta lírica, donde la poeta traza los términos de su propio despliegue y de su evolución. Tal evolución corresponde, además de a un itinerario efectivo, a un corolario provocado por la disyunción temporal que produce la imaginación melancólica. Tales formas, que aparecen ya en poemas anteriores (puesto que, como hemos comentado, el trazo de la poesía de Agustini no es cerradamente lineal) tienen que ver con el campo de "lo siniestro", que estudiaremos a continuación. Con todo, la autocensura que podría leerse en estos versos ya no posee el *pathos* de la purgación lacerante de los primeros versos; no se trata aquí de la falta de adecuación a un modelo externo, tampoco de la respuesta rebelde contra ese modelo, sino de la falta de reconocimiento consigo mismo que el sujeto desvela en el proceso melancólico y por la cual decide emprender una búsqueda, un desafío, en pos de la autenticidad, de "lo inefable".

Por último, esa temporalidad que traza el mecanismo de la melancolía podría describirse con los términos que propone Derrida como las "posiciones" con las que se identifica a la "mujer":

1. La mujer es condenada, humillada, despreciada como figura o potencia de mentira. La categoría de la acusación se produce entonces en nombre de la verdad, de la metafísica dogmática, del hombre crédulo que presenta la verdad y el falo como atributos propios. Los textos —falogocéntricos— escritos desde esta instancia reactiva son muy numerosos.

2. La mujer es condenada, despreciada como figura o potencia de verdad, como ser filosófico y cristiano, ya sea que se identifique con la verdad, ya que, a distancia de la verdad, la represente todavía como un fetiche en su provecho, sin creer en ella, pero permaneciendo, por astucia e infantilismo (la astucia siempre está contagiada de infantilismo), en el sistema y en la economía de la verdad, en el espacio falogocéntrico. El proceso es visto ahora desde la perspectiva del artista travestido. Pero éste cree todavía en la castración de la mujer y se conforma con la inversión de la instancia

reactiva y negativa. Hasta aquí la mujer es dos veces la castración: verdad y no-verdad.
3. La mujer es reconocida, más allá de esta doble negación, afirmada como potencia afirmativa, disimuladora, artista, dionisíaca. No es que sea afirmada por el hombre, sino que se afirma ella misma, en ella misma y en el hombre. En el sentido que decía antes, la castración no tiene lugar. El anti-feminismo es a su vez invertido. Condenaba a la mujer sólo en la medida en que se encontraba y respondía al hombre desde las dos posiciones reactivas.[246]

Se trata, como dice el propio Derrida, de tres posiciones simultáneas ("Todo a la vez") y de tres posiciones convencionales, en la medida en que aglutinan otras muchas que no se pueden nombrar de forma más precisa. Sirven para trazar el itinerario melancólico de la poesía de Agustini, ya que se corresponden con los estadios que va trazando este mecanismo a lo largo de su trayectoria. Sin embargo, hemos de decir, con Derrida, que ésta no está exenta de vueltas y de retornos, de cohabitaciones y asincronías, que acaban por arruinar también la coherencia de la melancolía.

4. *Los cálices vacíos:*
Lo siniestro y la imaginación poética

Si *El libro blanco* remite a la página aún por escribir, a la inexperiencia creativa y establece también un juego consciente con las implicaciones sexuales obvias de tal sintagma, y si *Cantos de la mañana* alude directamente al optimismo festivo y entusiasta de la vida como marca y enseña de una nueva visión hedonista de la poesía, *Los cálices vacíos* parece señalar otro punto de inflexión, pues ya desde el mismo título se apunta en otra dirección. No es una declaración de principios, como el primero, ni una celebración, sino más bien la asimilación de una carencia: los cálices, de hecho, están vacíos, es decir, no cumplen su función primordial. La vacuidad, en este sentido, sugiere un estado de deseo, una necesidad imperiosa de recibir que va acompañada inevitablemente de la melancolía provocada por esa frustración perpetua del no cumplimiento inmediato de ese anhelo. Aparte del tono provocador e irreverente

---

246 Jacques Derrida, *Espolones. Los estilos de Niestzsche*, Valencia: Pre-textos, 1997, págs. 64 y 65.

de la referencia, en *Los cálices vacíos* descubrimos una voz renovada que se adentra en otros dominios, que se autolesiona en la búsqueda de la expresión precisa y puntual, depurada. Esa voz experimenta con la forma y trata de encontrar términos nuevos, más densos, más exactos, más auténticos. Inaugura su tercer libro, como era propio de la modernidad, un arte de la invención, pero sin dejar de lado el arte de la expresión. En la conjunción de ambos aspectos reside ese encantamiento demorado, ese furor, ese misterio de la lírica:

> Chaque mot poétique est ainsi un objet inattendu, une boîte de Pandore d'où s'envolent toutes les virtualités du langage; il est donc produit et consomé avec une curiosité particulière, une sorte de gourmandise sacrée. Cette Faim du Mot, commune à la poésie moderne, fait de la parole poétique une parole terrible et inhumaine. Elle institue un discours plein de trous et plein de lumières, plein d'abscences et de signes surnourrissants, sans prevision ni permanence d'intention et par là si opposé à la fonction sociale du langage, que le simple recours à une parole discontinue ouvre la voie de toutes les Surnatures.[247]

El deslumbramiento y el hallazgo nutren, en efecto, el libro pero al mismo tiempo lo siembran de vacíos, de discontinuidades, de silencios, de rupturas. Deseo y melancolía, luz y sombra, unidad y destrucción vertebran el verbo delmiriano tanto en su forma como en su contenido. Y esta poética tiene mucho que ver con la discontinuidad e interrupción de las relaciones lingüísticas que implica la adopción (conflictiva, tentativa, irredenta en el caso de Agustini) del lenguaje poético por parte del sujeto femenino. No existe ya en su registro un discurso organizado, ensamblado, total, sino palabras, imágenes aisladas, disgregadas que evocan, sugieren y sólo están relacionadas entre sí arbitraria o especularmente sin responder nunca a una jerarquía ni a un significado estable y fijo. Se corresponden con un concepto de "texto" como el que dibuja Derrida:

> Una red diferencial, un tejido de huellas que remiten indefinidamente a algo otro, que están referidas a otras huellas diferenciales. A partir de ese momento, el texto desborda, pero sin ahogarlos en una homogeneidad indiferenciada, sino complicándolos por el contrario, dividiendo y multiplicando el trazo, todos los límites que hasta aquí se le asignaban, todo lo que se quería distinguir para oponerlo a la escritura (el habla, la vida, el mundo, lo real, la historia [...])[248]

---

247 Roland Barthes, *Le degré zero de l'écriture*, op. cit., pág. 40.
248 Tomo la cita de Cristina de Peretti y Paco Vidarte, *Derrida (1930)*, Madrid: Ediciones del Orto, 1998, pág. 71.

Los cálices vacíos: *lo siniestro y la imaginación poética* 179

El fuego, la sangre, la sombra, la pesadilla y múltiples figuras autónomas, solitarias y terribles que son reflejos terrenales de lo inhumano —estatuas, andróginos, fantasmas, esfinges— invaden *Los cálices vacíos* en una sucesión violenta, carnal e inquietante. La multiplicación, la proliferación de imágenes ambiguas, contradictorias, desgarradoras es un intento de respuesta a la problemática de la dispersión que caracteriza a la poesía moderna.

Agustini abre su libro con un poema en francés que es toda una declaración de principios, una poética de autoafirmación artística y de enunciación de temas y tonos: melancolía, juego y dialéctica de imágenes, erotismo y, no podemos olvidarlo, filiación con lo francés:

> Debout sur *mon orgueil* je veux montrer au soir
> L'envers de mon manteau endeuillé de tes charmes,
> *Son mouchoir* infini, son mouchoir noir et noir
> Trait à trait, doucement, *boira toutes mes larmes.*
>
> Il donne des *lys blancs* à mes *roses de flame*
> Et des bandeaux de calme à mon front délirant…
> Que le soir sera bon… Il aura pour moi *l'âme*
> Claire et le corps profond d'un magnifique amant.[249]

Los temas principales están ya anunciados, pues, en este primer texto. El contraste entre rosa y blanco va a marcar todo el libro como símbolo de la dialéctica amorosa; lo corporal o físico frecuentemente revertido en imágenes vegetales o de animales salvajes es otra metáfora de la relación sexual, de la relación del yo con la escritura, del yo con el amante concebida en términos violentos, y el dolor de amar, la melancolía de escribir que es más fuerte que la muerte, que es más terrible que la desaparición del ser. El orgullo se propone como la clave de este libro, una actitud de provocación que dice sin paliativos su libertad y su soberanía. Pero el tropo fundamental que se da cita en el poema es el del

---

249 ["De pie, sobre mi orgullo, quiero mostrarte, ¡oh noche! / El revés de mi manto de luto por tu encanto, / Su pañuelo tan negro, infinito pañuelo, / Tan suave, gota a gota, llenaré con mi manto / Da lirios blancos a mis rosas de llama / y bandas de calma a mi frente delirante / ¡Que la tarde sea propicia! / Tendrá para mi el alma clara y el cuerpo / profundo de un amante magnífico", traducción de las hermanas Carmen y Myriam Pittaluga Armán], Delmira Agustini, *Poesías completas*, ed. Alejandro Cáceres, *op. cit.*, págs. 274-275. Cito, excepcionalmente, por la edición de Alejandro Cáceres porque contiene la única traducción existente del poema de Agustini. El subrayado es mío.

"reverso": la escritura muestra la otra cara de lo conocido, expresa una "versión" alterada o desconocida de las cosas. El reverso del abrigo no es sino el reverso del poema, del lenguaje poético, que vuelve con la apariencia de lo similar pero con el estigma de lo distinto. A esta vuelta de lo "familiar" que, sin embargo, no acaba de reconocerse plenamente es a lo que Freud denominó, en un célebre ensayo en el que explora esta dimensión a partir de los cuentos de Hoffmann, "lo siniestro". En este sentido, podría argüirse que el reflejo de lo siniestro en la obra de Agustini correspondería al reflejo de una tradición literaria; sin embargo, sin negar que la poeta haya podido ver reflejadas en sus lecturas estas preocupaciones, su inscripción en el ámbito de lo siniestro no corresponde a una opción estética sino a un proceso que tiene que ver con los mecanismos de la represión y del retorno vinculados a su condición de género.

Lo siniestro se relaciona con un campo en el que los aparentes sinónimos son en realidad antónimos, y al contrario, en el que la diferencia acaba por ser una semejanza. La dificultad de este fenómeno se cifra, como ya observó Freud, en que depende para ser observado de la atención, de la "capacidad para experimentar esta cualidad sensitiva" que "se da en grado extremadamente dispar en los distintos individuos".[250] Desde esa perspectiva, lo siniestro correspondería a una experiencia, que Freud sitúa en la órbita de la estética, por la cual se producen sentimientos de malestar, espanto y horror. Aunque sin llegar a estos extremos, podría decirse que buena parte de la obra primera de Agustini acepta una caracterización bajo esta clave, en la medida en que está basada en el retorno de algo conocido (los dictados disciplinarios, el sistema cultural…) que no se corresponde exactamente con sus modelos, y ello no porque tal desvío sea deliberado sino porque la posición del sujeto introduce pequeños elementos que lo extrañan y que hacen que su identificación se iguale a la experiencia a un tiempo ajena y familiar, o marcada por esa ambivalencia. No obstante, interesa aquí menos la exploración de esa dimensión impresionista de lo siniestro, que la posibilidad de que este concepto pueda servirnos para una articulación de ciertos rasgos de la imaginación poética en Agustini.

---

250 Sigmund Freud, "Lo siniestro", en sus *Obras completas*, Madrid: Biblioteca Nueva, 2000, pág. 2484.

Los cálices vacíos: *lo siniestro y la imaginación poética*   181

Para operar ese desplazamiento crítico de lo siniestro como experiencia a lo siniestro como mecanismo, como recurso, es especialmente relevante el motivo del "doble", que Freud relaciona con este espectro. La gestación del doble tiene que ver con el temor de la muerte:

> En efecto, *el "doble" fue primitivamente una medida de seguridad contra la destrucción del yo, un "energético mentís a la omnipotencia de la muerte"* (O. Rank), y probablemente haya sido el alma "inmortal" el primer "doble" de nuestro cuerpo [...] El carácter siniestro sólo puede obedecer a que *el "doble" es una formación perteneciente a épocas psíquicas primitivas y superadas, en las cuales sin duda tenía un sentido menos hostil. "El doble" se ha transformado en un espantajo, así como los dioses se tornan demonios una vez caídas sus reliquias.*[251]

La creación del doble perpetúa o incorpora rasgos primitivos que extrañan y alejan esa imagen y la tornan irreconocible. Por otro lado, lo primitivo se confunde en muchos casos con lo reprimido: lo siniestro representa la emergencia de algo que una vez fue familiar y que luego ha sido obliterado y alienado de nuestra mente. Desde esta perpectiva, lo siniestro correspondería, entonces, a la liberación de lo reprimido, que adopta formas cercanas al primitivismo, es decir, a la aparición de figuras cuya sustancia se ha transformado en un resto, cuyo tiempo parece estar dislocado.

Esta forma de imaginación está presente en el poema "Ofrendando el libro (A Eros)" (pág. 226), que es una invocación al dios del deseo, del amor, que se propone como una auto-justificación. La religión del amor lo invade todo y se eliminan todas las clasificaciones morales o dogmáticas para vivir la experiencia enriquecedora y sublime de la pasión, del arte con todos los sentidos:

> Porque haces tu can de la leona
> Más fuerte de la Vida, y la aprisiona
> La cadena de rosas de tu brazo.
>
> Porque tu cuerpo es la raíz, el lazo
> Esencial de los troncos discordantes
> Del placer y el dolor, plantas gigantes.
>
> Porque sobre el Espacio te diviso,
> Puente de luz, perfume y melodía,
> Comunicando infierno y paraíso.
>
> —Con alma fúlgida y carne sombría... (pág. 226)

---

251 *Ibid.*, págs. 2494-95, subrayados en el texto.

La mención a las raíces, al cuerpo y a la carne, a lo animal y vegetal, en definitiva, apuntan ya desde este texto inaugural al espacio de lo siniestro. Agustini configura al dios del deseo como ese "espantajo" del que habla Freud, como "ese dios que se torna demonio una vez caídas sus reliquias". Al trazar el rostro de eros bajo el signo de lo primitivo y de lo reprimido, el imaginario de *Los cálices vacíos* (pero también de otros poemas anteriores y posteriores), cae abiertamente del lado de lo siniestro: adopta figuras que sólo pueden trazarse bajo la forma de lo reprimido u olvidado, y da lugar a enunciaciones violentas del deseo, donde éste se reduce a sus manifestaciones más impactantes. Su arco se tensa sobre los dos contenidos en los que Freud condensa este ámbito:

> Será oportuno enunciar aquí dos formulaciones en las cuales quisiera condensar lo esencial de nuestro pequeño estudio. Ante todo: si la teoría psicoanalítica tiene razón al afirmar que todo *afecto* de un impulso emocional, cualquiera que sea su naturaleza, es *convertido por la represión en angustia*, entonces es preciso que entre las formas de lo angustioso exista un grupo en el cual se pueda reconocer que esto, lo angustioso es algo reprimido que retorna. Esta forma de la angustia sería precisamente lo siniestro, siendo entonces indiferente si ya tenía en su origen ese carácter angustioso, o si fue portado por otro tono afectivo. En segundo lugar, si ésta es realmente la *esencia de lo siniestro*, entonces comprenderemos que el lenguaje corriente pase insensiblemente de lo *"Heimlich"* a su contrario, lo *"Unheimlich"*, pues esto último, lo siniestro, no sería realmente nada nuevo, sino más bien algo que siempre fue familiar a la vida psíquica y que sólo se tornó extraño mediante el proceso de su represión.[252]

Todo este lenguaje de lo reprimido aflora en un poema como "Fiera de amor" (pág. 248): lo primitivo es aquí la clave del futuro, y con sus atributos se dibuja el perfil de lo por-venir ("Con la frente en Mañana y la planta en Ayer"). En este poema, los instintos y las acciones confunden lo animal y lo humano ("yo sufro hambre de corazones. / De palomos, de buitres, de corzos o leones"), y el sujeto se dice bajo la imagen de lo primigenio y ancestral, de lo que está más allá o antes de lo humano ("Había ya estragado mis garras y mi instinto"). El poema dibuja una escena que tampoco se corresponde con la realidad, sino que podría ser su doble ("erguida en la casi ultratierra de un plinto"), en la medida en que la idea o la preocupación por el "futuro" se inscribe en la ansiedad por la extinción o la decadencia. En este marco, el poema da un giro

---

252 *Ibíd.*, págs. 2497 y 2498.

de lo animal hacia lo inanimado, cuando se produce el encuentro con una estatua, que constituye una de las configuraciones simbólicas más características de la poesía de Agustini ("Me deslumbró una estatua de antiguo emperador").

Freud había rechazado la idea de que la mezcla o la confusión de lo animado e inanimado pudiera ser un efecto o una causa de lo siniestro en uno de los cuentos de Hoffmann:

> El tema de la muñeca Olimpia, aparentemente animada, de ningún modo puede ser considerado como único responsable del singular efecto siniestro que produce el cuento; más aún: [...] ni siquiera es el elemento al cual se podría atribuir en primer término este efecto.[253]

Sin embargo, en una revisión de este ensayo, Cixous propone que es precisamente la oscilación entre animado e inanimado lo que produce o es el efecto del espectro de lo siniestro.[254] En este sentido, "Fiera de amor" traza el trasvase de lo animal a lo inanimado, a través del deseo o del sueño de la estatua, que es ajena a las pulsiones y a los atributos anteriores ("Sin sangre, sin calor y sin palpitación"). Lo siniestro estaría entonces encaminado a distorsionar las imágenes fijas que el amor ha adquirido sobre sí mismo y a proponer su superación como una forma de limar las barreras que constriñen al sujeto: "Con la esencia de una sobrehumana pasión...".

La presencia de la estatua en la poesía de Agustini ha sido interpretada como la expresión consumada de la dualidad que parece haber presidido su destino, situando de nuevo la comprensión de los poemas en el terreno de la biografía. Así lo hace José Olivio Jiménez —a pesar de criticar en otros momentos esta misma clave biográfica— quien afirma de este símbolo que:

> parece haber resumido el conflicto entre el ardor pasional que la consumía, y la vida —las reglas y convenciones de la sociedad— que le imponían una calma o serenidad estatuaria contra la cual conspiraba (intuitiva, instintivamente) la turbulencia y fogosidad de todo su ser.[255]

---

253 *Ibid.*, pág. 2489.
254 Hélène Cixous, "Fiction and its Phantoms: a Reading of Freud's *Das Umheimliche*", *New Literary History*, 7 (1976), págs. 525-48.
255 J.O. Jiménez, *Antología crítica de la poesía modernista hispanoamericana*, op. cit., pág. 439.

Si tomamos esta idea y, la extrapolamos al género femenino situado en un contexto sociocultural más amplio, sí sería adecuado decir que la estatua proyecta lúcidamente la duplicidad psicológica de esa mujer en el seno de la sociedad patriarcal. La estatua inerte y fría personificaría a la mujer que, a pesar de su lucha interior, no reacciona exteriormente, como expresa inicialmente la poeta en "La estatua" de *El libro blanco*:

> Miradla así —de hinojos!-en augusta
> Calma imponer la desnudez que asusta!...
> Dios!...Moved ese cuerpo, dadle un alma!
> Ved la grandeza que en su forma duerme...
> ¡Vedlo allá arriba, miserable, inerme,
> Más pobre que un gusano siempre en calma! (pág. 101)

La estatua representaría, pues, al sujeto femenino sometido a convenciones sociales, morales y hasta poéticas que no puede rebelarse y debe acatar todas esas constricciones con la insensibilidad propia de una estatua de piedra que oculta en su pecho, sin embargo, un corazón de fuego que la incita a cantar, llorar, vivir y, en última instancia, a escribir ("A una cruz. Ex voto", de *Cantos de la mañana*):

> Y la Armonía fiel que en mí murmura
> Como una extraña arteria, rompió en canto,
> Y del mármol hostil de mi escultura
> Brotó un sereno manantial de llanto!... [...]
>
> Y a ese primer llanto: mi alma, una
> Suprema estatua, triste sin dolor,
> Se alzó en la nieve tibia de la Luna
> Como una planta en su primera flor! (pág. 192)

Así pues, esa dualidad de la estatua de Agustini simbolizaría, además, en el plano estético el rechazo consciente de la perfección clásica, de la concepción apolínea que representó esta figura para el parnasianismo. Encarnaría, más bien, la rebelión contra el estatismo, el preciosismo y el control de las emociones postulando, en cambio, el ardor de eros, el ardor de la creación como alternativa. Para los poetas anteriores que aspiraban al ideal, la estatua era un consuelo y una evasión, para Agustini representa, por el contrario, una inquietud represora a la que quiere enfrentarse:

Así, la imagen de la estatua será una de las más trabajadas para Agustini, quien juega metafóricamente con toda la gama simbólica tradicional de ese icono, específicamente para subvertirlo.[256]

Sin embargo, no se trata tanto de una subversión de la estatua cuanto de su funcionamiento a partir de un determinado momento bajo la configuración de lo siniestro, en la que se confunde y se mezcla lo inerte y lo viviente. En este sentido, una de las realizaciones más consumadas del símbolo de la estatua corresponde a la contenida en el poema "Plegaria", cuyos versos iniciales se repiten a modo de estribillo:

Eros: ¿acaso no sentiste nunca
Piedad de las estatuas?

Veamos la descripción de esas estatuas que aclara parcialmente el sentido de la indagación en una subjetividad original:

Se dirían crisálidas de piedra
De yo no sé qué formidable raza
En una eterna espera inenarrable
Los cráteres dormidos en sus bocas
Dan la ceniza negra del Silencio,
Mana de las columnas de sus hombros
La mortaja copiosa de la Calma,
Y fluye de sus órbitas la noche:
Víctimas del Futuro o del Misterio,
En capullos terribles y magníficos
Esperan a la Vida o a la Muerte. (pág. 258)

Si lo humano se corresponde con el presente, el poema canta su doble: una "formidable raza" que romperá el silencio y la calma alcanzando con ello su libertad[257]. Y ya en uno de sus poemas iniciales ("La estatua"), Agustini se acerca a esta configuración del espacio de lo

---

256 Marcella Trambaioli, "La estatua y el ensueño: dos claves para la poesía de Delmira Agustini", *Revista Hispánica Moderna*, 50:1 (1997), pág. 58.
257 En otros poemas utiliza sintagmas muy semejantes para referirse a esa misma concepción idealista de ciega confianza en las posibilidades que el futuro abre para una poesía original, sin marcas de género: "Y pueden ser los hechizados brazos / Cuatro raíces de una raza nueva" ("Visión", pág. 237). A ello no es ajena la influencia de Nietzsche o Rodó, lo que vuelve a evidenciar hasta qué punto Agustini es hija de su tiempo.

futuro a través del doble de lo inanimado que promete su nacimiento, su transformación:

> Miradla, así, sobre el follaje oscuro
> Recortar la silueta soberana...
> ¿No parece el retoño prematuro
> De una gran raza que será mañana?
>
> Así una raza inconmovible, sana,
> Tallada a golpes sobre mármol duro,
> De las vastas campañas del futuro
> Desalojara a la familia humana! (pág. 101)

La respuesta es —será en el propio poema— un modo simbólico que construye la estancia de un enigma donde las palabras significan sólo su propio ser y remiten a una soledad radical, la de la noche. Esta oscuridad, característica de la poesía de Delmira Agustini, es la que pide los "rayos" de eros, para que acontezca el futuro.

La plegaria es, así, la que clama por unas estatuas en las cuales el género, entendido en los términos tradicionales, ha sido abolido, de manera que las categorías de lo masculino y lo femenino quedan destruidas para dar paso a un mundo de libertad en el que cada deseo se expresa conforme a sí mismo. Esa destrucción es la que nombra lo siniestro en los poemas de Agustini. Esta configuración transforma a la vez el lenguaje heredado, ya que el modo simbólico adoptado cancela el sentido, pero al tiempo espera la luz de unos ojos cuyo "eros", cuya afinidad, pueda acceder a ese jardín cerrado y gozar de su lenguaje ("Apúntales tus soles o tus rayos"). Así, la experiencia erótica no sólo se identifica con el acontecer de las palabras en el poema, con la escritura, sino también con su recorrido enigmático y moroso, con su lectura. Significativo es que la plegaria, que pide una transformación y un cambio profundos, se dirija a "Eros", dios del amor. Sólo este dios, que se identifica a su vez con la poesía, como hemos dicho, puede dar lugar a un nuevo tiempo, donde a su vez él tenga señorío. La poesía alude con ello a una acción social hacia la que, según Lautréamont, debía ir siempre dirigida. Pero en este caso esa acción está estrechamente vinculada a la escritura femenina, tanto que llega a confundirse con ella.

De la misma forma, "El surtidor de oro" (pág. 247) se interna en la vertiente des-humanizada en términos sexuales del sujeto poético que bebe en la "taza rosa de tu boca en besos" y también sigue la corriente pigmaliónica de esculpir la belleza del amado:

> De las espumas armoniosas surja
> Vivo, supremo, misterioso, eterno,
> El amante ideal, el esculpido
> En prodigios de almas y de cuerpos (pág. 247)

Pero se introduce asimismo algo nuevo: el sueño y lo onírico como perfecto cauce para visualizar los temas tabú de lo erótico y lo violento en relación también a una escritura de género. La separación aparente de la realidad a través del mecanismo o tamiz del sueño proporciona la distancia suficiente para que la interpretación de sus declaraciones de gozo y dolor no fuera tan literal por parte de la sociedad montevideana y así, a partir de este descubrimiento, Agustini atribuye a la irrealidad, la fantasía y el sueño todas y cada una de las experiencias eróticas que describe con todo lujo de detalles:

> Debe ser vivo a fuerza de soñado,
> Que alma y sangre se me va en los sueños;
> Ha de nacer a deslumbrar la Vida,
> Y ha de ser un dios nuevo!
> Las culebras azules de sus venas
> Se nutren de milagro en mi cerebro (pág. 247)

La nueva divinidad —el erotismo— nace de su intelecto, de su cerebro inspirado y del "milagro", pero se manifiesta en ese espacio de sueño, de no-realidad, de lo "extrahumano", que es el único legítimo para que sea expresado en voz femenina. Pese a la abstracción y carácter etéreo y onírico con que se quiere calificar a la experiencia del encuentro con el tú, hay todo un lenguaje inequívocamente carnal que subyace como código de interpretación:

> El amante ideal, el esculpido
> En prodigios de almas y de cuerpos,
> Arraigando las uñas extrahumanas
> En mi carne, solloza en mis ensueños;
> —Yo no quiero más Vida que tu vida,
> Son en ti los supremos elementos;
> Déjame bajo el cielo de tu alma,
> En la cálida tierra de tu cuerpo! (pág. 247)

El amante suplica en sueños al yo lírico que se le entregue por completo, que le dé su vida en cuerpo y alma, en espíritu ("cielo de tu alma") y posesión física ("cálida tierra de tu cuerpo"). La celebración abierta del cuerpo se relaciona asimismo con lo "abyecto", que encuentra su origen también en lo siniestro, como veremos.

Por otro lado, el orden de lo siniestro se relaciona también en el texto de Freud con el miedo a la castración: los miembros son seccionados o los ojos de los niños son extraídos y llevados por el hombre de arena para alimentar a sus hijos (en el cuento de Hoffmann). En este sentido, se vincula a la idea neurótica masculina de que hay algo de siniestro en los genitales femeninos, tema también explorado en un breve trabajo de Freud sobre la cabeza de la medusa, donde afirma:

> Si la cabeza de la Medusa sustituye la representación de los genitales femeninos, o si más bien aísla su efecto terrorífico de su acción placentera, cabe recordar que ya conocemos en otros casos la ostentación de los genitales como un acto apotropeico. Lo que despierta horror en uno mismo también ha de producir idéntico efecto sobre el enemigo al que queremos rechazar. Todavía en Rabelais podemos leer cómo el Diable emprende la fuga cuando la mujer le muestra su vulva.[258]

Una imagen similar a la que se propone sobre Rabelais es la que Agustini ofrece al final de su poema "Visión" (págs. 236-37), en el que el sujeto masculino, que ha buscado contemplarse en el espejo de la mujer, desaparece finalmente cuando se va a alcanzar el abrazo.

> Y esperaba suspensa el aletazo
> Del abrazo magnífico...
> Y cuando,
> Te abrí los ojos como un alma, vi
> Que te hacías atrás y te envolvías
> En yo no sé qué pliegue inmensao de la sombra! (pág. 237)

Se trata, en efecto, del tópico de una visión que se desvanece al intentar apresarla, pero en el poema adopta también el horror del sujeto masculino que huye ante el deseo de la mujer. Sin embargo, la deriva más relevante de este horror a la castración es la que se resuelve en la desmembración simbólica del otro, que tiene su expresión más ceñida en el

---

[258] Sigmund Freud, "La cabeza de Medusa", en sus *Obras completas, op. cit.*, vol. 7, pág. 2697.

final de "Lo inefable": "Ah, más grande no fuera / Tener entre las manos la cabeza de Dios" (pág. 194), pero que se repite contantemente en los poemas eróticos de *Los cálices vacíos*: pupilas, manos, ojos, cabezas, miembros fragmentados del cuerpo del otro, cuya fragmentación se inscribe en lo siniestro.

Sobre esta idea de la castración, Kristeva construye su concepto de lo "abyecto", que describe la experiencia del temor primitivo a la abolición del cuerpo, y que libera, en *Los cálices vacíos*, toda una galería de imágenes en torno a la carnalidad y a la corporalidad del deseo. "Tu boca" (pág. 228), por ejemplo, enuncia esa fragmentación del cuerpo que se resuelve en una implementación del trabajo que desarrolla cada uno de estos elementos. Lo que se nombra tiene que ver con ese dominio del cuerpo, y concibe como pasado su disolución en imágenes metonímicas que desplazan la referencia hacia el espacio del "espíritu":

> Yo hacía una divina labor, sobre la roca
> Creciente del Orgullo. De la vida lejana,
> Algún pétalo vívido me voló en la mañana,
> Algún beso en la noche. Tenaz como una loca,
> Seguía mi divina labor sobre la roca. (pág. 228)

De pronto, irrumpe el amor descarnado y pasional, el desgarrado y arrebatador, el que obnubila y ciega, el que hace vibrar. Entonces, el sujeto poético queda atrapado por su "lazo de oro":

> Cuando tu voz que funde como sacra campana
> En la nota celeste la vibración humana,
> Tendió su lazo de oro al borde de tu boca. (pág. 228)

La llegada del amante y el éxtasis sexual que el contacto con su boca provoca se convierte en una hermosa metáfora vegetal, floral ("nido" "dos pétalos de rosa") del placer inmenso, orgásmico que se siente también en el instante del destello creativo, de la inspiración:

> —Maravilloso nido del vértigo, tu boca!
> Dos pétalos de rosa abrochando un abismo…— (pág. 228)

El esfuerzo físico de las caricias, de los besos, de los abrazos, del acto sexual representa el trabajo con el verso que es al mismo tiempo placentero y agónico:

> Labor, labor de gloria, dolorosa y liviana;
> ¡Tela donde mi espíritu se fue tramando él mismo!
> Tú quedas en la testa soberbia de la roca,
> Y yo caigo, sin fin, en el sangriento abismo! (pág. 228)

Lo paradójico es que al término del conflicto siempre sale perdiendo uno de los dos implicados que es el que cae, el que pierde, el que se somete, el que espera y suele ser el yo en los primeros textos mientras que es un tú disgregado, polimorfo y quebrado en poemas posteriores. Este es el precio que ha de pagarse por alcanzar la gloria creativa, la gloria amorosa: la culebra melancólica que, en un movimiento sugerente, ondula y glisa por entre los versos.

"Día nuestro" (pág. 233) describe un encuentro sexual muy ardiente e intenso pero a través del velo de la alegoría selvática, vegetal o bíblica, de la metáfora mística, y del exotismo orientalista:

> —La tienda de la noche se ha rasgado hacia Oriente.—
> Tu espíritu amanece maravillosamente;
> Su luz entra en mi alma como el sol a un vergel…

El acto amoroso —místico, escritural— es descrito a través del oxímoron que caracteriza a toda experiencia de lo inefable como un torbellino de elementos naturales, de sol y de lluvia. Lo femenino sigue aún estando a la espera, sigue siendo la gruta natural, salvaje, al tiempo que lo masculino continúa representando el papel activo: son sus manos, sus alas las que se acercan a la fruta deleitosa del cuerpo de mujer, de la escritura mientras el espíritu femenino "se dobla" y por su esencia etérea y cósmica, por su dimensión naturaleza "envuelve" en un abrazo inmenso al tú masculino:

> —El Ángelus.— Tus manos son dos alas tranquilas,
> Mi espíritu se dobla como un gajo de lilas,
> Y mi cuerpo te envuelve… tan sutil como un velo.
>
> —El triunfo de la Noche.— De tus manos, más bellas,
> Fluyen todas las sombras y todas las estrellas,
> Y mi cuerpo se vuelve profundo como un cielo! (pág. 233)

En "Con tu retrato" (pág. 241) el yo lírico confiesa que a través del otro, del amor ha captado la esencia de la vida con lo que tiene de "humano" pero también de "sobrehumano" pero, sobre todo, considera

Los cálices vacíos: *lo siniestro y la imaginación poética*   191

que el intercambio es mutuo y él mismo, a través de su capacidad creativa para pintar, esculpir y describir al otro, lo ha iluminado y dado vida:

> Yo no sé si mis ojos o mis manos
> Encendieron la vida en tu retrato;
> Nubes humanas, rayos sobrehumanos,
> Todo tu *Yo* de emperador innato
>
> Amanece a mis ojos, en mis manos! (pág. 241)

Así pues, es necesaria la existencia de otro para afirmarse como sujeto independiente, libre y creador, dador de vida, dador de amor. No importa la supuesta superioridad inicial del tú con el que se entabla el diálogo pues, sea emperador y soberano o no lo sea, el poder para dar vida o matar lo tiene la mano, la pluma femenina que ironiza sobre tal situación privilegiada que es, en verdad, un desafío, una provocación a la tradición. Incluso cuando ella misma se entrega lo hace voluntariamente y consciente de la importancia de su gesto ("y me abro en flor"):

> Por eso, toda en llamas, yo desato
> Cabellos y alma para tu retrato,
> Y me abro en flor!... Entonces, soberanos
>
> De la sombra y la luz, tus ojos graves
> Dicen grandezas que yo sé y tú sabes...
> Y te dejo morir [...] (pág. 241)

El placer erótico de la creación connotado a través de verbos bastante explícitos en su expresión ("abrir", "dejar morir") deja un rastro sangriento, caótico, confuso, doloroso y melancólico hasta el masoquismo en el agente de tal acto:

> [...] Queda en mis manos
> Una gran mancha lívida y sombría...
> Y renaces en mi melancolía
> Formado de astros fríos y lejanos! (pág. 241)

En la adopción del modelo femenino como término pasivo de la relación erótica, Agustini opera un suplemento que la hace irreconocible y la convierte en siniestra: va más allá de sus términos, nombra lo que ya no se debería nombrar. En este sentido, al erigir el cuerpo en el eje de su discurso erige el polo abyecto del erotismo, un cuerpo femenino que se dice sin eufemismos. Como señala Kristeva a propósito del cuerpo femenino:

> Comme si un constant était fait du *penchant au meurtre* essentiel à l'être humain, et que l'autorisation de la nourriture carnée était l'aveu de cette indéracinable "pulsion de morte", ici dans ce qu'elle a de plus primaire ou de plus archaïque: la dévoration. Pourtant, le souci biblique de séparation et de mise en ordre retrouve plus loin la distinction supposée antérieure entre végétal et animal. Dans la situation post-diluvienne, cette distinction est reconduite sous la forme de l'opposition chair/sang. D'un côté, la chair exsangue (destinée à l'homme), de l'autre, le sang (destiné à Dieu). Le sang marquant l'impur reprend le sème "animal" de l'opposition précédente et recueille la tendance au meurtre dont l'homme doit se purger. Mais cet élément vital qu'est le sang réfère aussi aux femmes, à la fertilité, à la promesse de fécondation. Il devient alors un carrefour sémantique fascinant, le lieu propice de l'abjection où *mort* et *féminité*, *meurtre* et *procréation*, *arrêt de vie* et *vitalité*, vont se rejoindre.[259]

En este sentido, "Otra estirpe" (pág. 243) lleva hasta sus últimas consecuencias esa dinámica amorosa consistente en la perpetuación de los roles sexuales habituales en que la mujer se identifica con la pasividad ("brinda", "entrego", "da", "tendida", "surco ardiente") y el varón con la actividad ("derramado"). La sustancia alegórica del tú corresponde nuevamente aquí a Eros, ese dios absoluto y primitivo que traza el imaginario siniestro de Agustini:

> Eros, yo quiero guiarte, Padre ciego...
> Pido a tus manos todopoderosas,
> Su cuerpo excelso derramado en fuego
> Sobre mi cuerpo desmayado en rosas! (pág. 243)

El delirio poético se des-ajusta por su implementación de las reglas del amor humano, carnal, y las imágenes carecen de trascendencia y poseen una intensa carga erótica. Se reproduce insistentemente en la composición la imagen del cuerpo de la mujer como alimento sagrado para el hombre que, a través de él, conocerá los misterios del universo; canibalismo sagrado que no resta, con todo, importancia al objeto frente al sujeto pues la instancia femenina tiene tanta entidad como la masculina: ambos se destruyen, se devoran, resucitan y construyen juntos. Los motivos que secularmente remiten a la esfera de lo femenino como

---

[259] Julia Kristeva, *Pouvoirs de l'horreur. Essai sur l'abjection*, Paris: Éditions du Seuil, 1980, págs. 1115-116.

la maternidad, la inactividad en la relación sexual, el cuerpo confundido con la naturaleza, se transforman en la imaginación siniestra ligada a lo abyecto en elementos subversivos, transgresores y nuevos: constituyen el retorno de lo prohibido en el lenguaje, la emergencia de un disfemismo. Por ello, la propia textura del poema está signada por la configuración de lo siniestro, en la medida en que es a través de ello como se libera lo reprimido del lenguaje, como se puede romper la represión de la tradición poética que en su carga de eufemismos impide la búsqueda del cuerpo femenino. Así, la maternidad, metáfora evidente de la creatividad, encarna un deseo incesante de la voz femenina que fuerza las aspiraciones y necesidades del varón en busca de sus propios fines consistentes en dar a luz "otra estirpe sublimemente loca". Anhela el cuerpo, la voluntad de ese tú para crear una nueva generación, para que algo pueda producirse. El deseo es declarado desde un lugar femenino sin vergüenza, con descaro, ilimitada sensualidad y transparencia, pese a la metaforización a través, como era frecuente, de elementos naturales ("la eléctrica corola", "nectario", "gran tallo febril"), exóticos ("un jardín de esposas", "absintio, mieles") y animales ("buitres", "palomas rosas"):

> Da a las dos sierpes de su abrazo, crueles,
> Mi gran tallo febril... Absintio, mieles,
> Viérteme de sus venas, de su boca... (pág. 243)

Lo sensorial y lo sensual dinamizan la relación erótica y guardan una relación clara asimismo con la vertiente antirreligiosa, irreverente y rupturista que impregna el discurso modernista: la voz lírica, en este sentido, es un cáliz o urna mística que necesita ser llenado —*Los cálices vacíos*— para cumplir una función siniestra, des-humanizada. En última instancia, se trata de decir el cuerpo reprimido, enumerar su fragmentación y liberar la distinción entre lo animado y lo inanimado para que se geste una nueva identidad.

5. *El rosario de Eros* o la desfiguración del deseo

El rosario de Eros (1924) es ya un libro póstumo publicado diez años después de la muerte de Agustini para rendirle homenaje a la poeta. Se ha señalado en las imágenes de libre asociación psicológica de estos poemas inéditos que ven la luz con el consentimiento familiar una sutil filiación con el surrealismo, lo que debatiremos posteriormente. De otra parte, el propio título revela una continuidad e intencionalidad similar a *Los cálices vacíos* como canto o tributo a Eros en tanto divinidad o inspiración poética. Asimismo, el "rosario" evoca una escritura discontinua y fragmentaria del deseo surgida de la melancolía y el sufrimiento.

Una de las reflexiones más arraigadas sobre el porqué de la escritura, como ya quedó apuntado, es la que contempla la carencia como el móvil principal que la impulsa y anima. Desde el siglo XVI esta falta adopta la forma de la Melancolía que se resuelve, en gran parte de los casos, a través de la figura del deseo, de Eros. En la lírica de Agustini se advierte de forma clara que es esa falta lo que la mueve a escribir y su salvación es el deseo, Eros. En efecto, gran parte de sus composiciones, especialmente las del final —*Los cálices vacíos* y *El rosario de Eros*—, se vertebran en torno a esa ausencia o vacío absoluto que se cierra, en muchos casos, con el encuentro, con la llegada del otro. Desde esta perspectiva, la vinculación del lenguaje místico[260] —que trata de verbalizar una ausencia, de relatar una pérdida, de expresar lo inefable— y el lenguaje del deseo es evidente,[261] tal y como apunta Michel de Certeau,[262] dado que tanto la mística como la erótica nacen de la nostalgia y el impulso de borrar a Dios como objeto de amor exclusivo. Pero ya después del siglo XIII una

---

260 Y hablamos del "lenguaje" de la mística porque ésta pasa de ser concebida únicamente como una experiencia personal y una lectura de los textos sagrados a referirse a un procedimiento didáctico o poético. De esta manera, su propia denominación ("mística") comienza a significar una manera de hablar, a convertirse en un estilo o metáfora; maneras de hablar que son actividades metafóricas y desplazan, seducen con las palabras.

261 Recordemos que en Santa Teresa la aproximación mística toma formas físicas relativas a una capacidad simbólica del cuerpo más que a una encarnación del Verbo. En este sentido, puede interpretarse la lectura, predeterminada y fallida en la mayoría de los casos que en ocasiones se ha hecho de la lírica de Agustini, como inspirada o de raíz mística.

262 Michel de Certeau, *La fable mystique. XVI-XVII siècles*, Paris: Gallimard, 1982.

El rosario de Eros *o la desfiguración del deseo*

lenta y progresiva desmitificación religiosa da paso a un también paulatina mitificación amorosa en la civilización occidental. El único cambio de escena es que el centro de la misma ya no es la divinidad, sino "el otro" y, en la literatura masculina, esto es, en la prácticamente única literatura existente —"Amor Cortés"—, la otredad está representada por la mujer. La palabra divina se sustituye así por el cuerpo amado que no es, de hecho, menos espiritual o simbólico en la práctica erótica que en la mística. Pero los procedimientos estilísticos y retóricos siguen siendo, los mismos aunque se transforme la escena religiosa en amorosa, aunque el cuerpo movido por el deseo y grabado o escrito por el otro reemplace la palabra reveladora. El misterio, el enigma que alivia por un instante del duelo, del ángel nocturno de la melancolía al arrojar al sujeto a la revelación comienza, entonces, a identificarse con el "tú" en la lírica:

> Ven, tú, el que meces los enigmas hondos
> En el vibrar de las pupilas cálidas [...]
> Ven, tú, el que imprimes un solemne ritmo
> Al parpadeo de la tumba helada [...]
> Ven, acércate a mí, que en mis pupilas
> Se hundan las tuyas en tenaz mirada,
> Vislumbre en ellas el sublime enigma
> Del *más allá* que espanta... ("Misterio, ven", pág. 159)

Pero ese desvelamiento tan esperado trae consigo, como vemos, un estallido interno, una drástica y terrible convulsión de la mirada:

> Cuando en tu frente nacarada a luna,
> como un monstruo en la paz de una laguna,
> surgió un enorme ensueño taciturno..., ("Tú dormías", pág. 204).

El hallazgo del otro, como el hallazgo de lo divino, perturba e inquieta todo el universo conceptual y semántico de la mística que se transfiere casi literalmente a la erótica. Con la modernidad y la ciencia, observa Michel de Certeau, los motivos místicos se reencuentran pero levemente trastocados, ligeramente inmersos en otras disciplinas —psicología, filosofía, psiquiatría, novela— y, de hecho, el psicoanálisis es uno de los discursos que más se ha adentrado en el funcionamiento de la mística como lenguaje —Freud pero sobre todo Lacan—. Así, se convierte en "místico" todo objeto real o ideal cuya existencia o significado escapa al conocimiento inmediato. Ciertamente, en el período de principios de siglo XX es particularmente clara esta contaminación de espacios simbólicos y lingüísticos, debido al sentimiento generalizado de ausencia de la divinidad y al debilitamiento de las creencias que lleva, finalmente, a enunciar la "muerte de Dios".

Los modernistas reflejan esta situación de crisis y desconcierto y la traslucen en hechos tan palpables como la profanización de lo religioso, o la utilización del lenguaje místico para sugerentes definiciones eróticas. Da comienzo así una confusión entre el lenguaje religioso y el del placer que domina todo el siglo XX. El arte toma el relevo, como fuente de conocimiento y, liberado de sus orígenes espirituales, acaba engrandeciéndose y se convierte en la expresión más auténtica del hombre.[263]

La escritura de Delmira Agustini se entrevera con esta lógica y tiene por eso el carácter mágico de "lo secreto", pues el secreto no es sólo el estado de una cosa que escapa a un saber, sino que designa también un juego entre dos actores, entre el que busca y el que esconde, entre el que se supone que lo conoce y el que se supone que lo ignora, una dinámica seductora entre dos voluntades que abarca todas las modalidades posibles entre el "decir" y el "no decir". La metáfora que utiliza Baltasar Gracián para designar el secreto es interesante por la relación que guarda con una de las imágenes emblemáticas de la lírica de Agustini, la tela de araña:

> Selon une tradition illustrée par *El Heroe* (1637) de Baltasar Gracián, le secret noué, par des liens illocutoires, les personnages qui le chassent, le gardent ou le dévoilent; il est le centre de la toile d'araignée que tissent autour de lui des amoureux, des traîtres, des jaloux, des simulateurs ou des exhibitionnistes. Le caché organise un réseau social.[264]

El secreto, esto es, lo no nombrado o enunciado, introduce una erótica en el campo del conocimiento, apasiona el discurso del saber. El movimiento es de ida y vuelta: la melancolía se dirige a lo erótico como única posibilidad de salvación y el deseo nos devuelve a la melancolía una vez desvelado el secreto.

---

263 Carmen Ruiz Barrionuevo, *Rubén Darío, op. cit.*, pág. 21.
264 Ricardo Gullón, *Direcciones del modernismo*, Madrid: Gredos, 1971, pág. 133.

El rosario de Eros o *la desfiguración del deseo*

La escultura de Santa Teresa en trance de Bernini ha ilustrado con frecuencia la unidad entre erotismo y misticismo. Ricardo Gullón describe el éxtasis de la santa en los siguientes términos:

> El rostro inundado de luz, los ojos semicerrados, la boca poseída, sugieren la delicia del abandono total a lo divino, de la entrega sin reservas a un todo en que el yo se disuelve.[265]

Una vez hecho este preámbulo, es evidente que *El rosario de Eros* apunta ya a otra manera de afrontar el oficio literario mucho más pensada, madura y serena. No debe confundirnos, con todo, el hecho de que la metáfora unificadora del libro sea de índole extraña y oscura. Todos los motivos y poéticas dispersas en poemarios anteriores ocupan aquí un espacio privilegiado y confluyen, fluyen hacia otro universo lírico más personal o propio que Agustini no puede desarrollar en toda su plenitud. El ave cándida y aristocrática *(El libro blanco)*, como en un mito antiguo, se transfigura en arroyo melancólico *(Cantos de la mañana)* y, posteriormente, acoge entre sus aguas cabezas y fragmentos aislados de otros cuerpos, de otros voces, de otros amores *(Los cálices vacíos)*. Ahora, el sujeto que contempla ese paisaje desolado se fortalece porque se apropia del discurso de violencia y deseo, como bacante que destroza con sus dientes y garras a Orfeo, que se apodera de la lira y entona el nuevo canto *(El rosario de Eros)*. Por ello, tienen notable presencia todavía los temas de la creación y de la melancolía pero su importancia se lee como algo pasado que contribuye a enriquecer el discurso nuevo, que es el del deseo inmediato y destructor. El erotismo descarnado, contradictorio y masoquista vinculado a la muerte y a toda forma de lo extremo no puede expresarse, por otra parte, sino con la retórica más intrincada y compleja, con la más hermética y terrible. Formas larvales, arañas, vampiros habitan, inesperadamente, los versos. Los varios tonos del sexo encuentran, entonces, su acomodo en estos versos y junto a la pureza del blanco hallamos el púrpura, el escarlata, el carmesí y, especialmente, el negro.

"Mis amores" (págs. 282-284), aparte de una ardiente defensa del amor desbordante y magnético, cuya lectura de género se sospecha fundamental, constituye todo un manifiesto poético. En sus versos se hace

---

265 *Ibid.*, pág. 138.

una recapitulación de todas las líneas literarias practicadas, poniendo particular énfasis en la autenticidad y peculiaridad de cada una de ellas. Es, precisamente, esa extraordinaria apertura, esa pluralidad de miradas el denominador común en *El rosario de Eros*. En este sentido, "Mis amores", composición muy corregida y que ofrece, por tanto, muchísimas variantes, explica con bastante claridad ese vuelco de lo individual a una diversidad emocional, creativa y personal. El sujeto poético femenino afirma ser una amante experimentada que no concentra su deseo y su ansia de entrega en una sola persona, sino que, en su capacidad de ser muchas, de escapar a lo obvio, de reinventarse y reconstruirse, diversifica, comparte, se da, se ofrece. La multiplicidad de amantes no es sólo una licencia del pasado, caracteriza también el presente de un sujeto no contradictorio sino múltiple, que huye de clasificaciones fijas, dicotomías y dualidades. Como se verá en los poemas que configuran "el rosario de Eros", el sujeto lírico es insaciable y voluntarioso como vampiro, como águila devoradora que extrae la sangre, la savia, el alimento de la eternidad; desea todos los amores, quiere hacer suyas todas las poéticas: hermetismo y sencillez, oscuridad y luz. La fragmentación que ya se había producido sutilmente en *Cantos de la mañana* es ahora mucho más evidente y dramática. El sujeto lírico, arrebatado y violento, escinde los cuerpos amados en cabezas, ojos, manos y bocas. El recuerdo de todos esos trozos de vida, pero también de muerte cerca su lecho nocturno, invade su sueño. Cabezas, ojos, manos se inclinan sobre su lecho y su presencia inquietante es admitida en la escena como parte necesaria del proceso de experimentación, de maduración de una identidad personal y poética. En *El rosario de Eros* el sujeto soñante, pensante es consciente de su elección: entre todos los amores quiere el amor sombrío, el oscuro, el extraño, el satánico, el hermético. Necrofilia y misterio, melancolía y deseo se unen en la expresión de los caracteres del nuevo amante, de la nueva poética.

Los seis poemas que siguen están compuestos a modo de letanía religiosa y cada uno de ellos constituye una sarta en las cuentas de un rosario totalmente irreverente, desafiante y revolucionario. Se trata de efectuar una inversión de los valores cristianos de castidad, pureza y paz para sustituirlos por la satisfacción de los deseos, la lucha y la pasión. "Cuentas de mármol" (pág. 277) es la primera de las cinco gamas del amor —la del despojamiento— y se corresponde con la pasión casta, fría, marmórea, parnasiana en definitiva. Se trata de la primera incursión, y por tanto es cauta, en el terreno del erotismo exacerbado. El sujeto lírico divaga a propósito de la salvación que viene sólo desde la pasión, pero aún no tiene ni la iniciativa suficiente ni el arrojo para adentrarse en las brasas ("Cuentas de fuego"), el fango ("Cuentas falsas"), la tristeza ("Cuentas de sombra"), o el júbilo ("Cuentas de luz"). El yo femenino es todavía un ser inmutable e inmune a las emociones, a las sensaciones, a esa vida que es condena y es elevación al mismo tiempo y prefiere identificarse con una estatua fría en cuya mente, sin embargo, arde ya la idea, arde ya el deseo reprimido, apagado, coartado.

La única salida para este sujeto es implorar la unión o la respuesta en diálogo amoroso de parte de otra estatua, de otro amor tan "blanco y frío" como el suyo. En la fusión de ambos se hallará la plenitud ansiada:

> Luego será mi carne en la vuestra perdida...
> Luego será mi alma en la vuestra diluida...
> Luego será la gloria... y seremos un dios! (pág. 277)

Eros presenta, pues, aquí, un cuerpo atípico: bello, sereno y puro, pues el sujeto lírico sólo aspira a conocer su alma:

> Vuestro cuerpo, esa hipnótica alhaja de alabastro
> Tallada a besos puros y bruñida en la edad;
> Sereno, tal habiendo la luna por coraza;
> Blanco, más que si fuerais la espuma de la Raza, (pág. 277)

La interpretación más inmediata del Eros en estos cuatro poemas se proyecta como un conjunto de ensayos, como varias tentativas o poéticas, intentos de aproximación al Ideal. Según esto, "Cuentas de mármol" representaría una de las primeras experiencias amorosas —la abstracta, casta, imaginaria—, pero sobre todo una de las primeras poéticas: la parnasiana con sus paisajes pétreos y conjuntos escultóricos, con la exquisitez preciosista de sus imágenes. El yo lírico clama y ruega, demanda sin tregua en esta oración sacrílega:

> Amor de estatuas, lirios, astros, dioses...
> ¡Tú me lo des, Dios mío! (pág. 277)

"Cuentas de sombra" (pág. 278) es una composición de belleza insólita que busca transgredir y la provocación pero bajo otros presupuestos.

Si "Cuentas de mármol" subvierte la tradición católica e inscribe la pasión en el seno de la virtud y la castidad, prerrogativas cristianas, "Cuentas de sombra" se acerca más al universo decadente y mórbido de Poe y Baudelaire: nos introduce en el amor necrofílico. La intensidad que puede desprender la pasión cuando bordea los extremos de la muerte es intuida aquí con lucidez y expuesta con desgarro. En el momento en que Tánatos se alía con Eros la unión sexual alcanza la plenitud y provoca por tanto el más alto grado de melancolía tras el clímax:

> Los lechos negros logran la más fuerte
> Rosa de amor; arraigan en la muerte.
> Grandes lechos tendidos de tristeza,
> Tallados a puñal y doselados
> De insomnio (pág. 278)

Estos versos nos producen el inevitable escalofrío de lo siniestro, pues describen una escena amorosa trágica que muy bien puede identificarse con la que clausura dramáticamente la vida de la poeta uruguaya. El amor que quita el sueño y la muerte, como su compañera inseparable, dejan su huella en los objetos físicos y contaminan el campo semántico: "lechos negros", "puñal", "abiertas cortinas", "hondas almohadas", etc... Cuanto más cerca se está de la agonía y de los estertores, más placentero es el acto amoroso. En efecto, el amor, en cierto sentido, es una deriva hacia el delirio o el más allá, consiste en atravesar el umbral de lo inefable. A continuación, los amantes quedan postrados en un estado de felicidad y de tristeza, cuyo rastro, a modo de catarsis o redención, son las lágrimas:

> Si así en un lecho como flor de muerte,
> Damos llorando, como un fruto fuerte
> Maduro de pasión, en carnes y almas,
> Serán especies desoladas, bellas,
> Que besen el perfil de las estrellas
> Pisando los cabellos de las palmas! (pág. 278)

Esta paradoja descarnada del "amor sombrío", del erotismo pasado por el tamiz de la muerte es atisbada e invocada por el sujeto lírico. Es la segunda modalidad, la segunda posibilidad de amar, como sugiere el cierre de poema, que es también un cierre de oración, de plegaria o petición:

> —Gloria al amor sombrío,
> Como la Muerte pudre y ennoblece
> ¡Tú me lo des, Dios mío! (pág. 278)

El amor "rojo" impone, entonces, su presencia y diluye inmediatamente los tonos blanco y negro. "Cuentas de fuego" (pág. 279) expone, con plasticidad admirable y una precisión de imágenes que revela el adiestramiento mayor de la pluma de Agustini, otro tipo de amor: el amor que es furia y resplandor, que es ardor incontrolable y que socialmente es juzgado como vicio, pecado y mal:

> Cerrar la puerta cómplice con rumor de caricia,
> Deshojar hacia el mal el lirio de una veste...
> —La seda es un pecado, el desnudo es celeste;
> Y es un cuerpo mullido un diván de delicia.— (pág. 279)

Ahora sí, Baudelaire está más presente que nunca con su concepción maldita y falsaria del amor, a través de la sofisticación y lujo de los ambientes ("seda", "diván") y, especialmente, en la victoria del mal. Esta idea fatal de que en el seno de la bondad se encuentra la raíz del mal va a ser fundamental en los poemas ulteriores de Agustini, pero su visión no es, en ningún caso, catastrofista o ingenua: el mal forma parte indisoluble del bien ("que la sombra da luz y la luz sombra"); ambos configuran una unidad y sólo en su complementariedad reside la autenticidad, la vida. Por eso, todo ser que abre los brazos es alado y posee el don del canto, pero también oculta una "olímpica bestia" en su interior:

> Abrir brazos... así todo ser es alado,
> O una cálida lira dulcemente rendida
> De canto y de silencio... más tarde, en el helado
> Más allá de un espejo como un lago inclinado,
> Ver la olímpica bestia que elabora la vida...
> Amor rojo, amor mío;
> Sangre de mundos y rubor de cielos...
> ¡Tú me lo des, Dios mío! (pág. 279)

"Cuentas de luz" (pág. 280) es la materialización del amor luminoso y despojado, del amor jubiloso por correspondido y sereno. Las sinestesias nos transportan ahora, desde el cromatismo más sugerente, al dorado de la calma, de un atardecer en la quietud:

> Siento arder una vida vuelta siempre hacia mí,
> Fuego lento hecho de ojos solemnes, más que fuerte
> Si de su allá insondable dora todo mi aquí (pág. 280)

Es el amor en su encarnadura real:

> Que han roído ya el hambre, la tristeza y la noche
> Y arrastran su cadena de misterio y ensueño. (pág. 280)

El yo lírico, teñido de resabios espirituales, sabe que sólo a través de este amor se puede llegar al Bien y por eso proclama:

> Amor de luz, un río
> Que es el camino de cristal del Bien.
> ¡Tú me lo des, Dios mío! (pág. 280)

"Cuentas falsas" (pág. 281) supone una vuelta a "Cuentas de sombra" y enfatiza aún más si cabe el tema del malditismo, el sadismo y la agresividad de la pasión.[266] El canibalismo atroz es contemplado como parte indisoluble de la práctica amorosa. Lo novedoso en esta formulación consiste en que se considera el amor como un engaño, una puerta de salida en falso a la problemática de la vida y la creación:

> Los cuervos negros sufren hambre de carne rosa;
> En engañosa luna mi escultura reflejo,
> Ellos rompen sus picos, martillando el espejo,
> Y al alejarme irónica, intocada y gloriosa,
> Los cuervos negros vuelan hartos de carne rosa. (pág. 281)

La pasión es mero pasatiempo o necesidad física como la de saciar el hambre. El yo lírico se encarga de eliminar todo contenido cultural de la idea del amor, se empeña en destruir las imágenes tópicas sobre este sentimiento "iinventado." ("en engañosa luna mi escultura reflejo") y

---

[266] "La herida oculta" del poeta latino Lucrecio es la máxima expresión de tal paradoja: "Al poseerse, los amantes dudan / No saben ordenar sus deseos. / Se estrechan con violencia, / se hacen sufrir, se muerden / con los dientes, los labios / se martirizan con caricias y besos. / Y ello porque no es puro su placer, / porque secretos aguijones los impulsan / a herir al ser amado, a destruir / la causa de su dolorosa pasión", *Antología de la poesía latina*, selección y traducción de Luis Alberto de Cuenca y Antonio Alvar, Madrid: Alianza, 2004, pág. 23.

El rosario de Eros *o la desfiguración del deseo* 203

opera un distanciamiento necesario ("y al alejarme irónica, intocada y gloriosa") y muy acorde con el espíritu de la modernidad. El último poema de la serie dedicada al amor implica su destrucción, consiste en su desmitificación absoluta y, de hecho, ya no hay demanda o petición, ya no hay ruego o súplica, como en los anteriores, sino una constatación cínica materializada en una sonrisa burlona, una risa irónica del sujeto poético que desvela los ardides, hipocresías e imposturas de éste desde un desengaño propio del Barroco. Detrás de Delmira Agustini asoma la figura de Juana Inés de la Cruz:

> Amor de burla y frío
> Mármol que el tedio barnizó de fuego
> O lirio que el rubor vistió de rosa,
> Siempre lo des, Dios mío... (pág. 281)

Es necesario que subsista la falacia del amor, se nos viene a decir, porque es un asidero del ser humano. La composición culmina con una especie de repaso espléndido que formula la pertinencia de rezar ese rosario con sus variadas cuentas o categorías, con sus múltiples manifestaciones no unívocas, no homogéneas sino entreveradas. Estas cuentas oprimen, ahogan y, al mismo tiempo, adornan, vivifican la tierra; constituyen el collar que porta "la garganta del mundo":

> O rosario fecundo,
> Collar vivo que encierra
> La garganta del mundo.
> Cadena de la tierra
> Constelación caída. (pág. 281)

El yo lírico manifiesta que ha superado este catálogo de fórmulas amorosas y quiere separarse de su red maligna y solamente elegir en cada caso, para cada circunstancia, conforme a los deseos y necesidades de cada momento, una forma de amar. El rosario se desliza entre sus manos sabias:

> O rosario imantado de serpientes,
> Glisa hasta el fin entre mis dedos sabios,
> Que en tu sonrisa de cincuenta dientes
> Con un gran beso se prendió mi vida:
> Una rosa de labios. (pág. 281)

Esta imagen, cuya cercanía a las formulaciones surrealistas reside en el carácter irracional, onírico y lúdico de las cuentas del rosario como metonimia de los dientes y de todo el conjunto como una extraña sonrisa que hace un pliegue, una pirueta y besa al yo lírico, puede ser leída, ciertamente, como un primer paso de la creadora, sólo tímidamente iniciado y finalmente interrumpido por su muerte, hacia la renovación que pronto supondrían en el Río de la Plata las vanguardias estéticas.

El poema "Tu amor, esclavo, es como un sol muy fuerte:" (pág. 287) vuelve a exponer la elección de una poética de la confluencia y la simultaneidad. El alma del sujeto se corresponde con un jardín donde habita el amor en forma de sol, a veces oro, a veces fuego, a veces cuervo, a veces rosa, contradicción trágica y dolorosa pero asimismo dulce y exquisita:

> Tu amor, esclavo, es como un sol muy fuerte:
> Jardinero de oro de la vida,
> Jardinero de fuego de la muerte,
> En el carmen fecundo de mi vida.
>
> Pico de cuervo con olor de rosas,
> Aguijón enmelado de delicias
> Tu lengua es. Tus manos misteriosas
> Son garras enguantadas de caricias. (pág. 287)

Cómo ha llegado el sujeto lírico a definir su preferencia por el lado masoquista nos es explicado con minuciosidad en los espléndidos poemas "El arroyo" (pág. 288) y "Diario espiritual" (págs. 290-291). En tono nostálgico y evocador, ya desde la interrogación retórica del primer verso, la primera composición invita a un recorrido por el proceso creativo, imaginístico y amatorio del yo lírico. Tal recuerdo nace de una aguda sensación de desdicha:

> ¿Te acuerdas?... El arroyo fue la serpiente buena...
> Fluía triste y triste como un llanto de fuego,
> Cuando en las piedras grises donde arraiga la pena,
> Como un inmenso lirio, se levantó tu ruego (pág. 288)

Y pasa, a continuación, gracias a ese ruego o petición del amante a constituir una poética vitalista del amor:

> Mi corazón, la piedra más gris y más serena,
> Despertó en la caricia de la corriente, y luego

El rosario de Eros o *la desfiguración del deseo* 205

> Sintió como la tarde, con manos de agarena,
> Prendía sobre él una rosa de fuego. (pág. 288)

La melancolía, el erotismo y la destrucción son los elementos configuradores, pues, de la concepción lírica de Agustini. Son diversos momentos, hitos en un proceso evolutivo que este soneto interpreta de forma lúcida, porque, además, no son excluyentes sino que zigzaguean, aparecen y desaparecen como las ondulaciones del arroyo, como las ondulaciones de la serpiente y, así, cuando el yo lírico besa la cabeza del amante esta imagen converge con la de un cadáver de fuego que vaga por el arroyo. Ese cadáver es el símbolo de todas las poéticas anteriores, es Orfeo despedazado por las bacantes que genera ansiedad, tristeza y da autoridad al sujeto partícipe en esa operación de desmembración:

> Y mientras la serpiente del arroyo blandía
> El veneno divino de la melancolía,
> Tocada de crepúsculo me abrumó tu cabeza,
>
> La coroné de un beso fatal; en la corriente
> Vi pasar un cadáver de fuego... Y locamente
> Me derrumbó en tu abrazo profundo la tristeza. (pág. 288)

"Diario espiritual" (págs. 290-291) es otra descripción del camino que emprende desde ese momento su lírica. En este caso, existe una suerte de estribillo constituido por un solo verso en que se compara al alma con diversos fenómenos naturales. Así pues, el alma es sucesivamente lago, fuente, arroyo, torrente, mar y fangal. El lago remite indefectiblemente a la estética plácida y atemporal del modernismo, a sus paisajes artificiales:

> Es un lago mi alma;
> Lago, vaso de cielo,
> Nido de estrellas en la noche calma,
> Copa del ave y de la flor, y suelo
> De los cisnes y el alma. (pág. 290)

La fuente parece hacer referencia al preciosismo parnasiano, al cromatismo y musicalidad del modernismo tardío, tan recargado y exquisito:

> Mi alma es una fuente
> Donde canta un jardín; sonrosan rosas
> Y vuelan alas en su melodía;
> Engarza gemas armoniosamente
> En el oro del día (pág. 290)

El arroyo representa la etapa melancólica y el torrente el vitalismo y la explosión de gozo y amor que la sigue, pues la alegría y el erotismo cubren con su "manto infinito desbordado" la "torre sombría" de la melancolía:

> Mi alma es un torrente;
> Como un manto de brillo y armonía,
> Como un manto infinito desbordado
> De una torre sombría,
> ¡Todo lo envuelve voluptuosamente! (pág. 290)

De ese panteísmo amoroso tan característico de Agustini, pasamos, sin embargo, a la bicefalia del amor, amor que es vida y muerte, claridad y tiniebla, "mar" y "fangal". Se prefiere, con todo, el "dolor", el "llanto" y, en definitiva, el "mal":

> Mi alma es un fangal;
> Llanto puso el dolor y tierra puso el mal.
> Hoy apenas recuerda que ha sido de cristal;
> No sabe de sirenas, de rosas ni armonía;
> Nunca engarza una gema en el oro del día…
> Llanto y llanto el dolor, y tierra y tierra el mal!… (pág. 291)[267]

Se ha olvidado la etapa cargada de lujo y cuidado estilístico para optar ahora por lo feo, lo doloroso y lo maldito. Se aventura totalmente sola en esta nueva estética, pues encontrar compañero/a de fatigas en ese terreno se revela casi imposible:

> ¿Dónde encontrar el alma que en su entraña sombría
> Prenda como una inmensa semilla de cristal? (pág. 291)

"La cita" y "Serpentina" revelan una seguridad y la conciencia de una autoridad poética cada vez más firme y decidida frente a un sujeto antes más inestable y confuso. El yo lírico toma ahora la iniciativa y pasa de objeto a sujeto, de rol pasivo a activo. Ya no es un ente soñador que

---

[267] "Anillo" declara la misma inquietud y deseo de unificar la sombra y la luz en una joya que el sujeto posea, en un poema: "Raro anillo que clarea, / Raro anillo que sombrea […] ¿Será tu destino un dedo / De tempestad o de calma? / Para clarearte y sombrearte, / ¡Si yo pudiera glisarte / En un dedo de mi alma!" (pág. 293).

espera en la alcoba nocturna la llegada del otro, sino que encarna la presencia perturbadora que llega, penetra, acosa, "se derrama" y "apaga" y se hace esperar por el tú masculino ("La cita", pág. 292):

> En tu alcoba techada de ensueños, haz derroche
> De flores y de luces de espíritu; mi alma,
> Calzada de silencio y vestida de calma,
> Irá a ti por la senda más negra de esta noche. […]
>
> ¡Y esperarás sonriendo, y esperarás llorando!…
> Cuando llegue mi alma, tal vez reces pensando
> Que el cielo dulcemente se derrama en tu pecho…
>
> Para el amor divino ten un diván de calma,
> O con el lirio místico que es su arma, mi alma
> Apagará una a una las rosas de tu lecho! (pág. 292)

La sensualidad cruda y el enigma que desprende el poema "Serpentina" (que en otra versión aparece sintomáticamente titulado "Diabólica") no pasan desapercibidos a la altura del año 1924, hieren alguna que otra sensibilidad y provocan más de un escándalo. El sujeto lírico, dentro de la tradición decadentista de la *"femme fatale"*, se trasfigura en serpiente hipnótica y fascinante, cuyos ojos y lengua son un despliegue de gracia y atracción abismal tanto en sus "sueños de amor" como en sus "sueños de odio":

> En mis sueños de amor, ¡yo soy serpiente!
> Gliso y ondulo como una corriente;
> Dos píldoras de insomnio y de hipnotismo
> Son mis ojos; la punta del encanto
> Es mi lengua… ¡y atraigo como el llanto!
> Soy un pomo de abismo. (pág. 294)

La estética y el tono irreverente de *Fleurs du mal* de Baudelaire marcan la pauta en todo momento y el campo semántico predominante en el poema gira en torno al veneno, lo luzbélico, la atracción fatal, la muerte:

> Y en mis sueños de odio, ¡soy serpiente!
> Mi lengua es una venenosa fuente;
> Mi testa es la luzbélica diadema,
> Haz de la muerte, en un fatal soslayo
> Son mis pupilas; y mi cuerpo en gema
> ¡Es la vaina del rayo! (pág. 294)

Ahora bien, no olvida en ningún momento Delmira Agustini que esta apuesta por otra poética: la del cuerpo y lo erótico, es también una apuesta intelectual o cultural y un desafío a las convenciones masculinas. De hecho, ella misma da las claves de interpretación para sus poemas más explícitos y sensuales. No hay lugar a dudas, pues, pese a la confusión, del revuelo y polémica que acompañaron su osadía:

> Si así sueño mi carne, así es mi mente:
> Un cuerpo largo, largo de serpiente,
> Vibrando eterna, ¡voluptuosamente! (pág. 295)

El abandono de lo diáfano y transparente, de lo delicado y sublime es notorio y aparece declarado abiertamente en gran parte de las composiciones de *El rosario de Eros* frente a la predilección nueva por todo lo que tiene que ver con la ruptura, la fragmentación, la discontinuidad, así como por la estética de lo monstruoso y oscuro. De este modo, "Sobre una tumba cándida" (pág. 296), por ejemplo, constata la abolición de una poética ensimismada, melancólica y ornamental y el nacimiento de la poética del "Horror":

> "Ha muerto... ha muerto"... dicen tan claro que no entiendo...
> ¡Verter licor tan suave en vaso tan tremendo!...
> Tal vez fue un mal extraño tu mirar por divino,
> Tu alma por celeste, o tu perfil por fino... [...]
> ¡Y te sedujo un ángel por la estrella más pura...
> Y tus brazos abrieron, y cortaron la altura
> En un tijereteo de luz y de candor!
> Y en la alcoba que tu alma tapizaba de armiño,
> Donde ardían los vasos de rosas de cariño,
> La Soledad llamaba en silencio al Horror... (pág. 296)

Ahora bien, son indudablemente "Mi plinto" (pág. 297) y "En el camino" (pág. 300) los poemas que mejor expresan y dan forma idónea a todas las preocupaciones poéticas que abruman a la Delmira Agustini de 1914. En el primero de ellos, desde la imagen de la altura o lo ascendente ("es creciente") y sobrenatural ("infinita raíz ultraterrena") como el lugar que corresponde a la genialidad ("mi plinto") hasta la realidad de las descripciones de animales, plantas y formas raras que configuran su nuevo universo metafórico ("Muchas oscuras piedras / Crecientes como larvas.") o la importancia concedida al trabajo, al esfuerzo como requisito para conseguir la excelencia literaria o el erotismo exacerbado y obvio de los símbolos, todo apunta a esa otra manera de decir que recién está aprendiendo la autora uruguaya:

> Como al impulso de una omnipotente araña
> Las piedras crecen, crecen;
> Las manos labran, labran,
>
> —Labrad, labrad, ¡oh manos!
> Creced, creced, ¡oh piedras!
> Ya me embriaga un glorioso
> Aliento de palmeras. (pág. 297)

Detrás de lo hermoso, de las "flores", del "rosal" habita el "mal" en todas sus formas de "tenebrosas larvas", de "capullos negros", de "infernales arañas":

> Ocultas en el pliegue más negro de la noche,
> Debajo del rosal más florido del alba,
> Tras el bucle más rubio de la tarde,
> Las tenebrosas larvas
> De piedra, crecen, crecen,
> Las manos labran, labran,
> Como capullos negros
> De infernales arañas. (pág. 297)

La actividad es frenética a lo largo del poema como pone de manifiesto la recurrencia continua a la forma verbal que da esa sensación de dinamismo, de continuidad: las piedras crecen, las manos labran y a esa tarea de conjunción entre imaginación, fantasía o creatividad —las piedras— y elaboración, corrección del verso —manos— se unen otros estados o fenómenos como la melancolía en forma del conocido sintagma del sol negro:

> Van entrando los soles en la alcoba nocturna,
> Van abriendo las lunas el silencio de nácar... (pág. 298)

El resultado de tanto esfuerzo es una recompensa que puede leerse desde la mística, la erótica o la poética como el clímax en la cima después de las dificultades de su ascenso. El "aliento de palmeras", el "viento de la sierra" o la "celeste serenidad de estrella" pueden nacer, por tanto, de lo feo, lo monstruoso, lo oscuro, maldito:

—Labrad, labrad, ¡oh, manos!
Creced, creced, ¡oh, piedras!
¡Ya siento una celeste
Serenidad de estrella! (pág. 298)

"En el camino" (pág. 300), como su propio título indica, remite a un momento de detención y reflexión sobre la labor creativa y constituye otra descripción del recorrido hecho hasta ahora por la autora. Como vemos, la preocupación por la escritura acucia a Delmira Agustini quien la tematiza y elabora con cuidado y precisión en sus textos creativos. "En el camino" es, en primera instancia, una declaración directa de la necesidad en que la escritora se ve a la altura de 1913, 1914 de dar un vuelco o quiebre a su poesía. Nada favorece ya la continuidad de la estética manida, repetitiva y vacua del modernismo. Así, Agustini, entre todas las líneas, entre todas las corrientes escoge la del "misterio" emparentada con Poe o Baudelaire. No es estratega, pues, ciertamente, la vertiente que más éxito logra fue la del sentimentalismo o nuevo romanticismo —Alfonsina Storni, Ramón López Velarde—, fuera de las vanguardias estéticas como el surrealismo, el dadaísmo, el futurismo que ganan la batalla en el camino hacia lo nuevo, pero es verdad también que este espacio oscuro que decide habitar Agustini tiene casi imperceptibles conexiones con el onirismo y extrañeza de imágenes y léxico que era característica esencial de las vanguardias. "Con Selene" (pág. 303) es el ejemplo paradigmático de esta aproximación formal a las vanguardias, especialmente al surrealismo, seguramente influida por un Julio Herrera y Reissig que ensaya metáforas muy similares y que, como Agustini, abusa de la adjetivación esdrújula —"eléctrica", "pálida", "sonámbula"— y de la ambientación moderna, tecnificada, industrial, fría —"eléctrica", "magnética"—. Ahora bien, "Con Selene", como "En tus ojos", tiene carácter de práctica, de ejercicio poético, de ensayo. Se nota una voluntad, un esfuerzo por incardinarse en esa escuela sin que se sienta como propia y esto es interesante porque nos descubre que, aunque Agustini conoce los nuevos derroteros de la lírica, prefiere explorar su propia poética. Selene, la luna es, entonces, comparada con la otra cara del medallón del sol, con un corazón, un lirio o un hongo brotado bruscamente en el cielo; se la considera el "primer sueño del mundo" o la "primer blasfemia". La última parte del poema muestra una indudable adscripción a lo nuevo:

El rosario de Eros *o la desfiguración del deseo* 211

> Bruja eléctrica y pálida que orienta en los caminos,
> Extravía en las almas, hipnotiza destinos...
> Desposada del mundo en magnética ronda;
> Sonámbula celeste paso a paso de blonda;
> Patria blanca o siniestra de lirios o de cirios,
> Oblea de pureza, pastilla de delirios; (pág. 303)

Selene es, para Agustini, un símbolo de la nocturnidad, de la oscuridad, de esta nueva estética sombría cuya esencia es la contradicción, el contraste entre "sueños" y "blasfemias", "luces" y "nieblas", "vidas" y "muertes", "caricias" o "quemaduras", "lirios" y "cirios". Para sugerir esto se vale del oxímoron o la paradoja típicamente barroca:

> Talismán del abismo, melancólico y fuerte,
> Imantado de vida, imantado de muerte...
> A veces me pareces una tumba sin dueño...
> Y a veces... una cuna ¡toda blanca! Tendida de esperanza y
> de ensueño.... (pág. 303)

Es ostensible, pues, el rechazo de las poéticas claras, solares y la preferencia por la estética oscura acompañada siempre de la "perla de la melancolía", el "misterio" y la "soledad".

El poema "En el camino" nos sitúa, también, ante un sujeto lírico extraviado que busca el "Misterio bajo un sol de locura" y se encuentra con un "peregrino" que le ofrece su "sombra". El fin de la indagación poética llega, entonces, cuando la locura, la melancolía y el amor van conduciendo, de forma tácita, hacia la estética sombría que ciega y oculta el resto de opciones:

> Tu mirada fue buena como una senda oscura,
> Como una senda húmeda que vendara el camino. (pág. 300)

La poeta ya se ha adentrado en otros senderos: el de la retórica amorosa más inocente y diáfana —"candor del pan"-, el del discurso desbordante de pasión y demencia —"llama del vino"—, pero es en la estética hermética, en la vocación por las sombras donde halla el destino, la luz, el "oro" de la creatividad, de la originalidad:

> Me fue pródiga y fértil tu alforja de ternura:
> Tuve el candor del pan, y la llama del vino;
> Mas tu alma en un pliegue de su astral vestidura,
> Abrojo de oro y sombra se llevó mi destino. (pág. 300)

De la sombra nace la luz ("Tu sombra logra rosas de fuego en el hogar") y el yo lírico se convierte desde el instante del descubrimiento en "una torre de recuerdo y espera", esto es, retomando el símbolo del poeta aristocrático, ya no se conforma con menos pues su espíritu curioso aspira a las alturas de la genialidad ya entrevistas, ya intuidas, pese a que esa espera lo sumerja, indefectiblemente, en la tristeza más honda, en el dolor y el llanto:

> En mi cuerpo, una torre de recuerdo y espera
> Que se siente de mármol y se sueña de cera,
> Tu Sombra logra rosas de fuego en el hogar;
> Y en mi alma, un castillo desolado y sonoro
> Con pátinas de tedio y humedades de lloro,
> ¡Tu Sombra logra rosas de nieve en el hogar! (pág. 300)

En "Boca a boca" (pág. 301) el sujeto lírico se dirige al abismo en estos términos:

> Copa de vida donde quiero y sueño
> Beber la muerte con fruición sombría,
> Surco de fuego donde logra Ensueño
> Fuertes semillas de melancolía. (pág. 301)

Como en algunas de sus primeras composiciones donde se nos presentan las diversas poéticas transfiguradas en cálices o copas, receptáculos exquisitos de los más variados licores y vinos, ahora se utiliza una metáfora en la misma línea. La diferencia es que antes se buscaba probar todo, mezclar —el eclecticismo poético— mientras que ahora se opta por el veneno, por la sustancia más amarga y al mismo tiempo placentera, es decir, se elige la estética del mal. La copa es asimismo metáfora de la boca amada que es transformada, con la versatilidad de las imágenes vanguardistas, en "pastilla de locura" y "verja de abismo". La poética es, pues, una forma de desprenderse, de desligarse del mundo real; es contemplada como una sustancia alucinógena, una droga que transporta y provoca el arrebato, el delirio o la demencia; es el beso de la muerte:

> Sexo de un alma triste de gloriosa;
> El placer unges de dolor; tu beso
> Puñal de fuego en vaina de embeleso,
> Me come en sueños como un cáncer rosa. (pág. 301)

El rosario de Eros *o la desfiguración del deseo*

El erotismo es, de nuevo, el discurso maestro de la creación poética. Vertebra el poema:

> Joya de sangre y luna, vaso pleno
> De rosas de silencio y de armonía,
> Nectario de su miel y su veneno,
> Vampiro vuelto mariposa al día.
>
> Tijera ardiente de glaciales lirios,
> Panal de besos, ánfora viviente
> Donde brindan delicias y delirios
> Fresas de aurora en vino de Poniente... (pág. 301)

La herida del deseo, la llaga de la creación es profunda y dolorosa. De su centro brota sangre indefinidamente, pero se confía en las propiedades curativas del devenir que traerá otro amor, otra estética —"verbo fecundo"—:

> Inaccesible... Si otra vez mi vida
> Cruzas, dando a la tierra removida
> Siembra de oro tu verbo fecundo,
> Tú curarás la misteriosa herida:
> Lirio de muerte, cóndor de vida,
> ¡Flor de tu beso que perfuma el mundo! (pág. 302)

En suma, Delmira Agustini no inaugura ninguna tradición, ninguna línea de escritura femenina. Su verbo original y deslumbrante no es el principio de movimientos o escuelas literarias, pero sí idea una nueva caligrafía, sus versos descubren una música sugerente y desconcertante en que lo críptico desempeña un papel esencial. Sus versos se unen más por relaciones estéticas que semánticas, bastante arbitrarias por otra parte, y pierden unidad de cuerpo, se disgregan en partes, en miembros que se combinan, sueltan, sustituyen: cabezas, pies, manos, frentes como fragmentos de un sueño que sólo el abrazo de eros, la metamorfosis final puede recomponer, rearticular. Pero entre tanto esos cuerpos decapitados, desmembrados, fragmentados, desarticulados buscan nostálgicamente, con dolor, como en *El Banquete* de Platón, las otras partes, sus mitades. De ahí que su escritura sea una búsqueda del otro, de lo otro que antes de llegar a la consumación, a la plenitud está marcada por el sufrimiento y la melancolía. Transcribimos, a continuación y a modo de cierre del capítulo, la expresión más acabada, entre los versos de Agustini, de este *leitmotiv* del tormento de la creación poética. El poema "Lo inefable" contiene la imagen de la "estrella dormida" como símbolo de ese dolor de la escritura que se identifica asimismo con la melancolía como desencadenante necesario de la misma:

> LO INEFABLE
>
> Yo muero extrañamente... No me mata la Vida,
> No me mata la Muerte, no me mata el Amor;
> Muero de un pensamiento mudo como una herida...
> ¿No habéis sentido nunca el extraño dolor
>
> De un pensamiento inmenso que se arraiga en la vida
> Devorando alma y carne, y no alcanza a dar flor?
> ¿Nunca llevasteis dentro una estrella dormida
> Que os abrasaba enteros y no daba un fulgor?...
>
> Cumbre de los Martirios!... Llevar eternamente,
> Desgarradora y árida, la trágica simiente
> Clavada en las entrañas como un diente feroz!...
>
> Pero arrancarla un día en una flor que abriera
> Milagrosa, inviolable!... Ah, más grande no fuera
> Tener entre las manos la cabeza de Dios![268]

Para terminar de descifrar el universo de sus poemas del que, sin embargo, hemos intentado trazar ya algunas pistas y sugerencias en apartados previos, indicaremos algunos rasgos perceptibles en su literatura que son los que, desde nuestro punto de vista, le dan ese indiscutible brío y actualidad y permiten afirmar la genialidad de su autora. La característica más notable, sería, paradójicamente, su "inactualidad". Entendemos por tal no la pérdida de capacidad de evocación en el presente sino, antes bien, al contrario, el hallazgo de una atemporalidad fascinante en unos textos, que, pese a estar muy marcados por una retórica, unas fórmulas bien específicas y sólo legítimas en el marco de la estética modernista, consiguen elevarse por encima de tales dispositivos y susurrarnos ese "secreto" de lo sublime, ese hechizo cabalístico que

---

[268] Delmira Agustini, "Lo inefable", *Poesías completas*, ed. Magdalena García Pinto, *op. cit.*, págs. 193 y 194. El interés de Agustini por este tema era extremo y si no véanse la cantidad de correcciones y reelaboraciones en las tres versiones que tiene de este poema que no son relevantes, sin embargo, porque las diferencias son en el plano lingüístico pero no en el contenido.

siempre trata de aprehender o penetrar la literatura. Un libro trasciende cuando permanece siempre a la misma distancia del lector y esto es lo que sucede con los poemarios de Agustini a los que nos acercamos hoy con la misma emoción que hace un siglo. Se incardinaría, pues, la lírica de nuestra autora en lo que Derrida o Gadamer o, sobre todo, Pierre Bordel, han catalogado como "escritura de lo secreto"[269] en el sentido de que tiene tres elementos fundamentales: poder y fuerza que reside en su ocultamiento, en su indecibilidad —toda una dinastía, toda una herencia oscura se encierra en él—, relación con el otro —el aspecto dialógico y dual es esencial en los versos de la uruguaya igual que no hay secreto sin esa conversación entre dos— y, por último, una afinidad o complicidad especial con el lector pero restringida solamente a cierto tipo de lector que es el que puede llegar hasta la raíz de la poesía y que se vincula, de alguna manera, con lo sagrado *("secret/sacré", "fable mystique")*, con el fantasma, con lo indirecto:[270]

> Elle (la littérature) aussi doît signaler quelque chose, différent de son contenu et de sa forme individuelle, et qui est sa propre clôture, ce par quoi précisément elle s'impose comme Littérature. D'où un ensemble de signes donnés sans rapport avec l'idée, la langue ni le style, et destinés à définir dans l'épaisseur de tous les modes d'expression possibles, la solitude d'un langage rituel. Cet ordre sacral des Signes écrits pose la Littérature comme une institution et tend évidemment à l'abstraire de l'Histoire, car aucune clôture ne se fonde sans une idée de pérennité.[271]

Así pues, el lenguaje de lo secreto que tiene su expresión en el caso de Agustini en una lengua hermética y extraña, no consiste en un contenido escondido sino en la propia magia de su escritura febril y onírica que

---

269 Pierre Bordel, *L'imaginaire du secret*, Grenoble: ELLUG, 1998.
270 En el caso de Agustini, su poesía apela, pensamos, a ciertas inquietudes específicas de una posible comunidad simbólica femenina en aquel momento conflictivo y de profundas transformaciones sociales, políticas y culturales. Su lengua, de alguna manera, da voz a las que no hablan y hace hablar a las palabras, pero también al silencio, a los pensamientos. Sin embargo, no somos partidarios de una lectura excluyente del género masculino de sus versos en tanto que, aunque estos expresen la necesidad de decir el amor, el sexo o las ideas sobre el arte desde un lugar nuevo y hasta entonces silenciado, también pueden alterar igualmente la sensibilidad masculina. Nos remitimos, en este punto, a la explicación del dandismo en términos de mujer o a las lecturas cruzadas de Agustini con Rachilde, Anna de Noailles o Renée Vivien que serán objeto de estudio en el libro en preparación "La biblioteca de Delmira Agustini".
271 Roland Barthes, *Le degré zero de l'écriture*, op. cit., pág. 9.

rearticula de una manera nunca explorada hasta entonces los universales de la poesía. De esta forma, Agustini consigue declinar el "genio" en femenino pues su creación trasciende absurdas explicaciones genéricas, convoca a las musas y diciendo lo "indecible", tanteando el enigma de lo insondable a través de la poeticidad de su lengua, logra originar su propia "no-realidad" que, como la de Poe, pierde su carácter de simulacro. Podríamos por tanto hablar, siguiendo de cerca los postulados de Derrida sobre y con Hélène Cixous,[272] de un "idioma Agustini" pues su singularidad, lo que distingue a su poesía es que se ha dejado acariciar por el genio de la lengua más allá de tópicos e imágenes manidas, pero habiéndose enriquecido previamente con toda la tradición anterior. Decir lo que no dirá, insinuar, lanzar desafíos, dividir, multiplicar,[273] diversificar, dejar cosas para que los demás, para que los "ojos del alma" las descifren sin desvelar nunca el secreto, sugerir, etc... y la única opción que nos queda es admirar el disfraz, nunca artificioso, con que cubre lo críptico, lo inconfesable, lo secreto y dejarlo *"glisser"*:

> On sait que vers la fin du XVIII siècle, cette transparence vient à se troubler; la forme littéraire développe un pouvoir sécond, indépendent de son économie et de son euphémie; elle fascine, elle dépayse, elle enchante, elle a un poids; on ne se sent plus la Littérature comme un mode de circulation socialement privilégié, mais comme un langage consistant, profond, plein de secrets, donné à la fois comme revé et comme menace.[274]

Su obra es tempestad intolerable y revolucionaria, estallido de magia que el propio sujeto sabe conscientemente domeñar y domesticar hasta darle la forma adecuada, pues el genio sólo tiene, en general, una pe-

---

272 Jacques Derrida y Hélène Cixous, *Voiles*, Paris: Galilée, 1998.
273 La multiplicación, la multiplicidad de lugares marginales para conversar, para cuestionar, para replantear hace que se desplace en cierto sentido el centro de la cultura, de la palabra. Esta forma de subversión a través de la escritura se daba también en la vida, en el espacio público siempre complementario pues, de hecho, el dandismo trataba asimismo de fabricar, construir otras lecturas de lo femenino, de lo creativo a través de formas no institucionales, subalternas. Así, de la misma manera que ensayar la enunciación del deseo desde distintas instancias: masculinas, femeninas, etéreas o reales es una muestra de una inestabilidad y desigualdad social, vestirse de rojo transgresor de pies a cabeza, representar una obra de teatro, divorciarse o encontrarse clandestinamente con el amante son respuestas públicas a esa misma marginación.
274 Roland Barthes, *Le degré zero de l'écriture*, op. cit., pág. 10.

queña parte dada por generosidad natural, como un don o una gracia y una gran parte de cultivo y trabajo de orfebre. La literatura es pulsión, compulsión pero también propulsión y una cosa no puede separarse de la otra, ya que el privilegio de la literatura consiste en que permite contemplar las dos orillas, permite traspasar el umbral y abrir la puerta de lo inquietante o lo desconocido y, tras mil encuentros, mil visiones, está autorizado para nombrar ese mundo en su desnudez, traerlo al acá, trasmitir sus infinitos o ecos de una forma artesanal, comprensible, cercana:

> Flaubert […] a constitué définitivement la Littérature en objet, par l'avènement d'une valeur-travail: la forme est devenue le terme d'une "fabrication", comme une poterie ou un joyau (il faut lire que la fabrication en fut "signifiée", c'est-à-dire pour la première fois livrée comme spectacle et imposée).[275]

Ciertamente, desde la modernidad, se pierde esa noción arcaica de que la forma tiene simplemente un valor de uso, de que los mecanismos literarios se transmiten de época en época, de movimiento a movimiento intactos, idénticos y sin ninguna obsesión por la novedad o la originalidad. Agustini comprende muy bien que a partir de aquel momento la salvación de la escritura no viene por su finalidad o destino, por su propósito sino por el trabajo que haya costado hacerla nacer y se identifica con esa imaginería del escritor ingeniero del verso, obrero o artesano, orfebre que se encierra en un cuarto y trabaja con regularidad y disciplina a lo Flaubert, a lo Gautier.

---

275 *Ibid.*, pág. 11.

V. Conclusiones: ¿Hacia otros discursos y formas de "lo menor"?

Llegados al final de nuestro recorrido crítico por la obra de Agustini, resulta preciso enumerar o subrayar los resultados y conclusiones que tal estudio arroja. Nuestro itinerario ha pretendido alcanzar el espectro más amplio de esa obra, yendo de lo general a lo concreto, de lo contextual a lo propiamente textual, con la intención de ofrecer una explicación histórica de su poesía, pero también de los rasgos que posee su inscripción en el campo de lo literario y de los motivos que determinan la percepción de la figura de la artista y de su recepción en un primer momento. Cada uno de los apartados, sin embargo, es ya una manera de entender y de estudiar la obra de la escritora, interpretación que, aunque en los primeros capítulos pueda resultar más diferida y menos directa, no resulta por ello menos efectiva, en la medida en que todos ofrecen, desde sus particulares parámetros, claves y perspectivas para entender su escritura. Todas ellas se tienen en cuenta de forma más o menos abierta en el estudio final sobre la obra de Agustini, aunque se desarrollan de acuerdo con las exigencias propias de ese particular análisis, con el objetivo de no repetir argumentos o ideas que ya quedan esbozados y perfilados en los apartados anteriores.

El resultado general de este trabajo muestra la necesidad de considerar de acuerdo con los contextos de la época y con las situaciones concretas en las que la autora se encuentra, no sólo la escritura de Agustini, sino también las herramientas críticas de que nos valemos para interpretarla. Tales situaciones y contextos describen una categoría de significado que no se propone como universal o ejemplar, sino que va siendo negociada constantemente en el diálogo con sus parámetros, que se contempla como un juego de actualizaciones y ensayos, en los que cada uno se escinde o se resuelve de acuerdo con el escenario en el que se produce. El estudio de la obra de Agustini propone, entonces, también un modelo de interpretación, de lectura: elevar este modelo como el propio de la escritura femenina traiciona su mismo sentido, ya que lo que pone en duda es este tipo de generalización. En cambio, puede sugerirse tal modelo como válido o asimilable para todos aquellos casos en que la inscripción de la escritura no tiene un lugar propio y lucha en cada momento no sólo por la creación de sí misma, sino también de ese lugar. Tal modelo se relaciona con la concepción de Derrida de la mujer como "el no-lugar de la verdad":

> Este distanciamiento de la verdad que se sustrae a sí misma, que aparece entre comillas (maquinación, grito, vuelo y garras de una grulla), todo aquello que va a forzar en la escritura de Nietzsche la puesta entre comillas de la "verdad" —y por consiguiente, en rigor, de todo el resto—, todo aquello que va por lo tanto a *inscribir* la verdad —y por consiguiente, en rigor, inscribir en general, constituye, no digamos siquiera lo femenino, sino la "operación" femenina.[276]

Si las comillas representan lo que está por pensar, lo que se desplaza al pensamiento, el modelo de lectura que diseña el estudio de Agustini invita a una búsqueda del sentido a partir de las coyunturas, de las encrucijadas, de las decisiones que traza esa escritura en el debate constante con sus parámetros. Esa inscripción de un nuevo sentido se cifra como performatividad, como gesto, y deviene en una serie de estrategias con las que el sujeto femenino sortea y gestiona los discursos que lo predefinen, que tratan de disciplinarlo o que le adjudican de entrada un lugar. En este sentido, nuestro trabajo es un examen de esos discursos a los que se enfrenta Agustini y de los ardides que despliega para conseguir un lugar propio y para conseguir decirse. Dos aspectos, ya apuntados, son especialmente destacables en este punto. Primero, no es cierto, como se ha venido afirmando, que la creación de Agustini sea ajena al contexto socio-político en que vio la luz. Y no hay muestra más evidente de ello que las contradicciones constantes de su discurso poético en que alternativamente se da y toma, se ofrece y agrede al tú masculino como reflejo directo de la dialéctica entre la concepción liberal de la sexualidad y de lo femenino y el tradicionalismo social en el Montevideo de las primeras décadas del siglo XX. Por otro lado, la lectura del universo delmiriano como una constelación de símbolos, imágenes y concepciones dispares y hasta contrarias del amor, el deseo o la creación no puede reducirse bajo la imagen de una totalidad cerrada y fija. Su diversidad hace que encontremos, sin seguir un orden cronológico es-

---

276 Jacques Derrida, *Espolones*, op. cit., págs. 37-38.

tricto, poemas en que, por ejemplo, el yo lírico ejerce de mujer fatal, de pasiva receptora del sexo o de sujeto activo subversivo y violento, sin que quepa resolver tales diferencias de acuerdo con una idea unitaria de la creación: no significa que la lírica de Agustini no posea o proponga una visión del mundo, sino que ésta se cifra justamente en los desvíos, las variaciones y las asincronías.

Dejo para un análisis futuro, pese a la existencia de algunas anotaciones en este sentido en el presente estudio, el repaso por la recepción que se ha efectuado de la obra de Agustini y la gestión que de la misma operó la poeta. El repaso crítico evidencia la dificultad y la resistencia que ofrece la escritura de Agustini: sólo en los últimos años y con la ayuda de las categorías del género y de la extensión de la escritura femenina, su obra ha podido ser interpretada bajo perspectivas que no distorsionan, desde la raíz, su lectura. Sin embargo, la interpretación de esta obra está a menudo apresada por las propias contradicciones dialécticas, los giros y las inversiones, que se dan cita en la crítica de género: como se ha adelantado, tales categorías no pueden resolverse en una utopía o en una maquinaria hipertextual, sino que deben hacerse cargo constantemente de los términos con los que dialoga. Los rasgos de publicación de la poesía son un escenario privilegiado donde puede observarse también esa gama de negociaciones y de respuestas, pues esos rasgos tienen que ver con el deseo literario de constante revisión que Agustini manifiesta respecto de sus textos, pero también con la aceptación de una demanda de publicación que exige o determina, por ejemplo, la existencia de *Los cálices vacíos*. Así, su obra circula entre el deseo de la escritura y re-escritura que trata de ajustar la obra a los distintos contextos y proyectos, y las exigencias de publicación que los determinan. En este sentido, es preciso reseñar también la importancia decisiva que tiene el hecho de leer y de planear la propia obra, tareas ambas necesariamente ligadas al oficio de la escritura. La letra escrita siempre es extraordinariamente frágil y por ello hay que tener sumo cuidado con las instancias políticas, sociales, mediáticas desde las que se lee. Ese malentendido ha signado hondamente la poesía de la poeta uruguaya interpretada desde las más variadas y equívocas perspectivas, y ha provocado que sus propios versos desarrollaran con el tiempo una suerte de sentido de resistencia o clandestinidad. En realidad, no podemos hablar de la poesía de Delmira Agustini como si se fuera una poeta de un solo proyecto y de una sola concepción, de la misma manera que no podemos considerar la existencia de una sola poética en Baudelaire. Dos mecanismos teóricos contrarios que sirven ambos para desacreditar la autenticidad y personalidad de la lírica de la poeta han sido observados por la crítica. En primer lugar, si Agustini no conoce ni dialoga de forma intensa con las fuentes modernistas, como se ha llegado a afirmar, se la está aislando de su contexto, y al enfatizar el autodidactismo y la inspiración se está incidiendo en la índole distinta, elemental, excepcional de la escritura de mujer: es el mito de la pitonisa tocada por la gracia divina. Si, por el contrario, Agustini se inscribe en la estética del modernismo, movimiento predominante en la época, es, según otra parte de la crítica, mediante una imitación tan literal de los autores previos que nada realmente valioso parece hallarse en su producción salvo lo que tiene que ver, sintomáticamente, con la verdad o sinceridad "inconfundible" de su voz: es la concepción de la poeta como simple y burda seguidora de Darío que en ningún momento se despega del maestro. Más allá de estos modelos, la obra de Agustini diseña un contacto con la tradición sustentado en diversos registros, que van desde la educación estética hasta la inversión o la regresión que marca su peculiar posición en el desarrollo de la historia literaria. Por último, abordamos directamente la poesía de Agustini, y la dialéctica entre evolución y recurrencia que traza su trayectoria. Más que un recorrido por los registros simbólicos de su poesía, recorrido en el que se embarcan la mayoría de los estudios recientes sobre la autora, se propone aquí un examen de los mecanismos, situaciones y lógicas que desencadenan tales símbolos y de las diversas modulaciones que estos adquieren enfrentados a tales coyunturas, de acuerdo con la idea ya expuesta de la necesidad del marco, de la encrucijada, para poder alcanzar el sentido de esta escritura. Las diferentes lógicas evidencian un itinerario pero también una permanencia que está en el origen del carácter y el rostro cambiantes de su imaginario. Los primeros poemas de Agustini plantean de forma evidente las contradicciones que entraña su inscripción en el campo de la "alta cultura"; tal deseo exige en un primer momento la represión de lo femenino en la medida en que ello se identifica con el negativo estético: las revistas, la sentimentalidad y la permanencia en unos modelos periclitados de la escritura. Agustini trabaja en este momento con una idea de poesía que oblitera el régimen de la noche y con él la emergencia del sujeto femenino: lo literario es solamente el término positivo, la confianza en la luz y en la razón, dentro de una imagen burguesa de la modernidad. Sin embargo, la relectura de la tradición simbolista posibilita la liberación del imaginario de lo oscuro de esa dialéctica que acabará por disolverse en otras imágenes de la modernidad y de la escritura (la melancolía, lo siniestro). Un itinerario de liberación propone, justamente, su primer libro, aunque en este caso no es la noche sino el erotismo quien lo hace posible: el sujeto femenino se observa como objeto de deseo, como espacio no de purgación sino de identificación en los ojos del amante, y aunque esta identificación está en principio limitada a los términos de la relación especular, pronto se abre con la búsqueda y la creación de nuevos interlocutores. Por otro lado, la melancolía, lo siniestro y la desfiguración definen los espacios donde se resuelve la autoconcepción de la poesía que será central en Agustini y los caracteres de su imaginario. El camino seguido por su poesía refleja o traduce las dialécticas que se observan en los anteriores apartados y que se sitúan especialmente en el diálogo entre las formas del disciplinamiento y la creación de los espacios de su huída. La obra de Agustini ha de entenderse entre estos dos términos; por ello, es crucial diseñar y definir los rasgos que adoptan tales discursos disciplinarios, pues en su imagen se gesta la escritura que propone su cuestionamiento, su ruina y, finalmente, el abandono de esos marcos de significación.

VI. Bibliografía

1. Ediciones de la obra de Delmira Agustini[1]

AGUSTINI, Delmira, *El libro blanco (Frágil)*, Montevideo: O.M. Bertani, 1907.
—, *Cantos de la mañana*, Montevideo: O.M. Bertani, 1910.
—, *Los cálices vacíos: poesías*, Montevideo: O.M. Bertani, 1913 [ediciones posteriores: Montevideo: Comunidad del Sur, 1963; Buenos Aires: Centro Editor de América Latina, 1968; Montevideo: Edición Popular Fenaligra, 1986].
—, *Poesías*, Colección Las mejores poesías líricas de los mejores poetas, Barcelona: Cervantes, 1923?.
—, *Selección de poesía: Cálices vacíos; El libro blanco; Cantos de la mañana*, Santiago de Chile: Editorial Luz, 1923.
—, *Obras completas*. Tomos I y II, Montevideo: Maximino García, 1924.
—, *Los astros del abismo*, Buenos Aires: Editorial Claridad, 1930.
—, *Obras poéticas*, Montevideo: Instituto Penales, 1940.
—, *Poesías*, ed. Ovidio Fernández Ríos, Montevideo: Claudio García, 1940.
—, *Poesías completas*, ed. e intr. Alberto Zum Felde, Buenos Aires: Editorial Losada, 1944.
—, *Antología*, selección y prólogo de Esther de Cáceres, Montevideo: Biblioteca Artigas. Colección de Clásicos Uruguayos, 1965.
—, *Correspondencia íntima*, estudio, ordenación y prólogo de Arturo Sergio Visca, Montevideo: Biblioteca Nacional. Departamento de Investigaciones, 1969.
—, *Poesías completas*, ed. Manuel Alvar, Barcelona: Editorial Labor, 1971.
—, *Poesías completas*, selección y prólogo de Alberto Zum Felde, Buenos Aires: Losada, 1971.
—, *Selección poética*, ed. Arturo Sergio Visca, Montevideo: Editorial Kapelusz, 1980.
—, *El vampiro y otros poemas*, Buenos Aires: Centro Editor de América Latina, 1987.
—, *Poesía*, Ciudad de La Habana: Casa de las Américas, 1988.
—, *Poesías completas*, edición de Magdalena García Pinto, Madrid: Cátedra, 1993.
—, *Los cálices vacíos*, edición y prólogo de Beatriz Colombi, Buenos Aires: Simurg, 1999.
—, *Poesías completas*, ed. Alejandro Cáceres, Montevideo: E. de la Plaza, 1999.
—, Archivo Literario y Fotográfico "Delmira Agustini", Montevideo: Biblioteca Nacional.

---

[1] La nómina de las ediciones de la obra de Delmira Agustini pretende ser lo más sistemática y exhaustiva posible. Sin embargo, no se incluyen los datos de publicaciones excéntricas, secundarias o de divulgación general, ya que el rigor y la calidad crítica son el criterio adoptado en la elaboración del listado. En consecuencia, no se ha reparado tampoco en las antologías, las reediciones o las ediciones de cariz más anecdótico y sólo aparecen las ediciones que son hitos fundamentales en la publicación de su producción. Con todo, puede consultarse una bibliografía completa en el artículo de Ana Gil Seoane, "Delmira Agustini: una bibliografía", en *Delmira Agustini. Nuevas penetraciones críticas*, coord. Uruguay Cortazzo, Montevideo: Vintén, 1996, págs. 158-180.

2. Estudios sobre la obra de Delmira Agustini

ALARCÓN MARTÍNEZ, Marlene, "Tradición, evolución y revolución en la crítica a la obra de Delmira Agustini", *Mujer y sociedad en América* 6 (1988), págs. 31-42.
ALARCÓN, Marlene, "Infantilismo y pasión en las cartas de Delmira Agustini", *Atenea*, Universidad de Puerto Rico, Mayagüez, IX, 1-2 (junio-dic. 1989), págs. 79-107.
ALBISTUR, Jorge, "Una leyenda que llega al siglo", *Suplemento Dominical de El Día*, 391 (1986), pág. 10.
ALEGRÍA, Fernando, "Aporte de la mujer al nuevo lenguaje poético de Latinoamérica", *Revista/Review Interamericana*, 12.1 (1982), págs. 27-35.
ALVAR, Manuel, *La poesía de Delmira Agustini*, Sevilla: Escuela de Estudios Hispanoamericanos, 1958.
ÁLVAREZ, Mario, *Delmira Agustini*, Montevideo: Arca, 1979.
ARMAGNO COSENTINO, José, "Delmira Agustini, la Safo americana, sesenta años después", *Norte: Revista Hispano-Americana*, 265 (1975), págs. 71-73.
BARREIRO DE ARMSTRONG, M., *Punto de luz. Eros, eje de la estructura pendular en "Los cálices vacíos" de Delmira Agustini*, Reichenberger: Kassel, 1998.
BARRET, Rafael, *Al margen: críticas literarias y científicas*, Montevideo: O. M. Bertani, 1912.
BEAUPIED, Aida, "Otra lectura de 'El cisne' de Delmira Agustini", *Letras Femeninas*, 22.1-2 (1996), págs. 131-142.
BENEDETTI, Mario, "Una hora en el mundo y los mitos de Delmira", *La Mañana*, (4-8-1963), pág. 14.
BENVENUTO, Ofelia M. de, *Delmira Agustini*, Montevideo: Ceibo, 1944.
BERENGUER, Amanda, "La paradoja de lo literario en Delmira Agustini", en *Delmira Agustini*, eds. Amanda Berenguer, Arturo Sergio Visca y José Pedro Díaz, Cuadernos de Literatura, 1, Montevideo: Fundación de Cultura Universitaria, 1968.
BINNS, Niall, "Lecturas, malas lecturas, parodias: desplumando el cisne rubendariano (Enrique González Martínez, Delmira Agustini, Huidobro, Nicanor Parra)", *Anales de Literatura Hispanoamericana*, 24 (1995), págs. 159-79.
BOLLO, Sarah, *Delmira Agustini: espíritu de su obra y su significación*, Montevideo: Impresora Uruguaya, 1963.
BONADA AMIGÓ, Roberto, "En torno al modernismo literario: Delmira Agustini replica a Rubén Darío", *Revista Nacional* 2.2 (1957), págs. 557-570.
—, *Delmira Agustini en la vida y en la poesía*, Montevideo: J. Masa, 1974.
BRANDY, Carlos y Clara SILVA, "Delmira Agustini y André Giot de Badet", *Fuentes*, Montevideo, 1 (agosto 1961), págs. 195-198.
—, "Recuerdos de Delmira Agustini. Una entrevista con M. André Giot de Badet", *Fuentes*, Montevideo, 1 (agosto 1961), págs. 198-202.
BRAVO-ELIZONDO, Pedro, "Una poeta, una dramaturga y un director uruguayos", *Latin American Theatre Review*, 31-32 (1997/99), págs. 137-142.
BROWN, J. Andrew, "Feminine Anxiety of Influence Revisited: Alfonsina Storni and Delmira Agustini", *Revista Canadiense de Estudios Hispánicos*, 23: 2 (1999), págs. 191-203.
BRUZELIUS, Margaret, "En el profundo espejo del deseo: Delmira Agustini, Rachilde and the Vampire", *Revista Hispánica Moderna*, 46.1 (1993), págs. 51-64.
BULA PIRIZ, Roberto, *Delmira Agustini*, Montevideo: s. e. 1964.
—, *Dos poetisas uruguayas: María Eugenia Vaz Ferreira y Delmira Agustini*, Montevideo: La Casa del Estudiante, 1975.

BURT, John, "The Personalization of Classical Myth in Delmira Agustini", *Crítica Hispánica*, 9.1-2 (1987), págs. 115-124.
—, "Agustini's Muse", *Chasqui*, 17.1 (1998), págs. 61-65.
CABRERA, Sarandy, "Las poetisas del 900", en *La literatura uruguaya del novecientos*, Montevideo: Número, 1950, págs. 162-186.
CÁCERES, Alejandro, "Doña María Murtfeldt Triaca de Agustini: hipótesis de un secreto", en *Delmira Agustini: nuevas penetraciones críticas*, coord. Uruguay Cortazzo, Montevideo: Vintén, 1996, págs. 13-47.
—, "Delmira Agustini: la búsqueda de libertad sexual y la construcción del yo", en *Delmira Agustini y el Modernismo. Nuevas propuestas de género*, ed. Tina Escaja, Rosario: Beatriz Viterbo, 2000, págs. 257-271.
CHAVES ABAD, María José, "La Nena: Delmira Agustini", *Quimera*, 123 (1994), págs. 4-5.
CORREA, Gabriela y Analía MARÍN, "Delmira Agustini. Una polémica inédita", *Insomnia* (separata cultura de *Postdata*), 131 (2000), págs. 1-7.
CORRENTE SPANÓ, Dante D., *Crónica de la muerte de Delmira Agustini*, Montevideo: Ediciones del autor, 1986.
CORTAZZO, Uruguay, "Delmira contextual: Discusión de la tesis de Ileana Loureiro de Renfrew", *Revista de la Biblioteca Nacional* (1989), págs. 49-66.
—, "¿Dónde está la concha de Delmira?", *La oreja cortada* 2 (1988), págs. 25-27.
—, "Una hermenéutica machista: Delmira Agustini en la crítica de Alberto Zum Felde", en *Delmira Agustini. Nuevas penetraciones críticas*, coord. Uruguay Cortazzo, Montevideo: Vintén, 1996, págs. 48-74.
—, "Delmira Agustini: hacia una visión sexo-política", en *Delmira Agustini y el Modernismo. Nuevas propuestas de género*, ed. Tina Escaja, Rosario: Beatriz Viterbo, 2000, págs. 195-204.
CRÓQUER, Eleonora, "Esfinge de ojos de esmeralda, angélico vampiro", en *América Latina: Literatura e historia entre dos finales de siglo*, eds. Sonia Mattalía y Joan del Alcázar, Valencia: Ediciones del CEPS, 2000, págs. 31-51.
DÍAZ, José Pedro, "Sobre la experiencia poética de Delmira Agustini", en *Delmira Agustini*, eds. Amanda Berenguer, Arturo Sergio Visca y José Pedro Díaz, Cuadernos de Literatura, 1, Montevideo: Fundación de Cultura Universitaria, 1968, págs. 26-36.
DÍAZ-CANEDO, Enrique, "Dos poetisas del Uruguay", *Nosotros*, 166 (1923), págs. 418-420.
DORN, Georgette M, "Four Twentieth Century Latin American Women Authors", *SECOLAS Annals*, 10 (1979), págs. 125-133.
EAST, Linda Kay Davis, "The imaginary voyage: evolution of the poetry of Delmira Agustini", Tesis doctoral, Stanford University, 1981.
ESCAJA, Tina, "La lengua en la rosa: Dialéctica del deseo en la obra de Delmira Agustini", Tesis doctoral, University of Pennsylvania, 1993.
—, "(Auto) Creación y Revisión en *Los cálices vacíos* de Delmira Agustini", *Bulletin of Hispanic Studies* 75.6 (1998), págs. 213-228.
GARCÍA PINTO, Magdalena, "Eros in Reflection: The Poetry of Delmira Agustini", *Review: Latin American Literature and Arts*, 48 (1994), págs. 85-89.
—, "El retrato de una artista joven: la musa de Delmira Agustini", *Revista Iberoamericana*, 184-185 (1998), págs. 559-571.
GARCÍA SILVA, Cecilia, "Delmira Agustini periodista. Modernismo e hiperfemineidad", [trabajo de doctorado inédito], Universidad de la República, Montevideo, 1990.

GATELL, Angelina, "Delmira Agustini y Alfonsina Storni: dos destinos trágicos", *Cuadernos Hispanoamericanos*, 174 (1964), págs. 583-595.

GIL SEOANE, Ana, "Delmira Agustini: una bibliografía", en *Delmira Agustini. Nuevas penetraciones críticas*, coord. Uruguay Cortazzo, Montevideo: Vintén, 1996, págs. 158-180.

GIOT DE BADET, André, "Delmira Agustini", recogido en Carlos Brandy y Clara Silva, "Delmira Agustini y André Giot de Badet", *Fuentes* [Montevideo], 1 (1961), pág. 195.

GIRÓN ALVARADO, Jacqueline, *Voz poética y máscaras femeninas en la obra de Delmira Agustini*, New York: Peter Lang, 1995.

HENRÍQUEZ UREÑA, Camila, "Delmira Agustini: ensayo de interpretación biográfica", *Lyceum*, 2 (1936), págs. 233-250.

HORNO DELGADO, Asunción, "Ojos que me reflejan: poesía autobiográfica de Delmira Agustini", *Letras Femeninas*, 16.1-2 (1990), págs. 101-112.

JEHENSON, Myriam Yvonne, "Four Women in Search of Freedom", *Revista/Review Interamericana*, 12:1 (1982), págs. 87-99.

JIMÉNEZ FARO, Luzmaría, *Delmira Agustini, manantial de la brasa*, Madrid: Torremozas, 1991.

JOSEF, Bella, "A poesia de Delmira Agustini", *Separata de Revista do Livro* 13 (1959), págs. 129-138.

KIRKPATRICK, Gwen, "The Limits of *Modernismo:* Delmira Agustini and Julio Herrera y Reissig", *Romance Quarterly*, 36.3 (1989), págs. 307-314.

—, "Delmira Agustini y el 'reino interior' de Rodó y Darío", en *¿Qué es el modernismo? Nueva encuesta, nuevas lecturas*, eds. Richard A. Cardwell y Bernard McGuirk, Boulder: Soc. of Spanish and Spanish-American Studies, 1993, págs. 295-306.

—, "'Prodigios de almas y de cuerpos': Delmira Agustini y la conjuración del mundo", en *Delmira Agustini y el Modernismo. Nuevas propuestas de género*, ed. Tina Escaja, Rosario: Beatriz Viterbo, 2000, págs. 175-195.

KOCH, Dolores, "Delmira, Alfonsina, Juana y Gabriela", *Revista Iberoamericana*, 51 (1985), págs. 723-729.

LARRE BORGES, Ana Inés, "Delmira Agustini", en *Mujeres uruguayas. El lado femenino de nuestra historia*, Montevideo: Alfaguara, 1997, págs. 19-41.

LEGIDO, Juan C., *Delmira Agustini*, Montevideo: Técnica, 1976.

LIMA, Robert, "Cumbres poéticas del erotismo femenino en Hispanoamérica", *Revista de Estudios Hispánicos*, 18: 1 (1984), págs. 41-59.

LÓPEZ, Yvette, "Delmira Agustini, sus lectores iniciales y los tropos de la autoridad", *La Torre: Revista de la Universidad de Puerto Rico*, 9: 34 (1995), págs. 261-271.

LUISI, Luisa, "La poesía de Delmira Agustini", en Delmira Agustini, *Poesías*, Montevideo: Claudio García and cía Editores, 1944.

MARTÍNEZ MORENO, Carlos, "Las dos mitades de Delmira", *Número*, 3-4 (1964), págs. 54-66.

MARTÍNEZ TOLENTINO, Jaime, "Alfonsina Storni y Gabriela Mistral: la poesía como condena o salvación", *Escritura*, 16 (1983), págs. 223-230.

MEDINA VIDAL, Jorge, María Alejandrina da LUZ, Juan RAVERA, Adriana FELIPE, Miriam PEREIRA, & María F. AROCENA, *Delmira Agustini: seis ensayos críticos*, Montevideo: Ciencias, 1982.

MOLLOY, Silvia, "Dos lecturas del cisne: Rubén Darío y Delmira Agustini", en *La sartén por el mango*, eds. Patricia E. González y Eliana Ortega, Río Piedras: Ediciones Huracán, 1984, págs. 57-70.

NORAT, Gisela, "Vampirismo, sadismo y masoquismo en la poesía de Delmira Agustini", *Lingüística y Literatura*, 17 (1990), págs. 152-164.

O'CONNELL, Patrick, "Delmira Agustini, Rubén Darío y la 'tábula rasa': Sangre, cisne y creatividad femenina", *Explicación de textos literarios*, 26 (1997-1998), págs. 72-79.

OLIVERA-WILLIAMS, M.R., "Feminine Voices in Exile", en *Engendering the Word: Feminist Essays in Psychosexual Poetics*, eds. Temma F. Berg, Anna Shannon Elfenbein, Jeanne Larsen, Elisa Kay Sparks y Sandra M. Gilbert, Urbana: University of Illinois, 1989, págs. 151-166.

—, "Retomando a Eros: tres momentos en la poesía femenina hispanoamericana. Agustini, Mistral y Peri-Rossi", *Revista Iberoamericana*, 186 (1999), págs. 117-133.

OTERO, José, "¿Erotismo poético o misticismo erótico?", en *In Honor of Boyd G. Carter: A collection of essays*, eds. Catherine Vera y George R. McMurray, Laramie: University of Wyoming, 1981, págs. 85-92.

OVARES, Flora y Margarita ROJAS, "Delmira Agustini: La eclosión de los sentidos", en *Las poetas del buen amor: la escritura transgresora de Sor Juana Inés de la Cruz, Delmira Agustini, Juana de Ibarbourou, Alfonsina Storni*, eds. Margarita Rojas, Flora Ovares, y Sonia Mora, Caracas: Monte Ávila Latinoamericana, 1989, págs. 85-107.

PERCAS DE PONSETI, Helena, "Reflexiones sobre la poesía femenina hispanoamericana", *Revista/Review Interamericana*, 12: 1 (1982), págs. 49-55.

PÉREZ DE LEÓN, Vicente, "El amor necrofílico o la ambigüedad del símbolo en la poesía de Delmira Agustini", *Cuadernos de Aldeu*, 11: 2 (1995), págs. 217-228.

PETERS, Kate, "*Fin de siglo* Mysticism: Body, Mind, and Trascendence in the Poetry of Amado Nervo and Delmira Agustini", *Indiana Journal of Hispanic Literatures*, 8 (1996), págs. 159-176.

PUENTES DE ONEYARD, Sylvia, *Delmira Agustini y su misterio a cien años de su nacimiento*, Montevideo: Almanaque del Banco de Seguros del Estado, 1986.

—, "Sicocrítica de 'Fiera de amor' de Delmira Agustini", *Letras Femeninas*, 15:1-2 (1989), págs. 105-118.

RAMA, Ángel, "Revelación de Delmira Agustini", *El País*, (10-1-1957), pág. 5.

RAMÍREZ DE ROSIELLO, Mercedes, "Las poetisas del 900: Delmira y María Eugenia", *Capítulo Oriental* 14 (1968), págs. 209-224.

RENART, Juan Guillermo, "Semiótica de la reiteración en poesía: Nuevos aspectos", en *Teoría semiótica. Lenguajes y textos hispánicos*, Madrid: CSIC, 1984, págs. 491-496.

RENFREW, Nydia Ileana, "La imaginación en la obra de Delmira Agustini", Tesis doctoral, Michigan State University, 1985.

—, *La imaginación en la obra de Delmira Agustini*, Montevideo: Rosgal, 1987.

—, "La imaginación como principio estructurador de la obra de Delmira Agustini", en *La escritora hispánica*, eds. Nora Erro-Orthmannn y Juan Cruz Mendizábal, Miami: Universal, 1990, págs. 144-151.

RODRÍGUEZ MONEGAL, Emir, *Sexo y poesía en el 900 uruguayo. Los extraños destinos de Roberto y Delmira*, Montevideo: Alfa, 1969.

ROJAS, Margarita, *et alii*, eds., *Las poetisas del buen amor: la escritura transgresora de sor Juana Inés de la Cruz, Delmira Agustini, Juana de Ibarbourou, Alfonsina Storni*, Caracas: Monte Ávila Editores, 1991.

ROSENBAUM, Sidonia C., *Modern Women Poets of Spanish America. The Precursors: Delmira Agustini, Alfonsina Storni, Juana de Ibarbourou*, New York: Hispanic Institute, 1945.

—, "Delmira Agustini y Albert Samain", *Revista Iberoamericana*, 22: XI (1946), págs. 273-279.

SCOTT, Renée, "Delmira Agustini: Portraits and Reflections", en *A Dream of Light and Shadow: Portraits of Latin American Women Writers*, eds. Marjorie Agosin and Abraham Nancy Hall, tr. Alburquerque, University of New Mexico, 1995, págs. 253-271.

SILVA, Clara, *Genio y figura de Delmira Agustini*, Buenos Aires: Editorial Universitaria, 1969.

—, *Pasión y gloria de Delmira Agustini*, Buenos Aires: Losada, 1972.

STEPHENS, Doris T., *Delmira Agustini and the Quest for Trascendence*, Montevideo: Géminis, 1975.

TRAMBAIOLI, Marcella, "La estatua y el ensueño: Dos claves para la poesía de Delmira Agustini", *Revista Hispánica Moderna*, 50.1 (1997), págs. 57-66.

VALENTI, Jeannette Y., *Delmira Agustini: A Re-interpretation of Her Poetry*, Michigan: Ann Arbour, 1971.

VALVERDE, Estela, "D[é]lmira: La representación del hombre en la poesía de Agustini", en *Delmira Agustini y el Modernismo. Nuevas propuestas de género*, comp. Tina Escaja, Rosario: Beatriz Viterbo, 2000, págs. 205-228.

VARAS, Patricia, "Lo erótico y la liberación del ser femenino en la poesía de Delmira Agustini", *Hispanic Journal*, 15: 1 (1994), págs. 165-184.

—, "Modernism or *Modernismo*? Delmira Agustini and the Gendering of Turn-of-the Century Spanish American Poetry", en *Modernism, Gender, and Culture*, ed. Lisa Rado, Nueva York: Garly Publishing Inc., 1997, págs. 149-160.

—, *Las máscaras de Delmira Agustini*, Montevideo: Vintén, 2002.

VILARIÑO, Idea, "Delmira Agustini: una amorosa", *Brecha* (12-9-1986), pág. 29.

VISCA, Arturo Sergio, "La poesía de Delmira Agustini", en *Delmira Agustini*, eds. Amanda Berenguer, Arturo Sergio Visca y José Pedro Díaz, Cuadernos de Literatura, 1, Montevideo: Fundación de Cultura Universitaria, 1968, págs. 1-16.

—, "Tres versiones de 'Lo inefable' de Delmira Agustini, *Revista de la Biblioteca Nacional* 9 (1975), págs. 9-17.

—, *Correspondencia íntima de Delmira Agustini*, Montevideo: Biblioteca Nacional-Publicaciones del Departamento de Investigaciones, 1969.

—, *La mirada crítica y otros ensayos*, Montevideo: Academia Nacional de Letras, 1979.

VITALE, Ida, "Los cien años de Delmira Agustini", *Vuelta sudamericana* 2 (1986), págs. 63-65.

ZAMBRANO, David, "Presencia de Baudelaire en la poesía hispanoamericana. Darío, Lugones, Delmira Agustini", en *Cuadernos Hispanoamericanos*, XCIX (mayo-junio 1958), págs. 217-236.

ZUM FELDE, Alberto, "Carta abierta a Delmira Agustini", *El Día* (4-2-1914), págs. 6-7.

—, "Cómo conocí a Delmira Agustini", *La Cruz del Sur*, 4 (1924), págs. 10-11.

—, *Proceso intelectual del Uruguay*. II: *La Generación del Novecientos*, Montevideo: Ediciones del Nuevo Mundo, 1967.

3. Obras de ficción y homenajes dedicados a Delmira Agustini

AMIGOS DEL ARTE, *Delmira Agustini: exposición en su homenaje*, Montevideo: Imprenta García, 1963.

DANS, Rosa, *Poemas a Delmira Agustini*, Montevideo: Impresora Villamil, 1982.

ESCALANTE, Laura, "Delmira Agustini", *Alfar*, 85 (1945).
FIGUEIRA, Gastón, "Evocación de Delmira Agustini", *Alfar*, 85 (1945).
GARET MAS, Julio, *Oda a Delmira Agustini y otros poemas*, Montevideo: Editorial Florensa y Lafón, 1952.
GENTA, Adriana, *La Pecadora. Habanera para piano*, Buenos Aires: Dramática Latinoamericana de Teatro/Celcit n° 24, 2000.
GIUCCI, Guillermo, *Fiera de amor: la otra muerte de Delmira Agustini*, Montevideo: Vintén Editor, 1995.
IBARBOUROU, Juana de, "Discurso en honor a Delmira Agustini", *Ari* 1 (1938), págs. 436-437.
—, "Visión de Delmira", *Alfar* 85 (1945).
MINOLI, Raquel, *Tan extraña, tan querida*, Montevideo: Quijote Editores, 2000.
ORGAMBIDE, Pedro, *Un amor imprudente*, Colombia: Grupo Editorial Norma, 1994.
PREGO GADEA, Omar, *Delmira*, Montevideo: Alfaguara, 1996.
SALAVERRI, Vicente A., *La mujer inmolada*, Montevideo: Pegaso, 1954.
SCHINCA, Milton, *Delmira Agustini y otras rupturas: teatro*, Montevideo: EBO, 1977.

4. Modernidad

AGAMBEN, Giorgio, *Estancias. La palabra y el fantasma en la cultura occidental*, Valencia: Pretextos, 1995.
ASTOBIZA PICAZA, Nicolás, *La dinámica de lo moderno: romanticismo y modernidad en Charles Baudelaire*, Madrid: Universidad Nacional de Educación a Distancia, 2001.
BALZAC, Honoré de, "Tratado de la vida elegante", en *Obras completas*, tomo VI, Madrid: Aguilar, 1972, págs. 1049-1077.
BARTHES, Roland, *Le degré zero de l'écriture*, Paris: Éditions du Seuil, 1972.
—, "Un texte inédit de Roland Barthes: encore le corps", en *Critique* 423-424 (1982), págs. 645-654.
—, "Le bruissement de la langue", en *Essais critiques IV*, Paris: Éditions du Seuil, 1984.
BAUDELAIRE, Charles, "Le peintre de la vie moderne", en *Œuvres complètes*, Paris: Gallimard, 1961, págs. 1152-1193.
—, *Salon de 1859. Œuvres complètes*, Paris: Gallimard, 1976, "Bibliothèque de La Pléiade", Vol. II, págs. 614-619.
—, *Las flores del mal*, Madrid: Cátedra, Letras Universales, 1993.
—, *Petits Poèmes en prose*, Paris: Gallimard, 1973.
BELL, Daniel, *The Cultural Contradictions of Modernism*, Nueva York: Basic Books Inc., 1976.
BENJAMIN, Walter, "La obra de arte en la época de su reproductibilidad técnica", en *Discursos interrumpidos, I*, Madrid: Taurus, 1973, págs. 15-59.
—, *Poesía y capitalismo*, Madrid: Taurus, 1999.
BIÉTRY, Roland, *Les théories poétiques à l'époque symboliste (1883-1896)*, Ginebra: Slatkine Reprints, 2001.
BLOOM, Harold, *La angustia de las influencias*, Caracas: Monte Ávila Editores, 1992.
—, *A Map of Misreading*, Oxford: Oxford University Press, 1975.

BUCK-MORSS, Susan, *Dialéctica de la mirada. Walter Benjamin y el proyecto de los Pasajes* [1989], Madrid: Visor, 1995.
CALINESCU, Matei, *Cinco caras de la modernidad. Modernismo, vanguardia, decadencia, kitsch, posmodernismo*, Madrid: Tecnos, 1991.
CERTEAU, Michel de, *La fable mystique. XVI-XVII siècles*, Paris: Gallimard, 1982.
CIPLIJAUKAITÉ, Biruté, "Albert Samain, Juan Ramón Jiménez y Antonio Machado", en *Juan Ramón Jiménez: Actas del Congreso Internacional Conmemorativo del Centenaio de Juan Ramón Jiménez*, Huelva: Diputación de Huelva-Instituto de Estudios Onubenses, 1983, vol. I, págs. 233-41.
D'AUREVILLY, Barbey, *Du dandysme et du George Brummell* [1851], Paris: Éditions Payot & Rivages, 1997.
DIJKSTRA, Bram, *Idols of Perversity. Fantasies of Feminine Evil in Fin-de-Siècle Culture*, Nueva York: Oxford, 1986.
DURAS, Marguerite, *Écrire*, Paris: Gallimard, 1993.
FELDMAN, Jessica R., *Gender on the Divide: The Dandy in Modernist Literature*, Itaca-Londres: Cornell University Press, 1993.
FOUCAULT, Michel, "Qu'est-ce qu'un auteur?", *Litoral*, 9 (1983), págs. 3-32.
GARCÍA MONTERO, Luis, *La palabra de Ícaro*, Granada: Universidad de Granada, 1995.
GILBERT, Sandra M., "Costumes of the Mind: Transvestism as Metaphor in Modern Literature", en *Writing and Sexual Difference*, ed. Elizabethe Abel, Brighton, Sussex: Harvester, 1982, págs. 193-219.
GONZÁLEZ DEL VALLE, Luis T., *La canonización del diablo: Baudelaire y la estética moderna en España*, Madrid: Verbum, 2002.
HABERMAS, Jürgen, *El discurso filosófico de la modernidad*, Madrid: Taurus, 1989.
HINTERHÄUSER, Hans, *Fin de siglo: Figuras y mitos*, Madrid: Taurus, 1980.
HUYSSMANS, Joris-Karl, *Contra natura*, Barcelona: Tusquets, 1997.
JAUSS, Hans Robert, *Las transformaciones de lo moderno. Estudios sobre las etapas de la modernidad estética*, Madrid: Visor, 1995.
LITVAK, Lily, *Erotismo: fin de siglo*, Barcelona: Antonio Bosch, 1979.
LYONS, Martín, "Los nuevos lectores del siglo XIX: mujeres, niños, obreros," en *Historia de la lectura en el mundo occidental*, eds. Guglielmo Cavallo y Roger Chartier, Madrid: Taurus, 1998, págs. 473-519.
LYOTARD, Jean-François, *Mentalités Post-Modernes*, Paris: Galillée, 1993.
MAN, Paul de, *Visión y ceguera: ensayos sobre la retórica de la crítica contemporánea*, San Juan: Editorial de la Universidad de Puerto Rico, 1990.
MARCHAL, Bertrand, *Lire le symbolisme*, Paris: Dunod, 1993.
ORTEL, Philippe, *La littérature à l'ère de la photographie. Enquête sur une révolution invisible*, Nîmes: Éditions Jacqueline Chambon, 2002.
RAYMOND, Marcel, *De Baudelaire al surrealismo* [1933], Madrid: Fondo de Cultura Económica, 1983.
REUCHER, Gabriele Maria, *Rosen und Rubine im Traumreich der Infantin: Studien zur Lyrik Albert Samains*, Bonn: Romanistischer Verlag, 1986.
RODRÍGUEZ, Juan Carlos, *La poesía, la música, el silencio*, Sevilla: Renacimiento, 1994.
STAROBINSKI, Jean, *La mélancolie au miroir. Trois lectures de Baudelaire*, Alençon: Julliard, 1989.
STEINER, George, "El gran ennui", en *En el castillo de Barba Azul: aproximación a un nuevo concepto de cultura*, Barcelona: Gedisa, 1993, págs. 15-43.

VERLAINE, Paul, *Les poètes maudits*, Paris: Société d'édition d'enseignment supérieur, 1989.
VERLET, Agnès, "Le Spleen, une vanité profane", en *Magazine Littéraire* 418 (2003), págs. 35-38.
VILLENA, Luis Antonio de, "*Responso*/Glosa entre Verlaine y Darío", *Tropelías*, 7-8 (1996-97), págs. 429-34.
WILSON, Edmund, *El castillo de Axel: estudios sobre literatura imaginativa (1870-1930)*, Barcelona: Destino, 1996.

5. Modernismo

ACHUGAR, Hugo, *Poesía y sociedad*, Montevideo: Marcha, 1985.
AMBROSINI, Ángela María, "Aventura y excesos modernistas de Francisco Villaespesa", *Las Nuevas Letras*, 7 (1987), págs. 13-22.
ANDÚJAR ALMANSA, José, "*La copa del rey de Thule* de Francisco Villaespesa: manifiesto poético del modernismo español", *Revista de Literatura*, LXIII (2001), págs. 129-56.
ANDERSON IMBERT, Enrique, *Historia de la literatura hispanoamericana*, vol. 2, México: Fondo de Cultura Económica, 1961.
ARELLANO, Jorge Eduardo, *"Los raros": una lectura integral*, Managua: Instituto Nicaragüense de Cultura, 1996.
BARNATÁN, Marcos-Ricardo, "Leopoldo Lugones", en *Historia de la literatura hispanoamericana*. II: *Del neoclasicismo al modernismo*, coord. Luis Iñigo Madrigal, Madrid: Cátedra, 1987.
BARRÁN, J. Pedro, *Historia de la sensibilidad en Uruguay*. II: *El disciplinamiento*, Montevideo: Ediciones de la Banda Oriental, 1993.
BARRÁN, José P. y Benjamín NAHUM, *El Uruguay del Novecientos*, Montevideo: Banda Oriental, 1990, 3 vols.
—, "El adolescente, ¿una creación de la modernidad?, en *Historias de la vida privada en el Uruguay. El nacimiento de la intimidad (1870-1920)*, coords. José Pedro Barrán, Teresa Porzecanski y Gerardo Caetano, Montevideo: Santillana, 1996, págs. 175-197.
BARRÍA NAVARRO, José Nelson, "Erotismo satánico y muerte en la obra de Rubén Darío: una revisión de sus influencias", *Anales de Literatura Hispanoamericana*, 25 (1996), págs. 125-41.
BOLLO, Sarah, *El modernismo en el Uruguay: ensayo estilístico*, Montevideo: Impresora uruguaya, 1951.
—, *Literatura uruguaya 1807-1975*, Montevideo: Universidad de la República, 1976.
BLIXEN, Carina, *El desván del Novecientos. Mujeres solas*, Montevideo: Ediciones del caballo perdido, 2002.
CAETANO Gerardo y Roger GEYMONAT, "Ecos y espejos de la privatización de lo religioso en el Uruguay del Novecientos", en *Historias de la vida privada en el Uruguay. El nacimiento de la intimidad 1879-1920*, coords. José Pedro Barrán, Gerardo Caetano y Teresa Porzecanski, Montevideo: Santillana, 1996, págs. 15-47.
CARDWELL, Richard A. y Bernard MCGUIRK, *¿Qué es el modernismo?. Nueva encuesta, nuevas lecturas*, Boulder: Soc. of Spanish and Spanish-American Studies, 1993.

CARILLA, Emilio, *Una etapa decisiva de Darío (Rubén Darío en la Argentina)*, Madrid: Gredos, 1967.
CARRERAS, Roberto de las, *Psalmo a Venus Cavalieri y otras prosas*, prólogo de Ángel Rama, Montevideo: Arca, 1967.
CASTILLO, Homero, *Antología de poetas modernistas hispanoamericanos*, Waltham: Blaisdell Publishing CO., 1966.
—, *Estudios críticos sobre el modernismo*, Madrid: Gredos, 1968.
CASTILLO, José Luis, *El lenguaje y la poesía de Julio Herrera y Reissig*, Montevideo: Biblioteca de Marcha, 1999.
CASTRO MORALES, María Belén, *José Enrique Rodó: utopía y regeneración*, La Laguna: Universidad de La Laguna, 1990.
CELMA VALERO, Mª Pilar, "El modernismo visto por sus contemporáneos. Las encuestas en las revistas de la época", en *¿Qué es el modernismo? Nueva encuesta. Nuevas lecturas*, eds. Richard A. Cardwell y Bernard McGuirk, Boulder: Soc. of Spanish and Spanish American Studies, 1993, págs. 25-38.
CORVALÁN, Octavio, *El postmodernismo. La literatura hispanoamericana entre dos guerras mundiales*, New York: Las Américas Publishing Company, 1961.
CHARNON-DEUTSCH, Lou, *Fictions of the Feminine in the Nineteenth-Century Spanish Press*, University Park: The Pennsylvania State University Press, 2000.
DARÍO, Rubén, *Obras completas*. V, Madrid: Afrodisio Aguado, 1953.
—, "La mujer española", *España contemporánea*, Madrid: Mundo Latino [s.f.]
—, "¡Estas mujeres!", *Todo al vuelo*, Madrid: Renacimiento, 1912.
—, *Poesía*, pr. Ángel Rama, ed. Ernesto Mejía Sánchez, Caracas: Ayacucho, 1977.
—, *Antología*, ed. Carmen Ruiz Barrionuevo, Madrid: Espasa-Calpe, 1994.
—, *Los raros*, Zaragoza: Libros del Innombrable, Biblioteca Golpe de Dados, 1998.
—, *Prosas profanas*, Madrid: Espasa Calpe; 1979.
DÍAZ DE CASTRO, Francisco J., "Francisco Villaespesa y las poéticas de fin de siglo", *Ínsula*, 614 (1998), págs. 12-14.
DÍAZ RODRÍGUEZ, Manuel, "Paréntesis modernista o ligero ensayo sobre el modernismo", recogido en *El modernismo visto por los modernistas*, ed. Ricardo Gullón, Madrid: Guadarrama, 1980, págs. 103-114.
ESPINA, Eduardo, *Julio Herrera y Reissig: las ruinas de lo imaginario*, Montevideo: Graffiti, 1995.
ETTE, Ottmar, "'Así habló Próspero': Nietzsche, Rodó y la modernidad filosófica de Ariel", *Cuadernos Hispanoamericanos*, 528 (Junio 1994), págs. 49-62.
ETTE, Ottmar, y Titus HEYDEREICH, eds., *José Enrique Rodó y su tiempo: cien años de "Ariel"*, Madrid: Iberomericana, 2000.
FAURIE, M.J., *Le modernisme hispano-américain et ses sources françaises*, Paris: Centre de Recherches de l'Institut d'Études Hispaniques, 1966.
FRANCO, Jean, *La cultura moderna en América Latina*, México: Grijalbo, 1985.
—, "Criticism and Literature within the Context of a Dependent Culture", *Occasional Papers* 16 (1975), págs. 1-17.
GALLINAL, Gustavo, *Letras uruguayas*, Montevideo: Ministerio de Cultura, 1967.
GARCÍA, Ignacio, "Rubén Darío y Francisco Grandmontagne en el Buenos Aires de 1898: la redefinición de los conceptos de hispanismo en América y americanismo en España", *Revista Iberomericana*, 68 (2002), págs. 49-66.
GARCÍA PRADA, Carlos, *Poetas modernistas hispanoamericanos. Antología*, Madrid: Cultura Hispánica, 1956.

GAUGGEL, Karl Hermann, *El cisne modernista: sus orígenes y supervivencia*, Nueva York: Peter Lang, 1997.
GERTEL, Zunilda, "El cisne: Del signo imaginario al signo ideológico en la poesía de Darío", en *¿Qué es el modernismo? Nueva encuesta, nuevas lecturas*, eds. Richard A. Cardwell y Bernard McGuirk, Boulder: Soc. of Spanish and Spanish-American Studies, 1993, págs. 277-293.
GONZÁLEZ ECHEVARRÍA, Roberto, "The Case of the Speaking Statue: *Ariel* and the Magisterial Rhetoric of the Latin American Essay", en su *The Voice of the Masters: Writing and Authority in Modern Latin American Literature*, Austin: University of Texas Press, 1985, págs. 8-32.
GONZÁLEZ MARTÍNEZ, Enrique, *Obras completas*, ed. Antonio Castro Leal, México: [s.e.], 1971.
GONZÁLEZ STEPHAN, Beatriz, "Modernización y disciplinamiento. La formación del ciudadano: del espacio público y privado", en *Esplendores y miserias del siglo XIX. Cultura y sociedad en América Latina*, eds. Beatriz González Stephan, Javier Lasarte, Graciela Montaldo y María Julia Daroqui, Caracas: Monte Ávila Editores, 1995, págs. 431-455.
GULLÓN, Ricardo, *Direcciones del Modernismo*, Madrid: Alianza, 1990.
GUTIÉRREZ GIRARDOT, Rafael, *Modernismo*, Barcelona: Montesinos, 1983.
—, "La literatura hispanoamericana de fin de siglo", en *Historia de la Literatura Hispanoamericana. II: Del neoclasicismo al modernismo*, ed. Luis Íñigo Madrigal, Madrid: Cátedra, 1987, págs. 549-563.
HALTY FERGUSON, Raquel, *Laforgue y Lugones: dos poetas de la luna*, London: Tamesis Book Limited, 1981.
HENRÍQUEZ UREÑA, Max, *Breve historia del Modernismo*, México: Fondo de Cultura Económica, 1954.
HENRÍQUEZ UREÑA, Pedro, *Las corrientes literarias en la América Hispánica*, México: Fondo de Cultura Económica, 1945.
HERRERA Y REISSIG, Julio, *La vida y otros poemas*, Montevideo: O.M. Bertani, 1913.
—, *Poesía completa y prosa selecta*, pról.. Idea Vilariño, ed. notas y cronología Alicia Migdal, Caracas: Biblioteca Ayacucho, 1978.
—, *El pudor, La cachondez*, eds. Nilo Berriel y Carla Giaudrone, Montevideo: Arca, 1992.
—, *Poesías completas y prosas*, París: UNESCO [Colección Archivos], 1999.
JIMÉNEZ, José Olivio, ed., *El simbolismo*, Madrid: Taurus, 1979.
—, *Antología crítica de la poesía modernista hispanoamericana*, Madrid: Hiperión, 1989.
JIMÉNEZ, Juan Ramón, *La corriente infinita: crítica y evocación*, ed. Francisco Garfias, Madrid: Aguilar, 1961.
JIMÉNEZ MILLÁN, Antonio, "Rubén Darío y el parnasianismo", en *De Baudelaire a Lorca: acercamientos a la modernidad literaria*, eds. José Manuel Losada Goya, Kurt Reichenberger y Alfredo Rodríguez López-Vázquez, Kassel: Reichenberger, 1996, págs. 215-236.
JITRIK, Noé, *Las contradicciones del Modernismo. Productividad poética y situación sociológica*, México: El Colegio de México, 1978.
—, *Leopoldo Lugones, mito nacional*, Buenos Aires: Palestra, 1960.
KIRKPATRICK, Gwen, *The Dissonant Legacy: Lugones, Herrera y Reissig, and the Voices of Modern Spanish American Poetry*, Berkeley: University of California Press, 1989.
LE CORRE, Hervé, *Poesía Hispanoamericana posmodernista: Historia, teoría, prácticas*, Madrid: Gredos, 2001.

LLOPESA, Ricardo, "*Los raros* de Rubén Darío", *Revista Hispánica Moderna*, LV (2002), págs. 47-63.
LUGONES, Leopoldo, *Obras poéticas completas*, pr. Pedro Miguel Obligado, Madrid: Aguilar, 1948.
—, *Lunario sentimental*, ed. Jesús Benítez, Madrid: Cátedra, 1988.
MARINI-PALMERINI, Enrique, *El modernismo literario hispanoamericano: caracteres esotéricos en las obras de Darío y Lugones*, Buenos Aires: Fernando García Cambeiro, 1989.
—, ed., *El hombre y su obra: Julio Herrera y Reissig*, París: Presses Universitaires de Valenciennes, 2001.
MARTÍ, José, *Ismaelillo. Versos libres. Versos sencillos*, ed. Ivan A. Schulman, Madrid: Cátedra, 1992.
MOLLOY, Sylvia, "Ser y decir en Darío: el poema liminar de *Cantos de vida y esperanza*", *Texto Crítico*, 14 (1988), págs. 30-42.
—, "Diagnósticos del fin de siglo", en *Cultura y tercer mundo. 2: Nuevas identidades y ciudadanías*, ed. Beatriz González Stephan, Caracas: Nueva Sociedad, 1996, págs. 171-200.
MORA, Carmen de, "Herrera y Reissig o la búsqueda de la palabra *himética*", en Julio Herrera y Reissig, *Poesía completa y prosas*, ed. y coor., Ángeles Estévez, Colección Archivos, 32, Barcelona: Círculo de Lectores-Galaxia Gutenberg, 1998, págs. 1060-82.
—, *Diversidad sociocultural en la literatura hispanoamericana, Siglo XX*, Sevilla: Universidad de Sevilla, 1995.
MOREAU, Pierina Lidia, *Leopoldo Lugones y el simbolismo*, Buenos Aires: Ediciones "La Reja", 1973.
NAVASCUÉS, Javier de, ed., *De Arcadia a Babel: naturaleza y ciudad en la literatura hispanoamericana*, Madrid/Frankfurt am Main: Iberoamericana, 2002.
NERVO, Amado, *En voz baja. La amada inmóvil*, Madrid: Cátedra, 2002.
OLIVARES, Jorge, "La recepción del decadentismo en Hispanoamérica", *Hispanic Review*, XLVIII (1980), págs. 57-76.
ONÍS, Federico de, *Antología de la poesía española e hispanoamericana*, Nueva York: Las Americas Publishing Company, 1961.
ORIBE, Emilio, *Historia sintética de la literatura uruguaya*, Montevideo: [s. e.], 1931.
—, *Poética y plástica: seis ensayos*, Montevideo: Impresora Uruguaya, 1930.
OVIEDO, José Miguel, *Historia de la literatura hispanamericana. III: Posmodernismo, vanguardia, regionalismo*, Madrid: Alianza, 2001.
PELUFFO LINARI, Gabriel, "Construcción y crisis de la privacidad en la iconografía del Novecientos", en *Historias de la vida privada en el Uruguay. El nacimiento de la intimidad 1870-1920*, coords. José Pedro Barrán, Gerardo Caetano y Teresa Porzecanski, Montevideo: Santillana, 1996, págs. 57-73.
PERERA SAN MARTÍN, Nicasio, "Julio Herrera y Reissig. Biografía y contexto histórico. Obra y contexto literario. Poesía", en *Historia de la Literatura Hispanoamericana. II: Del neoclasicismo al modernismo*, ed. Luis Iñigo Madrigal, Madrid: Cátedra, 1987, págs. 681-691.
PICÓN GARFIELD, E. y Schulman, I. A., *Las entrañas del vacío. Ensayo sobre la modernidad hispanoamericana*, México: Cuadernos Americanos, 1984.
RAMA, Ángel, *La ciudad letrada*, Hannover: Ediciones del Norte, 1984.
—, *Rubén Darío y el modernismo*, Caracas/Barcelona: Alfadil Ediciones, 1985.
—, "La modernización literaria latinoamericana (1870-1910), en *La crítica de la cultura en América Latina*, Caracas: Ayacucho, 1985, págs. 82-96.

—, *Las máscaras democráticas del modernismo*, Montevideo: Fundación Ángel Rama, 1985.

REAL DE AZÚA, César, "Ambiente espiritual del Novecientos", en *La literatura uruguaya del novecientos*, Montevideo: Número, 1950, págs. 15-36.

REYES MÖLLER, Carlos, "Del empaque y el desenfado corporal en el Novecientos", en *Historias de la vida privada en el Uruguay. El nacimiento de la intimidad (1870-1920)*, Montevideo: Santillana, 1996, págs. 231-250.

RIVAS BRAVO, Noel, "Un 'raro' excluido de *Los raros*", en *Rubén Darío. Estudios en el centenario de "Los raros" y "Prosas profanas"*, Sevilla: Universidad de Sevilla, 1998, págs. 69-84.

ROCCA, Pablo, *Enseñanza y teoría de la literatura en José Enrique Rodó. Apéndice: apuntes inéditos de un curso de literatura de Rodó*, Montevideo: Banda Oriental, 2001.

RODRÍGUEZ VILLAMIL, Silvia, "Vivienda y estilo en la ciudad burguesa (1880-1914), en *Historias de la vida privada en el Uruguay. El nacimiento de la intimidad 1870-1920*, coords. José Pedro Barrán, Teresa Porzecanski y Gerardo Caetano, Montevideo: Santillana, 75-100.

RODÓ, José Enrique, *El que vendrá*, Montevideo: C. García and cía., 1941.

—, "El que vendrá", en *Obras completas*, Madrid: Aguilar, 1957.

—, "Rubén Darío. Su personalidad literaria, su última obra" [1899], en *Obras completas*, Madrid: Aguilar, 1957, págs. 163-187.

—, "Una nueva antología americana", en *Obras completas*, Madrid: Aguilar, 1957.

—, *Ariel. Motivos de Proteo*, ed. Ángel Rama, pr. Carlos Real de Azúa, Caracas: Ayacucho, 1976.

—, *Ariel*, Madrid: Anaya y Mario Muchnik, 1995.

—, *Ariel*, ed. Belén Castro, Madrid: Cátedra, 2000.

RODRÍGUEZ MONEGAL, Emir, "La generación del 900", en *La literatura uruguaya del novecientos*, Montevideo: Número, 1950, págs. 37-64.

RUFINELLI, Jorge, ed., *José Enrique Rodó: crítico literario*, Alicante: Generalitat Valenciana, 1995.

RUIZ BARRIONUEVO, Carmen, *La mitificación poética de Julio Herrera y Reissig*, Salamanca: Universidad de Salamanca, 1991.

—, *Rubén Darío*, Madrid: Síntesis, 2002.

SALINAS, Pedro, *La poesía de Rubén Darío. Ensayo sobre el tema y los temas del poeta*, Barcelona: Seix-Barral, 1975.

SALINAS, Pedro y Jorge Guillén, *Correspondencias (1923-1951)*, intr. Andrés Soria Olmedo, Barcelona: Tusquets, 1992.

SÁNCHEZ ALONSO, Fernando, "Francisco Villaespesa, el primer modernista español", *Didáctica*, 9 (1997), págs. 195-226.

SAPRIZA, Graciela, "Mentiras y silencios: el aborto en el Uruguay del Novecientos", en *Historias de la vida privada en el Uruguay. El nacimiento de la intimidad (1870-1920)*, coords. José Pedro Barrán, Teresa Porzecanski y Gerardo Caetano, Montevideo: Santillana, págs. 115-142.

SARLO, Beatriz, *Una modernidad periférica. Buenos Aires, 1920 y 1930*, Buenos Aires: Nueva Visión, 1988.

—, *El imperio de los sentimientos: narraciones de circulación periódica en la Argentina (1917-1927)*, Buenos Aires: Norma, 2002.

SCHINCA, Milton, *El dandy en Tontovideo*, Montevideo: Ediciones de la Banda Oriental, 1998.

SCHINCA, Milton, *Boulevard Sarandí: memoria anecdótica de Montevideo*. I: *De la Colonia a los tiempos de Artigas*, Montevideo: Ediciones de la Banda Oriental, 1997.
SCHOLZ, László, *Ensayos sobre la modernidad literaria hispanoamericana*, Murcia: Universidad de Murcia, 2000.
SCHULMAN, Ivan A., *Génesis del modernismo, Martí, Nájera, Silva, Casal*, México: El Colegio de México, 1966.
—, *Nuevos asedios al modernismo*, Madrid: Taurus, 1987.
SELUJA, Antonio, *Rubén Darío en el Uruguay*, Montevideo: Arca, 1998.
SUCRE, Guillermo, *La máscara, la transparencia*, México: Fondo de Cultura Económica, 1985.
UGARTE, Manuel, *Escritores iberoamericanos de 1900*, Santiago de Chile: Editorial Orbe, 1943.
VASSEUR, Álvaro Armando, *Cantos del Nuevo Mundo*, Montevideo: Díaz, 1907.
—, *Todos los cantos (1898-1912)*, ed. Emilio Frugoni, Montevideo: Ministerio de Instrucción Pública y Previsión Social, 1955.
VILLAESPESA, Francisco, *Viaje sentimental (Poesías)*, Madrid: Pueyo, 1909.
—, *Poesías completas*, Madrid: Aguilar, 1954, 2 vols.
YURKIEVICH, Saúl, *Celebración del modernismo*, Barcelona: Tusquets, 1976.
—, "Moderno/posmoderno: fases y formas de la modernidad", en *La modernidad movediza*, Madrid: Taurus, 1996, págs. 9-36.
ZANETTI, Susana, ed., *Las cenizas de la huella. Linajes y figuras del artista en torno al modernismo*, Rosario: Beatriz Viterbo Editora, 1997.
ZUM FELDE, Alberto, *Crítica de la literatura uruguaya*, Montevideo: Maximino García, 1921.
—, *Índice de la poesía uruguaya contemporánea*, Santiago de Chile: Editorial Ercilla, 1935.

6. Género

ÁLVAREZ-RUBIO, P., "Una conversación con Isabel Allende", *Revista Iberoamericana*, 168-169 (1994), págs. 1063-1073.
ANZALDÚA, Gloria, "To Queer the Writer-loca, escritora y chicana", en *Inversión*, ed. Betsy Warland, Vancouver: Press Gang, 1991.
BADE, Patrick, *Femme fatale. Image of Evil and Fascinating Women*, Londres: Ash y Grant, 1979.
BARQUET, Mercedes, "El estado actual de los estudios de género. Un breve recorrido por la teoría feminista", *Casa de las Américas*, 183 (1991), págs. 19-25.
BATTICUORE, Graciela, "Lectoras y literatas: en el espejo de la ficción", en *Fábulas del género. Sexo y escritura en América Latina*, comps. Nora Domínguez y Carmen Perilli, Rosario: Beatriz Viterbo Editora, 1998, págs. 103-121.
—, *El taller de la escritora. Veladas literarias de Juana Manuela Gorriti: Lima-Buenos Aires (1876/7-1892)*, Rosario: Beatriz Viterbo Editora, 1999.
BEAUVOIR, Simone de, *Le deuxième sexe*. II: *L'expérience vécue*, Paris: Gallimard, 1949.
BENEYTO, M., "Prensa femenina y escritura femenina (una ventana que ayuda a soñar)", en *Mujeres: escrituras y lenguajes*, eds. S. Mattalía y M. Aleza, Valencia: Publicaciones de la Universidad de Valencia, 1995, págs. 190-196.

BONET, Ofelia Machado, "Sufragistas y poetisas", *Enciclopedia uruguaya* 38 (1969).
BORNAY, Erika, *Las hijas de Lilit*, Madrid: Cátedra, 1990.
BUTLER, Judith, *Gender Trouble. Feminism and the Subversion of Identity*, New York: Routledge, 1990.
—, "Variaciones sobre sexo y género: Beauvoir, Wittig y Foucault", en *Teoría feminista y teoría crítica. Ensayos sobre la política del género en las sociedades del capitalismo tardío*, tr. Ana Sánchez, Valencia: Alfons el Magnànim, 1990, págs. 303-326.
—, *Bodies that matter. On the discursive limits of "sex"*, Londres: Routledge, 1993.
—, "Sujetos de Sexo/Género/Deseo", en *Feminismos literarios*, eds. Neus Carbonell y Meri Torras, Madrid: Arco/libros, 1999, págs. 25-77.
—, *Mecanismos psíquicos del poder. Teorías sobre la sujeción*, Madrid: Cátedra, 2001.
CAMPI, Teresa, *Sul ritmo saffico: la vita e le opere di Renée Vivien*, Roma: Bulzoni, 1983.
CARBONELL, Neus y Meri TORRAS, eds, *Feminismos literarios*, Madrid: Arco/libros, 1999.
CASTRO-KLARÉN, Sara, "La crítica literaria feminista y la escritura en América Latina", en *La sartén por el mango. Encuentro de escritoras latinoamericanas*, eds. Patricia Elena González y Eliana Ortega, Río Piedras: Ediciones Huracán, 1985, págs. 27-47.
—, *Women's Writing in Latin America: An Anthology*, Boulder: Westview Press, 1991.
CIXOUS, Hélène, *La risa de la medusa. Ensayos sobre la escritura*, Barcelona: Anthropos, 1995.
—, *Three steps on the ladder of writing*, Nueva York: Columbia University Press, 1990.
CHODOROW, Nancy, *The Reproduction of Mothering: Psychoanalysis and the Sociology of Gender*, Berkeley: University of California, 1978.
DÍAZ-DIOCARETZ, Myriam, "'I Will Be a Scandal in Your Boat': Women Poets and the Tradition", en *Knives and Angels: Women Writers in Latin America*, Londres: Zed Books, 1990, págs. 86-109.
DOMÍNGUEZ, N., y C. PERILLI, eds., *Fábulas del género. Sexo y escritura en América Latina*, Rosario: Beatriz Viterbo Editora, 1998.
DOTTIN-ORSINI, Mireille, *La mujer fatal (según ellos)*, Buenos Aires: Ediciones de la Flor, 1996.
EHRICK, Christine, "De Delmira a Paulina: erotismo, racionalidad y emancipación femenina en el Uruguay, 1890-1930", en *Delmira Agustini y el Modernismo. Nuevas propuestas de género*, ed. Tina Escaja, Rosario: Beatriz Viterbo Editora, 2000, págs. 228-244.
ELIOT, Thomas S., "Tradition and the Individual Talent", en *The Sacred Wood*, London: Methuen and Co., 1920, págs. 47-60.
FEBO, Giuliana de, "Orígenes del debate feminista en España: la escuela krausista y la Institución Libre de Enseñanza (1870-1890)", *Sistema*, 12 [s.f.], págs. 49-82.
FERRÉ, Rosario, "La cocina de la escritura", en *La sartén por el mango. Encuentro de escritoras latinoamericanas*, eds. Patricia Elena González y Eliana Ortega, Río Piedras: Ediciones Huracán, 1985, págs.133-154.
FOUCAULT, Michel, *Historia de la sexualidad*, Madrid: Siglo XXI, 1996, 3 vols.
FRANCO, Jean, "Beyond Ethnocentrism: Gender, Power and the Third-World Intelligentsia", en *Marxism and the Interpretation of Culture*, eds. Cary Nelson y Lawrence Grossberg, Urbana, Chicago: University of Illinois Press, 1988, págs. 503-515.
FUSS, Diana, "Leer como una feminista", en *Feminismos literarios*, eds. Neus Carbonell y Meri Torras, Madrid: Arco/libros, 1999, págs. 113-127.
GAMONEDA LANZA, Amelia, *Marguerite Duras: la textura del deseo*, Salamanca: Ediciones Universidad de Salamanca [Acta Salmanticensia. Estudios filológicos, 261], 1995.

GARCÍA PINTO, Magdalena, "Género y poesía en el Uruguay de 1900", en *Delmira Agustini y el Modernismo. Nuevas propuestas de género*, ed. Tina Escaja, Rosario: Beatriz Viterbo Editora, 2000, págs. 244-257.
GILBERT, S. y S. GUBAR, *The Madwoman in the Attic*, New Haven: Yale University Press, 1979.
GONZÁLEZ STEPHAN, Beatriz, "No sólo para mujeres (el sexismo en los estudios literarios)", *Dispositio: American Journal of Cultural Histories and Theories*, 15 (1990), págs. 83-94.
GUERRA, Lucía, *La mujer fragmentada: historias de un signo*, Santiago: Editorial Cuarto Propio, 1995.
HART, Stephen M, "Is Women's Writing in Spanish America Gender Specific?", *MLN*, 110: 2 (1995), págs. 335-352.
HARTSOCK, Nancy, "Foucault on Power: A Theory for Women", en *Feminism/Postmodernism*, ed. Linda J. Nicholson, New York: Routledge, 1990, págs. 163-164.
HOLMES, Diana, *Rachilde: decadence, gender and the woman writer*, Nueva York: Berg, 2001.
HOMANS, M., *Women Writers and Poetic Identity*, Princeton: Princeton University Press, 1980.
INCLÁN, Josefina, "La mujer en la mujer Avellaneda", en *Homenaje a Gertrudis Gómez de Avellaneda. Memorias del simposio en el centenario de su muerte*, eds. Gladis Zaldívar y Rosa Martínez de Cabrera, Miami: Ediciones Universal, 1981, págs. 71-93.
IRIGARAY, Luce, *Speculum de l'autre femme*, Paris: Minuit, 1974.
—, "The Question of the Other", *Yale French Studies*, 0 (1995), págs. 7-19.
KEMPF, Roger, "Les sexes", en *Dandies. Baudelaire et cie.*, Paris: Éditions du Seuil, 1977.
KIRKPATRICK, Susan, *Mujer, modernismo y vanguardia en España (1898-1931)*, Madrid: Cátedra, 2003.
KRISTEVA, Julia, *Revolution in Poetic Language*, New York: Columbia University Press, 1984.
—, *Colette. Un genie féminin*, Paris: Éditions de l'Aube, 2004.
LACAN, Jacques, "God and the Jouissance of the Woman", en *Feminine sexualilty: Jacques Lacan and the école freudienne*, eds. Juliet Mitchell y Jacqueline Rose, New York: W.W. Norton and Company, 1982, págs. 137-148.
LARRE BORGES, Ana Inés et al., *Mujeres uruguayas. El lado femenino de nuestra historia*, Montevideo: Alfagura, 1997.
LEPENIES, Wolf, *Melancholy and Society*, Cambridge: Harvard University Press, 1992.
LIPOVETSKY, Gilles, *La tercera mujer*, Barcelona: Anagrama, 1999.
LUDMER, Josefina, "Las tretas del débil", en *La sartén por el mango. Encuentro de escritoras latinoamericanas*, eds. Patricia Elena González y Eliana Ortega, Río Piedras: Ediciones Huracán, 1984, págs. 47-55.
MASIELLO, Francine, "Tráfico de identidades: mujeres, cultura y política de representación en la era neoliberal", *Revista Iberoamericana*, 175-177 (1996), págs. 745-766.
MATTALÍA, Sonia, "El saber de las otras: hablan las mujeres", en *Mujeres: Escrituras y lenguajes*, eds. S. Mattalía y M. Aleza, Valencia: Publicaciones de la Universidad de Valencia, 1995, págs. 21-33.
—, *Máscaras suele vestir. Pasión y revuelta: escrituras de mujer en América Latina*, Madrid: Iberoamericana Vervuet, 2003.
MATTALÍA, Sonia y M. ALEZA, eds. *Mujeres: Escrituras y lenguajes*, Valencia: Publicaciones de la Universidad de Valencia, 1995.

MUSCHIETTI, Delfina, "Las mujeres que escriben: Aquel reino anhelado, el reino del amor", *Nuevo texto crítico*, 2:4 (1989), págs. 79-102.
NARVÁEZ-LUNA, Elizabeth, "Con su ademán y traje de mujer: hacia una re-visión de la obra poética de María Enriqueta en el modernismo mexicano", en *Delmira Agustini y el modernismo: nuevas propuestas de género*, Rosario: Beatriz Viterbo Editora, 2000, págs. 123-142.
OSTRIKER, A. S., *Stealing the Language: The Emergence of Women's Poetry in America*, Boston: Beacon Press, 1986.
PANOFSKY, Dora y Erwin, *Pandora's Box. The Changing Aspects of a Mythical Symbol*, Nueva York: Harper and Row Publishers, 1965.
PERRY, Catherine, "In the Wake of Decadence: Anna de Noailles' Revaluation of Nature and the Feminine", *L'Esprit Créateur*, 37 (1997), págs. 94-105.
PHILIPS, R., *Alfonsina Storni. From Poetess to Poet*, Londres: Tamesis Books Limited, 1975.
POGOLOTTI, G., "Escritoras, mujeres", *Casa de las Américas*, 183 (1991), págs. 9-13.
PRADO, G., "Reflexiones sobre hermenéutica literaria y teoría de la recepción desde una perspectiva de mujer", *Casa de las Américas*, 183 (1991), págs. 26-30.
REISZ, Susana, *Voces sexuadas. Género y poesía en Hispanoamérica*, Lleida: Ediciones de la Universidad de Lleida, 1996.
—, "La crítica literaria feminista desde la mirada de una conversa", *Clarín*, 26 (2000), págs. 15-18.
—, "¿Tienen *género* los géneros literarios?", *Clarín*, 28 (2000), págs. 15-18.
RICHARD, Nelly, "Feminismo, experiencia y representación", *Revista Iberoamericana*, 176-177 (1996), págs. 733-744.
ROCCA, Pablo, "Mujer y privacidad en la literatura uruguaya (1890-1920)", en *Historias de la vida privada en el Uruguay. El nacimiento de la intimidad (1870-1920)*, coords. José Pedro Barrán, Teresa Porzecanski y Gerardo Caetano, Montevideo: Santillana, 1996, págs. 147-171.
RODRÍGUEZ, Ileana, coord., *Cánones literarios masculinos y relecturas transculturales. Lo trans-femenino/masculino/queer*, Barcelona: Anthropos, 2001.
—, "Cánones literarios masculinos y relecturas transculturales", en *Cánones literarios masculinos y relecturas transculturales: lo trans-femenino/masculino/queer*, ed. Ileana Rodríguez, Barcelona: Anthropos, 2001, págs. 7-44.
RODRÍGUEZ VILLAMIL, Silvia y Graciela SAPRIZA, "Feminismo y política. Un análisis del proceso de aprobación del voto femenino en Uruguay", en *Hoy es historia*, 1 (1984), págs. 16-31.
ROFFÉ, R., "Itinerario de una escritura: ¿desde dónde escribimos las mujeres?", en *Mujeres: escrituras y lenguajes*, eds. S. Mattalía y M. Aleza, Valencia: Publicaciones de la Universidad de Valencia, 1995, págs. 13-21.
ROMÁN, Mercedes, "Mujer y presión social: comportamientos lingüísticos", en *Mujeres: escrituras y lenguajes*, eds. Sonia Mattalía y M. Aleza, Valencia: Publicaciones de la Universidad de Valencia, 1995, págs. 174-185.
SAPRIZA, Graciela, "Imágenes de la mujer a comienzos de siglo", en *La mujer en Uruguay*, Montevideo: Ediciones de la Banda Oriental, 1983, págs. 117-141.
SCHIESARI, Juliana, *The Gendering of Melancholia: Feminism, Psychoanalysis, and the Symbolics of Loss in Renaissance Literature*, Ithaca: Cornell University Press, 1992.
SEGARRA, Marta, "Crítica feminista y escritura femenina en Francia", en *Teoría y crítica en la literatura francesa del siglo XX (Estudios sobre crítica feminista, postestructuralismo y psicoanálisis)*, Burgos: Universidad de Burgos, 2002, págs. 81-108.

SHOWALTER, Elaine, *A Literature of Their Own. From Charlotte Bronte to Doris Lessing*, Londres: Virago, 1991.
—, *Sexual Anarchy. Gender and Culture at the Fin de Siècle*, Nueva York: Penguin Books, 1990.
—, *The Female Malady. Women, Madness, and English Culture. 1830-1980*, Londres: Virago, 1987.
SPIVAK, Gayatari, "Los estudios subalternos: la deconstrucción de la historiografía", en *Feminismos literarios*, Madrid: Arco / libros, 1999, págs. 265-291.
TRABA, Marta, "Hipótesis de una escritura diferente", en *La sartén por el mango. Encuentro de escritoras latinoamericanas*, eds. Patricia Elena González y Eliana Ortega, Río Piedras: Ediciones Huracán, 1985, págs. 21-27.
WOOLF, Virginia, *A room of one's own*, New York: Cambridge University Press, 1995.
ZAVALA, Iris M., "Reflexiones sobre el feminismo en el milenio", *Quimera*, 177 (1999) págs. 58-64.
—, "Modernidades sexualizadas: el corredor de las voces femeninas", en *Delmira Agustini y el Modernismo. Nuevas propuestas de género*, ed. Tina Escaja, Rosario: Beatriz Viterbo, 2000, págs. 109-123.

7. Otros estudios y obras

ALVAR, Antonio y Luis Alberto DE CUENCA, trads., *Antología de la poesía latina*, Madrid: Alianza, 2004.
AGAMBEN, Giorgio, "El lenguaje y la muerte. Séptima jornada" [1982], en *Teorías sobre la lírica*, ed. F. Cabo Aseguinolaza, Madrid, Arco/libros, 1999, págs. 105-127.
—, *Idea de la prosa*, Barcelona: Ediciones Península, 1989.
—, *El lenguaje y la muerte: un seminario sobre el lugar de la negatividad*, Valencia: Pre-textos, 2002.
BACHELARD, Gaston, *La poética del espacio*, Madrid: Fondo de Cultura Económica, 1993.
BARTHES, Roland, "Deliberación" [1979], en *Lo obvio y lo obtuso. Imágenes, gestos, voces*, Barcelona: Paidós, 1986, págs. 365-80.
BATAILLE, Georges, *La littérature et le mal*, Paris: Gallimard, 1957.
—, *Death and Sensualily: A Study of Eroticism and the Taboo*, New York: Walker, 1962.
—, *La practique de la joie devant la mort*, Paris: Mercure de France, 1967.
BAUDRILLARD, Jean, *De la séduction*, Paris: Galilée, 1979.
BENJAMIN, W., *Dos ensayos sobre Goethe*, Barcelona: Gedisa, 1996.
—, *El origen del drama barroco moderno*, Madrid: Taurus, 1990.
BERCOT, Martine, "Des *Fleurs du Mal* au *Spleen de Paris*", en *Magazine Littéraire* 418 (2003), pags. 41-43.
BHABHA, Homi K., *The Location of Culture*, Londres: Routledge, 1994.
—, "Postcolonial Authority and Postmodern Guilt", en *Cultural Studies: A Reader*, ed. Lawrence Grossberg, Nueva York: Routledge, 1996, págs. 59-67.
BORDEL, Pierre, *L'imaginaire du secret*, Grenoble: ELLUG, 1998.
BOURDIEU, Pierre, *The Fields of Cultural Production*, Cambridge: Polity Press, 1993.

BORGHESE, G. A., *Gabriele D'Annunzio*, Milano: Mondadori, 1983.
CABO ASEGINOLAZA, F., ed., *Teorías sobre la lírica*, Madrid: Arco/libros, 1999.
CIXOUS, Hélène, "Fiction and its Phantoms: a Reading of Freud's *Das Umheimliche*", *New Literary History*, 7 (1976), págs. 525-548.
COMBE, Dominique, "La referencia desdoblada: el sujeto lírico entre la ficción y la autobiografía", en *Teorías sobre la lírica*, ed. F. Cabo Aseguinolaza, Madrid: Arco/libros, 1999, págs. 127-153.
COPPÉE, François, *El violín mágico (Le luthier de Cremone)*, trad. Samuel Blixen, Montevideo: Imprenta y litografía "La razón", 1903.
CRUZ, Sor Juana Inés, de la, *Obra selecta*, edición, selección, introducción y notas de Luis Sáenz de Medrano, Barcelona: Planeta, 1991.
CULLER, Jonathan, *Breve introducción a la teoría literaria*, Barcelona: Crítica, 2000.
D'ANNUNZIO, Gabriele, *Il Fuoco*, en *Prose di romanzi*, Verona: Mondadori, 1968.
DELEUZE, Gilles y Félix GUATTARI, *Kafka: por una literatura menor*, México: Era, 1998.
DERRIDA, Jacques, *Espolones. Los estilos de Nietzsche*, Valencia: Pre-textos, 1997.
—, y Hélène CIXOUS, *Voiles*, Paris: Galilée, 1998.
DURAND, Gilbert, *Las estructuras antropológicas de lo imaginario*, Madrid: Taurus, 1982.
ENGLERKIK, John Eugene, *Edgar Allan Poe in Hispanic Literature*, New York, 1934.
FREUD, Sigmund, "Duelo y melancolía", en *Obras completas*, Madrid: Biblioteca Nueva, II, 1997, pág. 2093.
—, "Lo siniestro", en *Obras completas*, Madrid: Biblioteca Nueva, 2000.
GENETTE, Gérard, *Palimpsestos: la literatura en segundo grado*, Madrid: Taurus, 1989.
GIL DE BIEDMA, Jaime, *El pie de la letra. Ensayos completos*, Barcelona: Crítica, 1994.
GONZÁLEZ MARTÍNEZ, E., *Los senderos ocultos*, México: Librería de Porrúa Hermanos, 1911.
GRANJEL, Luis S., *La Frenología en España (Vida y obra de Mariano Cubí)*, Salamanca: Ediciones Universidad de Salamanca, 1973.
HAMBURGUER, Kate, *La lógica de la literatura*, Madrid: Visor, 1995.
HOGGART, Richard, *The Uses of Literacy*, Harmondsworth: Penguin, 1959.
KAY SPARKS, Elisa, "Old Father Nile: T. S. Eliot and Harold Bloom on the Creative Process as Spontaneous Generation", en *Engendering the Word: Feminist Essays in Psychosexual Poetics*, eds. Temma F. Berg, Anna Shannon Elfenbein, Jeanne Larsen, Elisa Kay Sparks y Sandra M. Gilbert, Urbana: U. of Illinois, 1989, págs. 51-80.
KRISTEVA, Julia, *Pouvoirs de l'horreur. Essai sur l'abjection*, Paris: Éditions du Seuil, 1980.
LACAN, Jacques, *Escritos*, vol. I y II, México: Siglo Veintiuno Editores, 1971.
—, "El estadio del espejo como formador de la función del yo [*je*] tal como se nos revela en la experiencia psicoanalítica", en *Escritos*, Buenos Aires: Siglo XXI, 1985, vol. I, págs. 312-338.
LUQUE, Aurora, "Renée Vivien. Poemas", *Clarín*, 42 (2002), págs. 35-42.
MARÇAL, Maria-Mercè, *La pasión según Renée Vivien*, Barcelona: Seix-Barral, 2002.
MARÍAS, Javier, *Miramientos*, Madrid: Alfaguara, 1997.
—, *Vidas escritas*, Madrid: Siruela, 1992.
MENDILAHARSU, J. R., *Como las nubes*, Madrid: Pueyo, 1909.
MEREGALLI, Franco, "D'Annunzio nella cultura iberica e iberoamericana", en *D'Annunzio a cinquant'nni dalla morte*, Pescara: Centro Nazionale di Studi Dannunziani, 1988, págs. 647-57.

MESSINGER CYPESS, Sandra, "Visual and Verbal Distances: The Woman Poet in a Patriarcal Culture", *Revista/Review Interamericana*, 12 (1982), págs. 150-157.
MITCHELL, W.J.T., *Iconology. Image, Text, Ideology*, Chicago: The University of Chicago Press, 1986.
NOAILLES, Anna de, *Choix de poésies*, ed. Jean Rostand, París: Grasset, 1976.
PAZ, Octavio, "El caracol y la sirena", *Cuadrivio*, México: Joaquín Mortiz, 1965.
PERCHE, Luis, ed., *Anna de Noailles*, Vienne: Pierre Seghers, 1964.
PERETTI, Cristina de y Paco Vidarte, *Derrida (1930)*, Madrid: Ediciones del Orto, 1998.
PÉREZ BLANCO, Lucrecio, *La poesía de Alfonsina Storni*, Madrid: Artes Gráficas Villena, 1975.
PETRONIO, Giuseppe, *Historia de la literatura italiana*, Madrid: Cátedra, 1990.
PIPPER, David, *The Image of the Poet. British Poets and their Portraits*, Oxford: Clarendon Press, 1982.
PLATÓN, *El banquete. Fedón. Fedro*, Barcelona: Labor, 1991.
POE, Edgar Allan, *Poesía completa*, edición bilingüe, trad. María Condor y Gustavo Falaquera, Madrid: Hiperión, 2000.
POLLOCK, Griselda, "Artists mythologies and media genius, madness and art history", *Screen*, 21 (1980), págs. 57-96.
PROVENCIO, Pedro, *Poemas esenciales del simbolismo*, Madrid: Octaedro, 2002.
PUELLES ROMERO, Luis, *La estética de Gaston Bachelard: una filosofía de la imaginación*, Madrid: Verbum, 2002.
RACHILDE, *Monsieur Vénus*, préface de Maurice Barrès, Paris: Flammarion, 1977.
RATTI, Marzia, ed., *Il senso dell'eroico: Cozzani, Pascoli, D'Annunzio*, Milán: Silvana, 2001.
RODRÍGUEZ GUERRERO-STRACHAN, Santiago, *Presencia de Edgar A. Poe en la literatura española del siglo XIX*, Valladolid: Universidad de Valladolid, 1999.
SAMAIN, Albert, *Aux flancs du vase*, Paris: Mercure de France, 1912.
—, *Au jardin de l'Infante*, Paris: Mercure de France, 1947.
—, *Le chariot d'or*, Paris: Mercure de France, 1947.
SONTAG, Susan, *Contra la interpretación*, Alfaguara: Madrid, 1996.
SOUSSLOFF, Catherine M., *The Absolute Artist. The Historiography of a concept*, Minneapolis: University of Minnesota Press, 1997.
STORNI, Alfonsina, *Antología mayor*, Introducción de J. Rodríguez Padrón, Madrid: Hiperión, 1994.
—, *Nosotras y la piel. Selección de ensayos de Alfonsina Storni*, comps. Mariela Méndez, Graciela Queirolo y Alicia Salomone, Buenos Aires: Alfaguara, 1998.
THÉLOT, Jérôme, "La poésie, la faim", *Magazine Littéraire* 418 (2003), págs. 38-41.
VARGAS LLOSA, Mario, *El Paraíso en la otra esquina*, Madrid: Alfaguara, 2003.
VAN VEBER, A.D. & Paul Léatuaud *Poètes d'Aujourd'hui 1880-1900. Morceaux choisis*, Paris: Société du Mercure de France.
VIVIEN, Renée, *Poésies complètes*, ed. Jean-Paul Goujon, Paris: Deforges, 1986.
WILLIAMS, Raymond, *Culture & Society: Coleridge to Orwell*, Londres: Hogart Press, 1958.
WITTKOWER, Rudolf y Margot WITTKOWER, *Nacidos bajo el signo de Saturno* [1963], Madrid: Cátedra, 1992.

VII. Índice de materias y autores

Androcentrismo 12, 29, 68, 78, 114
Aristocratismo, aristocracia 2, 4-7, 62, 64, 70, 90, 109, 197, 212
Autoridad, autorización, autoría 14, 17-18, 34, 74, 90, 114, 121, 124, 162, 166
Baudelaire, Charles 13, 23, 49, 64, 67, 69, 71, 80-81, 86, 89, 109, 127, 134, 138, 144 148, 166, 169, 200-201, 207, 222
Belleza 23, 28, 31-32, 45, 64, 66, 68-69, 84, 86, 90, 98-99, 103, 125-127, 143
Biblioteca 19, 134
Biografía 11-12, 61, 81, 92, 183
Bohemia 24, 41, 61
Burguesía 26-28, 35-36, 41, 62, 65, 68, 86, 90, 93, 100, 103-105, 126, 130
Canon 9-16, 40, 67, 69, 72, 80, 114, 142
Capitalismo 25-27, 33, 63, 67, 78, 91, 95, 107, 111
Contexto 10, 12-14, 17-18, 21, 29, 48, 55-56, 59, 68, 75, 90, 121, 219-220
Contradicción 21, 48, 62, 103, 159, 204, 211
Crítica 11-13, 16, 21, 57, 60, 78, 92, 114
Culturales, Estudios 11, 13
Dandismo 19, 23, 41, 61-117, 215
Darío, Rubén 13, 19, 26, 61, 64-65, 80-81, 92, 120, 132, 134, 142, 147, 222
Decadentismo 41, 61, 65, 66, 88, 107, 118, 132, 138, 140, 206
Democracia, democratización 52, 90
Deseo 57, 90, 96, 98-101, 128-129, 132, 151-152, 157, 160, 163-164, 167, 170-173, 182, 194, 196, 199
Dialéctica 28, 29, 41, 81, 95-97, 124, 127, 129, 136, 140, 142, 149, 154, 157, 166, 179, 223
Disciplinamiento 21, 28, 48, 78, 140, 164, 167, 220, 223
Discurso 70, 89-90, 102, 118, 151, 159, 195, 218, 220
Disfraz 74, 96, 104, 110, 216

Doméstico, lo 28-29, 32, 69, 83, 126
Edición 19, 38
Educación 29, 30, 33, 48, 64, 134, 222
Elegancia 62, 64, 67, 69, 80, 88, 107
Erotismo, Eros 32, 57, 70, 98-101, 106, 150-151, 161, 176, 179, 182, 186-187, 191 194, 196, 199, 205, 213
Escritura 10-11, 18, 48, 55, 57-60, 71, 81, 120, 140-142, 156-157, 159-162, 164, 172, 180, 194, 210, 216, 217
Esfinge 157-159
Espacio 18, 19, 29, 36, 72-73, 81, 159, 161, 169-171, 176, 185, 196, 197, 216, 223
Espiritualidad 43, 67, 131, 150, 170
Estrategia 10, 17, 19, 28, 30, 41, 49, 79, 93, 114, 122, 152, 220
Femme fatale 75, 86, 108, 207
Feminismo 12, 14-16, 21, 26-30, 48-51
Fetiche 11, 13, 99
Filología 12, 17
Fragmentación 139, 157, 161, 164, 189, 193-194, 198, 208
Francia, francés 31, 36, 46, 49, 55, 64, 74, 77, 112, 169, 179
Fotografía 13, 19, 73, 87, 89-117
Género 12-15, 17, 18, 33, 39, 40, 48-52, 57-59, 94, 118, 123, 129, 160, 180, 184, 187, 197, 215, 221, 238-242
Genio, genialidad 33, 61, 105, 108, 208, 212, 214-215
Herrera y Reissig, Julio 13, 42, 44, 47, 80, 87, 142, 148, 210
Hispanoamérica 16, 46, 60
Historia, histórico 17-18, 22, 42, 47-48, 62-63, 78, 111, 113, 161, 219
Homenaje 137, 162, 194, 230-231
Homosexualidad 52, 82, 107
Identidad 68-69, 88, 95-97, 112, 132
Imaginación 90, 135, 164, 169, 171-177, 181, 209

Imaginario 31, 46, 51, 75, 86, 98, 133, 140, 222
Intelectual 21, 24-25, 33-34, 41, 43, 59, 63, 83, 88, 98-99
Latinoamérica 43-44, 46, 59
Lectura, lectores 18-19, 28, 30-31, 34, 38, 88, 92, 105, 114, 120-121, 124, 140, 149, 215, 220-221
Lenguaje 11, 14, 17, 19, 47, 51, 54-56, 58, 84, 124, 141, 173, 178, 182, 193, 215
Libertad, liberación 30, 35, 71, 80, 83, 106, 124, 147, 171, 186, 193
Literatura menor 9-11, 219
Mal 201, 212
Maldito, lo 37, 72, 124, 139, 162, 169, 206, 209
Melancolía 35, 49, 59, 66, 109, 110, 131, 134, 154, 161, 163-177, 190, 194-196, 205, 209, 214
Mercado, mercancía 32, 39, 63, 67, 91, 102, 107
Moda 28, 31-32, 69, 87
Modelo 17, 26, 28, 30, 40, 48, 51, 55, 71-72, 75, 80-81, 86, 93, 122, 126, 131-132, 136, 139, 148, 154, 160, 168-169, 180, 219-220, 222
Modernidad 10, 21-23, 27, 43, 47, 61-67, 69, 71, 89, 103, 120, 178, 195, 203, 217, 231-233
Modernismo 11, 13, 15, 18, 19, 23-25, 41-45, 58, 61, 83, 114, 120, 125, 132, 135, 139, 144-145, 148, 158, 175, 196, 205, 210, 222, 233-238
Montevideo 32, 36-38, 41-42, 79, 86, 94, 187, 220
Muerte 33, 36-37, 79, 179, 196, 200, 207
Mujer 10, 14-16, 18, 19, 26-30, 41, 47, 50-51, 54-60, 69-70, 73, 77, 83, 98, 130, 170, 176-177, 184, 215, 222
Noailles, Anna de 13
Noche 129, 138, 162, 186, 223
Novecientos 21-22, 27-28, 33, 41-42, 78
Objeto 66-67, 98, 163, 167-168, 174, 195
Originalidad 14, 45, 47, 65, 67, 70, 90, 112, 139, 148, 211

Otredad 130, 139, 153, 156-157, 163, 174, 195
Patriarcado 29, 33, 50, 51, 55, 71, 160, 166, 184
Periodismo 29, 33, 35, 64, 83, 113
Poder 29, 49, 56, 62, 63, 98, 166, 215
Poe, Edgar Allan 13-14, 19, 127, 134, 138, 144, 148, 162, 200, 216
Política 25, 30
Posmodemismo 18, 45-47
Prerrafaelismo 86
Psicoanálisis 35, 51, 53-54, 195
Raro, lo 65, 67, 81, 85, 108, 162
Rachilde 13, 72, 138
Religión 28, 33-34, 65, 68, 69, 131, 150-151, 195-196.
Representación 75-78, 87, 89, 157
Retórica 28, 40, 43, 58, 102, 125-127, 143, 150, 164
Revistas 25, 32, 34-38, 40-42, 75, 84, 124
Revolución 10, 12, 22, 24, 56, 59, 61, 198
Rimbaud, Arthur 95, 113, 135
Rodó, José Enrique 42-44, 47
Romanticismo 22, 25, 28, 31, 36, 44, 61, 87, 109, 125, 146, 210.
Ruptura 22-23, 67, 149, 158, 161, 178
Samain, Albert 19, 127
Secreto 196, 215, 216
Sentimental 28, 210
Sexo 11-12, 49-50, 52, 55, 57, 170, 221
Simbolismo 13, 15, 19, 41, 58, 74, 86, 109, 118-119, 125, 146, 148, 223
Siniestro 84, 131, 176, 180-188, 191, 193, 200
Surrealismo 194, 204, 210
Teatro, teatralidad 66, 73-78, 81-82, 86, 216
Teoría 11, 14, 59
Uruguay 21-22, 24-29, 33, 35, 44, 68, 74
Vampiro 138, 198
Vanguardia 12, 23, 44, 45, 114, 204, 210, 212
Vaz Ferreira, María Eugenia 42, 72, 82, 100
Verlaine, Paul 72, 127
Villaespesa, Francisco 137-138, 162
Vivien, Renée 19
Wilde, Oscar 79, 89-90, 110

PERSPECTIVAS HISPANICAS

1. Markus Fischer: *Was uns fehlt. Utopische Momente in Juntacadáveres von Juan Carlos Onetti.* 1995. 308 p.
2. Peter Fröhlicher: *La mirada recíproca. Estudios sobre los últimos cuentos de Julio Cortázar.* 1995. 260 p.
3. Peter Fröhlicher, Georges Güntert (eds.): *Teoría e interpretación del cuento.* 1995, 2ª edición 1996. 501 p.
4. Sabine Köllmann: *Literatur und Politik – Mario Vargas Llosa.* 1996. 400 p.
5. Pedro Ruiz Pérez: *El Espacio de la Escritura. En torno a una poética del espacio del texto barroco.* 1996. 312 p.
6. María-Paz Yáñez: *Siguiendo los hilos. Estudio de la configuración discursiva en algunas novelas españolas del siglo XIX.* 1996. 215 p.
7. José Cebrián (ed.): *José de Viera y Clavijo – Los aires fijos.* Edición crítica. 1997. 235 p.
8. Cristóbal Pera: *Modernistas en París. El mito de París en la prosa modernista hispanoamericana.* 1997. 207 p.
9. Dolores Romero López: *Una relectura del "Fin de Siglo" en el marco de la literatura comparada: Teoría y praxis.* 1998. 204 p.
10. Robin Lefere: *Borges y los poderes de la literatura.* 1998. 278 p.
11. Alessandro Martinengo: *El "Marco Bruto" de Quevedo. Una unidad en dinámica transformación.* 1998. 129 p.
12. Daniel Mesa Gancedo: *La apertura órfica. Hacia el sentido de la poesía de Julio Cortázar.* 1999. 334 p.
13. Ulrich Prill: *"Wer bist du – alle Mythen zerrinnen". Benito Pérez Galdós als Mythoklast und Mythograph.* 1999. 302 p.
14. Niall Binns: *Un vals en un montón de escombros. Poesía hispanoamericana entre la modernidad y la postmodernidad.* 1999. 175 p.
15. Bénédicte Vauthier: *Niebla de Miguel de Unamuno: a favor de Cervantes, en contra de los 'cervantófilos'. Estudio de narratología estilística.* 1999. 200 p.

16. Alicia Molero de la Iglesia: *La autoficción en España: Jorge Semprún, Carlos Barral, Luis Goytisolo, Enriqueta Antolín y Antonio Muñoz Molina.* 2000. 421 p.
17. Peter Fröhlicher, Georges Güntert, Rita Catrina Imboden, Itzíar López Guil (eds.): *Cien años de poesía. 72 poemas españoles del siglo XX: estructuras poéticas y pautas críticas.* 2001. 838 p.
18. Enrique Andrés Ros Domingo: *Arthurische Literatur der Romania: Die iberoromanischen Fassungen des Tristanromans und ihre Beziehungen zu den französischen und italienischen Versionen.* 2001. 519 p.
19. Rita Catrina Imboden: *Carmen de Burgos «Colombine» y la novela corta.* 2001. 303 p.
20. Marisol Morales Ladrón: *Las poéticas de James Joyce y de Luis Martín-Santos. Aproximación a un estudio de deudas literarias.* 2005. 336 p.
21. Dora Sales Salvador: *Puentes sobre el mundo: Cultura, traducción y forma literaria en las narrativas de transculturación de José María Arguedas y Vikram Chandra.* 2004. XV, 677 p.
22. Jon Kortazar, Lucía Fraga y José M. Paz Gago, Joana Sabadell-Nieto (eds.): *Cien años de poesía. 53 poemas en catalán, gallego y vasco: estructuras poéticas, pautas críticas.* 2005. In Druck.
23. María José Bruña Bragado: *Delmira Agustini: Dandismo, género y reescritura del imaginario modernista.* 2005. 246 p.